물처럼
바람처럼

물처럼 바람처럼

장 한 일 제2 에세이집

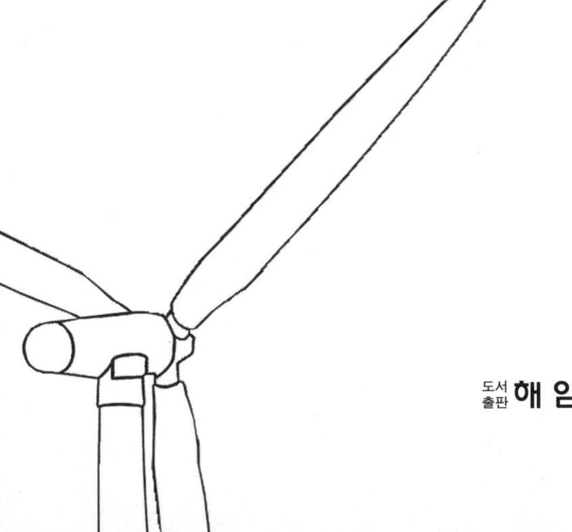

도서출판 해 암

우주의 한 점

은하계 천억 개가 존재하는 우주, 그 가운데 조그만 태양계, 거기서도 유난히 작은 지구라는 유성을 생각해 본다. 도대체 인간의 존재가 광대무변한 무량수의 우주 속에 얼마만큼의 가치를 지니고 있을까.

한낱 미물들도 타고난 생명의 존귀함을 공손히 받들고 있건만 만물의 영장이라고 하는 인간들은 지능의 오만 때문인지 생명의 순리를 거역하면서 자폐증 환자처럼 허덕이고 있다.

'生者必滅' 생명이 있는 모든 것은 다 지나간다. 너무나 평범하면서도 모든 게 함축되어 있어 지나온 삶을 새삼 뒤돌아보게 된다.

분수껏 살자고 다짐하면서도 무언가 채우려고 살아온 지난날들 가슴에 맺힌 모든 것들을 훌훌 벗어버리고 싶다.

유년의 텃밭에서 자연을 벗삼아 살던 모습대로 아무런 욕심 없이 영혼의 맑은 눈으로 돌아가고 싶은 건 한낱 꿈이련가.

'에세이야말로 진실의 글' 이라고 몽테뉴는 말했다.

진실은 삶의 근원으로서 우리 곁에 항상 존재하면서 生의 의미를 조탁하고 홍익인간을 구현한다.

에세이스트는 진실을 쓰고, 소설가는 상상을 쓰고, 기자는 사실을 쓴다고 했다. 표현하고 싶었다. 살아오면서 새록새록 묻어나는 삶의 향기와

곡진한 사연들을 내버려 두기에는 너무나 답답하고 아리었다.

반환점을 돌아나온 내 삶의 여정 위에 늘 모락모락 온기나는 입김으로 식지 않는 열정과, 두꺼워지지 않는 양심과, 무디어지지 않는 감성을 지키기 위해 창작활동과 동행하려 한다.

삶은 인연의 연속이다. 사람의 인연을 포함하여 감정과 사건, 사물과의 관계도 포함시킬 수 있을 것이다. 그물망처럼 씨줄 낱줄로 엮여져 봄 같은 사람도 옆에 있고, 겨울 같은 사람도 함께 부대낀다.

삶은 내게 쉬지 말고 길을 가라기에 종종거리며 아등바등 일하고 마음 졸였지만 사실 내 마음을 풍요롭고 편안하게 해주는 것은 돈도 명예도 아닌 시원한 바람 한 줄기와 따뜻한 가정이라는 걸 뒤늦게 깨달을 줄이야.

이제 古稀의 문턱에서 우듬지에 새잎을 돋우고 꽃을 피워 사랑하는 아내와 남은 여정 길 동무가 되어 타박타박 걸어 보리라.

어쭙지 않은 글 너그럽게 봐 주시고 격려해주는 선후배 문인 여러분에게도 감사드리며 개인적으로 10여 년간 발표한 작품들을 정리하는 의미도 있지만 읽는 이의 가슴에 한 편의 글이라도 남을 수 있기를 소망한다.

누항陋巷의 거리에서
저자 장한일

| 차례 |

제1장 | 自然의 交響曲

제2장 | 文化 踏查記

제3장 | 작은 것이 아름답다

제4장 | 匠人의 길

제5장 | 千里길도 한 걸음부터

제6장 | 된장은 묵을 수록 진미가 있다

제7장 | 반환점을 돌아나온 인생의 뒤란에서

제8장 | 칼럼 묶음집

물처럼 바람처럼

장한일 수필집

1

自然의 交響曲

大地의 모성

은하계 천억 개가 존재하는 우주, 그 가운데 조그만 태양계, 거기서도 유난히 작은 지구라는 유성을 생각해 본다.

도대체 인간의 존재가 광대무변한 무량수의 우주 속에 얼마만큼의 가치를 지니고 있을까?

살아있는 사람의 정신세계와 종교의 내세관은 과연 어떤 의미를 지닐것인가. 온갖 수사修辭로 무장한 교리教理도 엄밀히 따지면 인간의 큰 고민이요 수수께끼가 아닐 수 없다. 시골 출신인 내게 산山이란 영원한 보혜미안 그것이다.

생활에 쫓겨 당신의 품을 찾지 못하면 그리운 이를 못 만난 것처럼 목이 마르고 그리워진다. 신새벽이나 비가 온 뒷날 육산을 타박타박 걷다보면 흙의 질감이나 향내가 그렇게 싱그럽고 포근할 수가 없다.

새록새록 돋아나는 풀 한포기 나무 한 그루 벌레 한 마리도 그 넓고 따스한 젖무덤에서 한없이 흘러나오는 젖을 먹고 새근거리는 것 같다.

땅은 우리 민족에게 있어 거룩한 곳이다. 아침 이슬에 반짝이는 솔잎 하나도, 해변의 모래톱도, 깊은 숲 속의 안개며 노래하는 온갖 벌레들도 모두가 신성하다. 나무 줄기를 흐르는 수액은 바로 우리의 정맥을 흐르는 피나 다름없다.

흙, 너는 너의 부드러운 몸으로 생명을 잉태하고 따뜻한 가슴에 품어 기르니 너는 생명의 근원이 되고 삶의 터전이 됨을 누가 모르리.

너가 가슴을 열면 아름다운 꽃이 피어나고 기쁨의 새가 노래를 부른다.

자연 속에 네가 없었더라면 태양은 무용지물이 되고 물 또한 하로동선夏爐冬扇이 되려니 생명은 어디서 생겨나고 누구있어 사랑의 세레나데를 부를 것이냐.

한 그루의 나무가 자라기 위하여 대지는 포근한 이불을 펴고 수도관과 같은 젖줄을 펼친다. 거기에 태양이 따스하게 감싸줄 때 나뭇잎이 파릇파릇 돋고 꽃이 피어 온 산야를 수목원으로 만든다.

어디 그 뿐이랴, 푸르름이 더해지면 온갖 날짐승과 길짐승 벌레들에게 보금자리를 마련해 주고, 일 년 농사인 열매를 음식물로 제공해 주니 얼마나 좋아할까.

흙, 너는 욕심이 없고 진솔하다. 사람들 중에는 보리씨를 뿌려놓고도 황금벼가 나오기를 바라는 자도 있고 모종을 심어놓고 돌보지 않고 알찬 열매를 기다리는 어리석은 사람도 있다.

너는 콩을 심으면 콩으로 키우고 팥을 심으면 팥으로 키우니 어찌 욕심이 있다 할소냐.

농부가 너를 부지런히 가꾸면 옥토가 되어 풍년으로 보상하고 게을리 돌보면 박토薄土가 되어 흉작으로 경고하니 너를 왜 아니 진솔하다 하랴.

너는 본래 지표면의 암석이었지. 너의 몸은 무쇠같이 굳고 얼음처럼 비정했었다. 그러나 너는 부지런한 일월日月이 끊임없이 부침하여 환골탈태를 거듭하니 무쇠같던 몸은 부드러워지고 얼음 같던 가슴도 따뜻해져 너는 비로소 흙이 되었겠다. 우주 만물 중에 누구보다 신성한 너는 천명에 순응하며 주어진 분수에 안분자족한다. 온갖 시신屍身들을 받아들여 어루만지고 보듬어 정토의 세계로 인도하니 어찌 고개가 숙여지지 않으리. 하늘은 너를 세우거나 뉘어서 저수지도 만들고 꽃동산도 만들며 논과 밭을 만들어 인간들을 배불리 먹이기도 한다. 솜씨 좋은 도공陶工은 너를 빚고 구워서 청자靑磁도 만들고 백자白磁도 만든다. 그러나 너는 아무런 불평불만도 내색하지 않고 산山으로 태어나면 나무와 짐승과 더불어 살고 전답田畓이 되면 오곡백과를 묵묵히 기르니 얼마나 기특한가. 지구의 모성인 너는 자애롭고 어질다. 하늘과 바다는 높고 넓다만 간혹 심술이 나면 태풍을 시켜 너를 할퀴고 찢으며 뒤죽박죽으로 만들어 골병을 들인다. 그뿐인가 인간들은 자기들의 편리를 위해 도로를 만든답시고 산 허리를 싹뚝 잘라 너의 벌건 속살을 보호제도 없이 뙤약볕에 팽개쳐 놓는다.

세세연연 네 가슴으로 키우던 많은 벌레와 곤충들은 어디로 갔는지 알길이 없으니 참으로 답답할게다.

인간에게 있어서 산山은 정복의 대상일 때보다 어머니 젖가슴처럼 푸근하고 안온한 그리움의 대상이 되어야 한다.

사람과의 만남은 상대에 따라 피로가 쌓일 때도 있고 즐거울 때도 있으나 자연은 그런 변덕이 없다. 언제 어느 곳에서나 만나면 반갑고 새로움이니 어떻게 자연을 떠나 인간이 존재할 수 있을까.

흙이 그리울 때가 있다. 숨막히는 도회지에서 복닥대는 인파와 교통체증에 시달리다 보면 복사꽃 같은 흙이 있는 산야가 사무치게 그립다.

넉넉하고 포근한 이불을 덮고 자라는 침엽수나 활엽수가 그립고 깊은 산 속의 흙을 밟으면 막 구워낸 빵을 만지는 기분이니 뇌세포가 어찌 즐거워 하지 않겠는가. 인간도 자연의 일부라는 걸 동의한다면 우리의 삶이 얼마나 은혜로울까 싶고, 너처럼 변덕없이 의연하다면 우리 사회가 한결 깨끗할 것 같다.

自然의 祝禱

라일락 향기 그윽한 아지랑이 속으로 찬란한 무지개 꿈을 꾸며 몇 번이라도 다시 찾아 삶을 향유하는 우리의 생명체는 과연 무엇인가.

쇠락을 읊던 회색빛 돌담 귀퉁이에 요술처럼 초록이 돋아나는 경이로운 환희와 함께 봄은 멀잖아 브람스의 선율처럼 사랑스레 우리들 곁으로 오리라.

진달래가 피는가 했더니 살구꽃 배꽃들이 만발한 산과들 진작부터 노랗게 피어 사람들의 마음에 봄을 갖다준 개나리 꽃을 보라.

새들도 둥지 밖으로 나가 봄을 노래하고 바람은 수풀로 떠나는 구름을 쫓아 초록물감을 흩날리며 봄을 뿌리기에 바쁜데, 우리집 작은 뜰에도 변함없이 봄은 찾아들어 겨우내 웅크렸던 동백 꽃망울이 미풍의 입김으로 녹아내려 꽃을 피우고 있다.

고고하게 핀 목련화며 콩튀듯 알알이 꽃눈을 맺은 해당화, 훌쭉 큰 모과 나무에 핀 꽃이 유달스레 예쁘게 보임은 떫고 새큼한 모과주 탓일까 아니면 장밋빛 구름의 연유일까.

참새울음이 방울을 달고 가지마다 메달린 아침이슬의 영롱함을 쳐다보면 아직은 아기손처럼 여리고 작은 잎새들이 흔들리는 모습은 애처롭다.

나무는 우두커니 서 있는 나무보다 바람 타는 나무가 한결 아름답다.

나무의 흔들림을 가만히 살펴보면 아래쪽 가지보다 위쪽 가지들이 더 바람을 탄다. 아래쪽 이파리가 술렁거릴 때 상수리 이파리는 금방 까무라칠듯 뒤체이다 가까스로 제자리에 서는 걸 볼 수 있다.

내게는 화석처럼 굳어져 버린 유년기의 산과 들. 동면冬眠하던 생명들이 기지개를 켤 때면 훈풍의 입김으로 개울가 버들강아지 뽀시시 눈을 뜨고, 쑥부쟁이 달래향기에 양지바른 묵정밭엔 장끼(꿩)들의 사랑이 흐른다.

여름이면 산골에서 별처럼 깜박이며 날아다니는 반딧불이의 묘기를 자주 보며 꿈을 꾸었고 칠흑같은 공간에 아름다운 황록빛의 기억은 어제 일처럼 아직도 생생하다.

중국 진나라 때 차윤車胤이라는 젊은 선비는 기름을 살 돈이 없어 반딧불이를 모아 그 빛으로 밤에 책을 읽었다는 형설지공螢雪之功의 고사는 어린 가슴에 엄청난 파문으로 다가왔던 기억이 아슴하다.

봄은 자연의 약속이다 때가 되면 어김없이 찾아오는 자연의 봄.

그러나 그 자연의 약속 안에서 사는 우리들의 변화는 무엇이며 인간의 약속은 무엇인가.

삶의 연륜이 더 할수록 깨달음의 폭도 확장되기 마련이나 참으로 열심히 살아가다가 문득 다람쥐 쳇바퀴식으로 반복되는 생활의 질서와 제한된 삶의 반경에 스스로 가슴에 담아놓은 꿈이 무엇인지도 모르고 현실에 부딪히며 생활하는 나날속에 조그만 아픔이 앙금처럼 남게 된다.

끝없이 흐르는 강물과 같이 제자리에 물러서서 기다리자.

아직은 채색해야 할 부분이 많이 남아 있기에 때로는 흰 여백 그대로를 사랑할 줄 아는 마음도 필요할 것 같다.

백 년을 기다리다 꽃을 피운 용설란처럼 그냥 묵묵히 걸어 가는 여유를 가져봄도 좋을 것이다.

사람은 자기가 맡은 일에 최선을 다하다 보면 즐겁고 보람된 나날이 될 것이며 일하면서 얻은 달작지근한 즐거움도 맛볼 것이고 언젠가는 최후의 승리자가 될 것이리라.

運命이 自己에게 준 레몬유를 레몬수로 만들기 위하여 우리의 년륜을 또 한번 漂白하는 觀照작업을 서둘자.

먼 산에 아지랑이가 끼이듯 우리들 마음속에 따스함이 생겨나고 수평선을 뚫고 붉은 빛덩이를 토해 내는 태양처럼 우리들 마음속에 희망이 용솟음 치고 들녘에 꽃이 피고 잎이 되살아 나듯 얼어 붙고 좌절되고 위축되었던 우리들 마음속에 생기가 부풀어 오를 때 정녕 자연의 봄은 우리들과 合一 되는 인간의 봄이 되는게 아닐까….

겨레의 나무

길을 가다보면 들녘에서 혹은 구릉진 언덕 저편에서 청정한 솔밭을 만나게 된다. 한 그루 육송陸松의 자태도 의연하지만 군집해 있는 솔밭의 위용도 장관이 아닐수 없다. 여느 나무보다 유독 소나무에서 그러한 느낌을 받을 수 있는 것은 군자다운 자태 때문이 아닐까 싶다. 그리고 소나무와 함께 살아온 지난至難한 세월 때문이 아닐까 싶기도 하다.

소나무는 한국적 표상이다. 척박한 마사토나 가파른 능선에서 유독 잘 버티어 내면서 사계절에 푸르름을 자랑하는게 소나무다.

소나무는 솔과 나무어의 합성어, 솔은 우두머리 上, 높을 高, 으뜸 元이라는 의미를 가진 우리말이 소나무다. 마을을 수호하는 당산堂山 나무로서의 송松, 집을 관장하고 지켜주기 위해 대들보로 쓰이는 성주星主로서의 당당히 한몫을 하는게 우리의 소나무다. 아이를 낳으면 금줄에 솔잎을 달아 부정을 쫓아내고 우리가 죽은 뒤에도 송관松棺 속에 누워 저승으로 떠난다.

천지간에 나무만큼 창조적인 것이 있을까. 인간과 동물은 소비만 하는데 나무는 늘 새로운 것을 만들어 낸다. 나무는 공간의 화선지 위에 하늘의 높이를 재면서 억겁의 세월동안 한 획 한 획 혼신의 힘으로 수많은 역사를 새기고 있을 것이다. 하늘과 땅과 사람을 통섭하는 저 우람한 소나무들을 보고 어느 누군들 우주수라 여기지 않을까.

일찍이, 공자께서도 날씨가 '차가워진 다음에야 소나무, 잣나무의 시들지 않음을 안다歲寒然後知松栢之後' 라고 하여, 그 지조를 예찬했거니와, 사육신의 한 분인 성삼문도 '이 몸이 죽어가서 무엇이 될꼬하니, 봉래산 제일봉에 낙락장송 되어 있어…….' 라고 읊어 청송의 지조 높음을 기리기도 하고 조상들은 장엄한 솔바람 소리를 온몸으로 맞으라는 '솔바람 태교' 를 권하였는지도 모른다.

소나무는 조선 천도후 內四山의 남쪽에 산이 있어 국태민안과 호국안위를 기원하며 당시 영산인 인경산引慶山을 지금의 남산으로 바꾸었으며 그야말로 민족의 기상이 드높은 나무로 칭송을 받았다. 심지어 애국가에 '남산 위에 저 소나무 철갑을 두른 듯 바람서리 불변함은 우리기상일세' 하는 구절까지 있을 정도다. 그런가 하면 소나무는 지조와 절개의 나무로도 유명하다. 눈 덮인 벌판에 선 소나무는 칼바람이 살을 에건만 날로 푸르름을 더해 가는 것은 어떠한 난관에서도 굴복할 수 없다는 꿋꿋한 기상의 발로였다.

풍전등화風前燈火 같았던 이 나라를 구할 수 있었던 것도 불사이군不事二君을 고집하던 끝에 목숨을 버렸던 충신이나 이등박문을 폭사케한 안중군의사의 정신도 한 민족의 표상인 소나무의 기상을 닮았기 때문이리라.

우리민족이 소나무 우월성을 가지게 된 또 다른 사례는 옛날에는 적송赤松 즉 황장목黃腸木이라고 부르며 오래된 소나무 목질부의 나이테 속에 붉게 변한 소위 내황內黃이라고 하는 재질이 오랜 세월을 거쳐도 잘 부패되지 않는 특징으로 궁궐 건축재나 사찰 사당 문화재 등의 건축재로 사용하였다.

오늘날도 마찬가지지만 적송림 지역은 국가에서 벌채를 금하고 무단벌채 시 극형에 처할만큼 엄격히 보호관리해 오고 있음은 그 만큼 진귀한 나무이기에 민족수로서 마땅히 대접을 받아야 하리라.

소나무는 아무 잡종들과 함부로 어울려도 쉽게 마음을 열지 않는다.

맵고도 아린 추운 겨울에도 대나무 매화의 세한삼우歲寒三友로 형제우애의 결의結義를 다지고, 잣나무와 정분을 나누며 춘향이나 논개 계월향보다 더한 지조로 살고 있다하여 초목군자草木君子라 부른다.

경치만 그런 것이 아니다. 오원吾圓의 송하노승도松下老僧圖나 겸재謙齋의 진경산수眞景山水를 보고 있으면 마음이 청아해질 뿐만 아니라 서릿발이 내리는 듯하고 솔잎 사이로 매운 바람이 보이는 듯 은은하다. 더불어 우리 조상들이 꿋꿋한 절개와 안빈낙도의 투철함이 가슴 시리게 전해진다.

나는 우리나라 곳곳에서 소나무의 집단 군락지를 많이 보아왔다. 특히 추억에 남아있는 곳은 보길도의 소나무 밭이다. 보길도는 고산孤山이 말년에 여생을 보낸 섬으로 유명하다. 그의 대표작 어부사시사漁父四時詞가 이곳에서 탄생했음은 결코 우연한 일이 아닐 것이다.

'仙界인가 佛界인가 人間界가 아니로다'

고산은 『어부사시사』에서 이렇게 읊고 있다. 빼어난 경관에 빠져 물아일체의 경지를 살았음을 알 수 있다. 지금도 보길도 솔밭에는 그때의 솔바람이 그치지 않고 불고 있다.

옛날 관가官家에서는 소나무에게도 작위爵位를 부여했다고 한다.

이는 그 나무를 보호하려는 측면도 있지만 민족수民族樹의 위상을 그만큼 높이 보았다는 증거도 될 것이다. 충북 보은에는 소나무를 관직에 비유하여 正二品松이란 직위를 부여하여 수백 년동안 마을의 안영을 비는 보호수로서 의젓한 품위를 지키고 있다. 그 뿐인가 청도 운문사 경내에 밑으로 자라고 있는 소나무도 능히 작위를 줄 만큼 품위 있고 아름다움을 자랑하고 있다.

척박한 땅에 태어난 것을 탓하지 않고 푸르고 씩씩하게 자라온 소나무, 겨울의 파수꾼인양 홀로 서서 푸른 기상을 보여주던 소나무, 그 품격이 마치 선비를 닮아 나무중의 군자로 추앙받던 소나무, 그에게 무엇을 바라고 무엇을 요구할 수 있단 말인가. 모진 세파에 시달린 사람이라면 한 번쯤 소나무 그늘아래 서 보라, 그리고 소나무의 이야기를 들어보라. 그러면 세파의 거친 숨소리도 자장가로 들릴 것이고 당신 속에 있는 헛된 욕망의 찌꺼기도 잠재울 수 있으리라.

上善若水

'이 세상에서의 한 평이 유토피아에서의 만 평보다 낫다.'

19세기의 역사학자 토마스 머콜리의 말이다. 1516년 토머스 모어가 『유토피아』를 발표했을 때 그가 꿈꾸었던 것은 전쟁, 착취, 폭력, 불평등이 없는 세상이었다.

그러나 수 세기가 지나도 그런 세상은 결코 오지 않았다.

사는 일에 나사가 풀려 숨고르기가 거북한 날 일상의 족쇠 던져버리고 홀연히 떠난 곳이 산소병원이었다.

초면이듯 말을 걸어오는 초록까운을 입는 천사들이 현대인들이 많이 겪고 있는 심혈관 계통의 질환에는 청정한 산소가 명약이라며 봉지채 건내며 먹어 보란다.

모세혈관을 타고 흐르는 약은 심장 위장 신장을 돌더니 어느새 머리까지 맑게 한다.

『논어』에 '지자요수 현자요산知者樂水 賢者樂山' 이란 말이 있다. 슬기로운 사람은 흐르는 물을 좋아하고 어진 사람은 천만년을 변함없이 솟아 있는 산을 좋아 한다는 말인 것 같다. 나는 어질지도 마음이 넓지도 않지만 산을 오르면 머리가 맑아지고 가슴이 평안해지는 걸 어쩌랴.

평소 먼 발치로 우러러 보았던 너의 넓고 아늑한 가슴 속으로 헤집고 들어가니 온갖 자태를 뽐내는 친구들이 잘 왔다고 손을 잡고 볼을 비빈다.

간밤에 내린 빗물 때문인지 아침 햇살에 투명된 유월의 새내기들이 은구슬이 되어 새로운 생명을 보는 듯 하다.

나는 가끔 혼자서 산행을 하는 경우가 많다. 나이가 들수록 가까운 지우知友들과 시간 맞추기도 그렇거니와 느긋한 사유思惟의 공간을 음미하기 위함이다.

이른 아침 산속은 조용하기 이를 데 없다. 산이 놀랄까봐 조용조용 발길을 옮기면 온갖 새들의 지저귐과 흐르는 물소리 바람소리가 묘한 조화를 이루며 교향곡을 연출한다. 자연의 불청객을 풀벌레소리가 반긴다. 귓전으로 스며드는 그 소리는 영롱하다 못해 신비하다. 세상의 어느 소리에도 비교할 수 없는 새벽 풀벌레소리, 모롱이를 돌아설 때마다 찌르르, 꼬르르, 색다른 소리가 사람의 마음을 사로 잡는다. 그 뿐인가.

빽빽이 들어선 초목들 사이로 싱그러운 풀 냄새와 송진 냄새가 여름 산의 정취를 한껏 더해준다. 고개를 들어 위로 쳐다보니 저만큼 산 꼭대기엔 능선이 누워있다. 그 위엔 파란 하늘, 간간이 흘러가는 흰 구름떼가 어울려 한 폭의 동양화를 연출한다.

흔히 우리는 인간의 삶을 흐르는 물과 같게 하라는 비유를 곧잘 한다.

흐르는 물은 낮은 곳을 지향하고, 앞서거니 뒤서거니 하면서도 다투지를 않고 더럽고 추한 것을 가리지 않는 포용의 미덕을 갖추고 깊은 곳은 천천히 채워서 흐르는 충만과 나눔을 보여준다. 빨리 간다고 뽐내지 않고 늦게 간다고 안타까워하고 조바심도 내지 않는다. 그러나 정작 만물의 영장이라는 인간은 어떻게 살아가는가?

물 같은 삶은 바보로 치부하고 세상의 흐름을 역으로 치고 올라와 재물을 쌓고 자리를 다투고 주위 사람들을 자기 밑에 두기를 원한다.

따라서 인간들이 집착하는 능력이라는 것이 대개 '내 논에 물을 대는 방식' 즉 아전인수我田引水식이다.

자연스런 흐름을 따라 사는 게 아니라 가능한 물꼬를 넓혀서 내 논에 많은 물을 대고 수확을 배로 늘이겠다는 못된 심보다.

노자는 '최고의 선은 물 흐르듯 흘러가는 것' 이라며 상선약수上善若水라 했다.

세상만사 물 흐르듯 자연스러워야 온기가 돈다.

사람은 인류라는 한 울타리 속에서 더욱 소중한 존재로 살지만 홀로일 때는 아무런 의미가 없다. 나름대로 아름다운 미모를 갖추고 좋은 옷과 보석으로 치장을 해도 보아주는 사람이 없으면 무용지물이 되고, 아무리 재물이 많아도 혼자서 소비하는 데 한계가 있고 베풀지 못하는 삶이라면 무슨 가치가 있겠는가?

그러고 보면 우리네 인생은 얼마나 짧은 세월인가. 한 평생 풀어놓아 봤자 좋은 날 보다 궂은 날이 많고 잠자는 시간이 삶의 3분의1를 차지하고 거기에다 어린날과 노년을 빼면 자기 의지대로 사는데 과연 얼마일까.

보태어 공연한 욕심과 허영에 사로잡혀 마음의 병만 키워 허송세월하고 있으니 얼마나 한심한가. 이에 비해 자연 속의 산은 나무친구들이 모여 울울창창한 숲이 되기까지 욕망의 가지 멋게 하고 홀로 뽐내는 세상보다 어울려 살아가는 이치를 깨우치며 키 큰 나무는 더디게 자라는 작은 나무에게 손 내밀어 이끌어주고 함께 자란다.

이토록 찬란한 푸른 생명들의 넓은 마음과 속삭임을 들어 본 적이 있는가.

산속에 바람이 분다. 골짜기에 내려앉은 운해가 새들을 태우고 썰물 빠지듯이 흩어지며 녹색의 세계가 펼쳐진다.

어디서 잠을 잤는지 깊은 골에서 내려오는 물소리가 옥구슬이 되어 발가락을 간질이며 흘러간다. 물은 빈자리를 메우며 흘러 내버려두면 흘러나간 만큼 흘러 들어온다. 재물도 물과 같고 권력도, 명예도 나아가 건강까지도 물과 같다는 법정스님의 법어가 내 모난 마음을 뭉구린다.

달개비의 고향

쌀! 쌀! 쌀! 민족의 뿌리 민족의 정서, 이 땅의 사상과 정서의 원천인 농촌. 인간의 생명줄인 밥을 생산해 내고 국민 70% 이상의 뿌리인 고향. 농사는 천하지 대본이다. 예나 지금이나 맞는 말이다. 높은 지존至尊도 곱디고운 비빈妃嬪도 한 끼 거르고 두 끼 거르면 눈에 보이는 건 밥 뿐일 테니까.

사람은 누구나 인생을 살면서 어렵고 힘들 때는 유년의 감미로운 추억을 되새기면서 눈시울을 붉힌다. 그것은 아무런 근심 걱정없이 실컷 뛰놀고 배불리 밥을 먹고 엄마품에 안겨 소르르 꿈나라로 가는 모습을 연상 하듯이 고향을 그린다. 꿈과 구원인 고향의 대명사는 뭐니뭐니해도 쌀이라고 할 수 있다. 하늘을 섬기고 정직한 땅을 피땀흘려 가꾸어 이 땅의 싱싱한 밥을 생산해 내고 만인의 평등한 대접을 지극히 꿈꾸어 왔던 우리에겐 그거 무지갯빛 꿈이었다. 쌀을 주식으로 삼아온 우리 민족은 쌀을 중요시하면서도 고마움과 기술적인 가치의 이용도를 소홀히 하고 살아왔었다.

소쩍새야 소쩍새야 / 솥이작아 밥을 많이 지을수 없다지만
올해엔 쌀이 귀해 끼니 걱정 괴로우니
솥작은건 걱정없고 곡식 없어 걱정일세.

조선 중기 장유張維의 한시다. 흉년을 맞은 농민의 처지를 대변한 글로 철없는 소쩍새는 솥이 적다고 푸념하지만 농민의 사정은 뒤주를 박박 긁어도 쌀 한 톨 찾기가 어려웠다.

쌀 적고 물 많아 죽이 잘 익지 않네……
피죽도 넉넉지 않는 만큼 부디 싫다 마소.

피죽처럼 '후루룩' 소리를 내며 죽을 먹을 수 있는 것만도 다행이라고 노래했다. 우리네 조상들은 이런 시절을 견뎌냈다. 그들에게 쌀은 피와 살이었다.

신앙이었다. 그들은 쌀에 신이 있다고 믿었다. 그래서 신주단지에 쌀을 넣어 안방이나 대청에 모셔 놓았다. 그런 조상의 피를 이어받은 농민들에게 쌀시장 개방이라는 운명 앞에 큰 시름을 앓고 있다. 그러나 지금 현대에 사는 아이들은 복도 많다 우선 쌀이 흔하여 양식 걱정은 안해도 되고 오히려 밥을 안먹겠다고 투정을 부리는가 하면 어떤 아이들은 쌀나무가 어떻게 생겼느냐고 묻는다니 걱정이 된다. 적어도 자기가 먹고 사는 주식이 되는 식물의 생태만큼은 아는 것이 국민된 도리가 아닐까. 인간에게 고향이 있듯이 모든 식물에게도 원산지가 있다.

19세기까지만 해도 쌀의 원산지는 인도印度 앗삼도로, 중국 서남해안, 민족의 식생활 문화로 보아 남방 유입설로 보고 있었다. 쌀에

는 인디아카, 자포니카, 자바니카의 세 품종이 있다. 인디아카는 알갱이가 가늘고 길며 푸석거리는 이른바 '안남미'로써 베트남 그리고 동남아 열대지방과 중국 남부가 주산지다.

자포니카는 짧고 둥글며 끈기를 지닌 것으로 우리나라와 일본, 중국 북부지역에서 많이 생산된다. 또 자바니카는 두껍고 길며 맛이 자포니카에 가까운 이름 그대로 인도네시아 자바섬 부근 아시아 각지에서 소출된다.

세계 수십억 인구의 먹거리로 애용되고 있는 벼의 뿌리는 어디며 종주국은 어디일까. 이 물음에 정확히 답할 사람은 많지 않다. 역사란 현재와 과거의 징검다리라 하듯이 세계에서 최초로 벼를 심고 경작한 민족이 인도가 아닌 한민족임을 선진국 과학자들이 실증적으로 증명하고 있음을 어찌된 일인가.

1997년 충북 소호리에서 찾아낸 탄화 볍씨 58톨이 국제 미작米作 연구소에서 내노라 하는 세계 석학들이 연구에 연구를 거듭한 결과 1만 3천~1만 7천년 전의 볍씨로 우리의 선조들이 자포니카종과 인디카종의 벼를 재배했다니 참으로 놀라울 따름이다. 조상들이 심은 볍씨가 인도, 중국, 일본, 미국으로 건너갔다니 이 어찌 어깨가 으쓱하지 않으리. 이 세상에서 가장 정직하고 자신의 역할을 충실히 행하는 것은 천연계 뿐이다. 하늘을 한번 쳐다보라, 무엇이 보이는가.

하얀 구름 날아다니는 참새 찬란하게 세상을 비추어 주는 태양을 볼 수 있을 것이다. 그 태양은 자기가 뜨기 싫다고해서 매일매일 떠오르는 것이 피곤하다고 해서 언제는 뜨고, 언제는 안 뜨는가. 또한 나무 그것은 어떠한가. 자기가 있는 곳은 돌밭이고 물도 없다고 해서 불평하는가 타는듯한 가뭄 뒤에는 언젠가는 단비가 내려서 온 대지를 촉촉하게 적셔준다. 해방 이후 그 어려운 환경 속에서도 가난이 무언지 느끼지 못하고 철모, 속피로 똥바가지를 만들어 인분을 뿌려 놓은 무밭에는 하얀 십자꽃이 곱게 피어 있었지…….

쨍그랑 쇳소리가 나는 햇빛을 머리에 이고 밭 이랑의 김매기를 하면서 호미로 명아주를 뽑을라 치면 조그만 개미들이 입에 가득 커다란 알을 물고 바쁘게 달아난다. 흔히 쇠무릎지기라 불리며 잡초로 버려졌던 우슬이 한약재로 쓰이는 줄 알려지자 급기야 재배되는 호사를 누렸다.

황무지에 지천으로 널려있는 달개비와 엉겅퀴도 아주 옛날엔 아예 작물이거나 잡초라는 개념 자체도 없었을 터, 그러나 오늘 그런 과거가 중요하지 않다. 설사 소담한 뒤뜰이면 눈부실 접시꽃이거나 척박한 산지면 타는 패랭이 꽃이어도 산업화의 굉음 속에 사라질 뿐이다. 마을 앞 수초길이 비가 오면 개천이 되고 그 실개천을 따라 고무신으로 송사리를 몰고가던 그속에는 부자도 아닌 가난뱅이도 아닌 코흘리개 친구들이 모여 살던 곳이다. 목욕은 여름철 홍수 때 하고는 일 년을 넘겨야 하니 행랑채의 가마솥에서 나던 쇠죽 끓는 냄새 그 가마솥 아궁이에서 소리 지르며 타들어 가던 보리짚 냄새를 맡으면서 군밤과 감자를 구워 먹었다. 말 못하는 황우는 큰 눈만 껌벅거리며 멀뚱이 주인을 쳐다보면 끓인 쇠죽을 퍼주고 나면 그 가마솥이 아이들의 설빔 목욕탕이 되었다.

지푸라기 둥둥 떠다니는 가마솥 목욕탕에서 코흘리개, 동생과 물장구 치며 즐거워하던 모습이 세월의 징검다리를 건너뛰어 지금도 강아지 깃털처럼 곰살대기만 한다.

맑고 향기롭게

가을날 티끌 하나 묻지 않은 하늘을 보다가 문득 숲 속의 요정을 만나고 싶을 때가 있다. 막장같은 도시의 터널을 빠져나와 물안개 피워오르는 호숫가나 혈관에 흐르는 은자隱者의 유혹을 뼛속깊이 스미는 댑바람 부는 산길을 가고 싶다.

영혼의 울림인지 아니면 나이탓인지 그냥 휑하니 어디론가 떠나지 않고는 못배길 그런 날이 있다. 목적지가 없이 떠나는 걸음은 일상속에 빈 풍경 하나를 겹쳐놓은 것일까. 아니면 풍경이 감추고 있는 구름을 펼치면서 또 다른 풍경 속으로 숨어드는 건지 여행은 가끔 알지 못하는 풍경과 사물들을 발견하기도 하고 낯선 이야기들이 울려 나오기도 한다.

문득 서랍을 열면 그 속에는 언제 넣어 두었는지도 모르는 이야기들이 발견되고 새하얀 문장들 사이에 때묻지 않는 낱말들이 아장거린다.

모든 사물에는 추억이 깃든다. 그 추억을 통과해 인생은 지나간다. 어쩌다 빛바랜 사진첩을 열어보면 학교 난로 위에 층층이 올려진 '선학알미늄' 도시락 사진이 있고 그 사진속에는 '맨 밑의 아이는 탈까봐 공부 못하고 맨 위의 아이는 안 데워질까 봐 공무 못하는' 마음 졸임이 하얀 미소로 걸어 나온다.

나는 山를 오를 때 어쩌다 사찰寺刹를 만나면 대개는 지나치게 되지만 조그만 암자는 꼭 둘러보는 버릇이 있다. 대웅전 현판도 없는 작은 절이지만 정갈한 경내와 스님의 잔잔한 미소에서 무명無明을 헤치는 지혜의 번덕임이 묻어나고 관음 소심보다 더 진한 인생의 향기를 맡아볼 수 있기 때문이다.

암자는 산중 고독이 가랑잎처럼 뒹구는 작은 공간이지만 결코 작은 곳도 쓸쓸한 곳도 아니다. 화두를 든 수행승의 눈길은 먼 우주를 향해 열려 있고, 과일 한쪽 밥 한 숟갈이 얹힌 헌식대에 들르는 산짐승이나 솔바람, 물소리, 풀한 포기도 암자의 식구들이기 때문이다.

암자는 불가佛家의 고유명사가 아니라 평범한 사람들의 보통명사라는 걸 다들 얼마나 알고 있을까. 뿐만 아니라 암자는 산길이 끝나는 아득한 곳에 있지만 새로이 마음길이 열리는 곳이다. 뭇 중생을 거듭 태어나게 하는 정신의 모태母胎이기에 푸른 산빛 사이로 난 구불구불한 산길이야말로 그동안 잊혀졌던 마음의 탯줄인 샘이다.

암자에서 마시는 조롱박물은 뭔가 향기가 있다. 그것은 아마 태초의 내음인지도 모르겠다. 조용한 산사의 마당에 서면 세상 번뇌를 잊은 승려의 몸에서 배어나는 은근한 향내가 코 끝에 스며든다. 혹 예불시간에라도 당도하게 되면 맑은 목탁소리와 은은한 독경 소리까지 들을 수 있어 마치, 머리끝에서 발끝까지 씻겨지는 세례식장洗禮式場에라도 서 있는 듯한 거룩함과 평안함이 전해진다. 인간에게는 물질적인 욕구만으로는 채워질 수 없는 다양한 가치의식이 있다. 인간은 도덕적인 존재이고 심미적인 존재이며 또한 종교적인 존재이기 때문이다. 이런 인간의 욕구가 균형있고 조화롭게 채워지지 않는 한 삶의 질은 이루어질 수 없기 때문이리라.

산길을 터벅터벅 걷다보니 맑고 향기롭게를 주창한 법정스님의 무소유에 실린 한 일화가 생각난다.

저자가 꽃이 피는 한 산중의 수유화개실水流花開室에 머물고 있을 즈음 봄 꽃자리에 연두잎이 싱그럽게 펼치는 어느날 일손이 바빠 차 따기를 미루고 있을 때 한 여승이 말 한 마디 없이 차를 따다 볶는다.

주인의 허락도 없는 짓거리가 괘심하여, 좀 주고 가라하니 적반하장격으로 싫다 한다. 이웃이 다 알고 있는 주책없는 노여승, 그가 볶은 차를 식히느라 널어 놓은 채 우물가에 간 사이에 스님은 반 통쯤 차를 담아 술쩍한다.

그러나 잠시 뒤 차를 마실 때마다 '차도둑' 이된 생각이 들어 챙겼던 차를 도로 갔다 놓고 나니 마음이 그렇게 개운할 수가 없더란다.

그런데 노비구니는 우물에서 돌아오더니 무슨 생각에서였든지 못주겠다던 차를 한 통 담아 준다. 마음의 메아리 이심전심以心傳心의 오묘함이 아닐수 없다.

山을 오르다 그늘에 앉아 쉬노라면 산은 낮게 고개를 숙여 내 마음에 귀를 기울이고, 들뜨고 불안하고 조바심하는 내게 기다리라 한다. 여유를 가지라 한다. 언제나 그 자리에 한결같은 모습으로 서 있으되 어제가 다르고 오늘이 다른 산, 그런 산의 마음을 읽으라고 소곤거린다.

나는 간혹 혼자 산길을 걸으면서 살아온 인생길을 되돌려 함께 걸어보는 버릇이 있다. 결코 평탄치 않았던 나의 길에서 숱하게 겪어 낸 사건 사고들, 또 살아오는 동안 만났던 많은 사람들, 그 모두가 고스란히 되살아나서 소중한 인생의 수채화로 태어난다.

시행 착오와 판단 부족으로 가슴저며 매는 고통을 겪을 때도 있었고 독하지 못한 성격으로 남에게 도움을 준다는게 도리어 화를 당하는 아픔을 격으면서도 인연이 다하여 나로 부터 떠난 사람들, 이것도 나의 삶의 한 부분이기에 사랑하지 않을 수가 없다.

천상의 세계

하늘나라에는 어떤 유기체들이 살고 있을까?

봄이 되면 생명의 불씨로 대지의 새싹들을 움트게 하고 여름이면 젖줄을 내려보내 가을의 수확을 거두고 혹한의 동절이 오면 하얀 솜이불을 내려 보내니 말이다.

한 해가 강물처럼 흘러 삭정이 같은 가슴을 순백의 설원에 묻고 싶어 길을 나섰다.

아주 깊은 산골로 가면 눈처럼 희고 맑은 마음들을 지닌 사람들이 있을 것도 같다.

그곳에서 온통 새하얗게 내리는 눈이 좋아 바둑이와 함께 산야로 내달리며 노는 천진무구天眞無垢한 아이들을 보고 싶다.

눈이 오는 소리와 눈 녹는 소리가 다르지 않듯 생성과 소멸이 인류의 원형이라면 그 곳에선 인간과 자연도 하나가 될 수 있으리라.

채소처럼 푸른 손으로 하루를 씻어놓고 정다운 사람과 추억의 사진첩을 포개볼 요량으로 눈꽃 나라를 찾은 날은 참으로 행운이었다.

화이트데이가 끝난 다음날 소백산 비로봉 산행은 그야말로 이성理性이 맥을 못추는 일대 사건이었다.

연 이틀 하늘에서 내려온 백의천사는 1430m 비로봉을 천상의 세계로 만들어 버렸다. 눈이 하얗게 내려 얼음꽃을 피운 가지들이 참으로 아름답다.

회색빛 살갗에 하얀 목도리를 둘러쓴 것인지 알 수 없어도 겨울나목의 정갈한 매무새는 사무치게 예쁘다.

쌓인 눈 위에 또 눈이 내려 앉는다. 삭정이의 만세소리에 하얀 추리가 생겨나고 설원에 반사되는 사금파리 속으로 내 젊은 날의 동심이 날아 오른다.

해발 1400m가 넘는 비로봉을 오르내리는 길은 인생의 길과 자연의 길이 어떠한가를 보여주는 희한한 경험이었다.

햇빛의 영향을 받지 않는 천동굴 하산길은 50㎝ 가까운 적설량 때문에 산이 갖추고 있는 나무와 흙 바위는 온데간데 없고 솜털 구름 속을 걷는 무중력 상태의 길이였다.

생명은 초록잎 나무에만 솟아나는 것이 아니었다. 겨울산에 눈이 내리면 마른 풀잎 하나에도 하얀 꽃이 피고 청랭한 기운이 심장을 녹인다.

순결한 모습으로 포근하게 다가오는 눈은 생명을 얼어붙게 하는 얼음의 존재다. 찬 것 같으면서도 따뜻하고, 부드러운 것 같으면서도 딱딱하게 결빙된 눈 길, 그러나 그 속에서 내가 찾아내는 것은 열기다 몸과 마음을 데워주는 환희가 눈 속에 있었다. 설산雪山은 결국 심신의 치유와 정화의 거대한 공간이기에 더욱 그런가 보다.

살아간다는 것이 한낱 작은 점에 불과할지라도 점의 합일점이 삶의 희열임을 느끼게 됨은 큰 기쁨이다.

멎었는가 싶던 눈발이 다시 내린다. 벚꽃의 낙화인지 흰나비들의 군무인지 포복한 듯 엎드린 나뭇가지에 사뿐히 내려앉는다.

산자락에서 설화나 보고올 요량으로 떠난 소백산 산행은 주차장에서 바라본 비로봉은 히말라야 연봉같은 중압감에 아내와 나는 처음엔 등정을 포기하였다.

일행의 권유로 한걸음 한걸음 오르는 길에 땀은 비오듯 하는데 백설이 주는 아드레날린 때문인지 몸과 마음은 상쾌하기만 하다.

영풍군 샘밭골에서 소백산정을 거쳐 신단양 천동계곡을 종주하는 설경은 태백설경, 덕유산 설경과 함께 겨울 산행의 백미로 꼽힌다.

평풍처럼 둘러쳐진 백색의 암벽과 흰 고깔모자를 눌러선 꼭지점의 아름다운 모습, 하산길에 펼쳐진 백설의 궁전은 일생에 잊지못할 추억의 사진첩이었다.

융단같은 설원에 2시간 여를 미끄럼을 타다 한 숨을 돌리는 지점에 세계적 산사나이 허영호 공적비가 만년설 비로봉을 등에 업고 서 있다. 삼극점 칠대륙을 등정한 허영호 산악인의 위대한 업적은 전 세계인이 인정하고 있음은 한국인의 자랑이다.

인간은 꿈을 먹고 사는 동물인가. 새로운 것에 대한 호기심과 보이지 않는 사랑의 파랑새를 쫓아 끝없는 비상의 나래를 퍼득이니 말이다. 자연과 신神이 연출한 백색무릉도원에 이름없는 범부는 몽환에 취해 서성이다.

살을 에이는 비로봉 정상에 사랑이란 팻말하나 꽂아두고 발길을 돌렸다.

가슴으로 내려오는 가을

밤새 가을이 정원에 내려왔다. 베란다 문을 열어 젖히자 촉촉이 젖은 땅에 붉은색과 노란 잎사귀들이 잔디에 등을 부비고 누워 있다. 서리에 젖은 땅에는 여기저기 삐라를 뿌려놓은 듯 마른 잎이 떨어져 있다. 찬서리에 조차 힘에 부쳐 떨어져 내린 것을 보니 처연한 느낌마져 든다. 이제 할 일은 모두 마치고 다시 대지의 품으로 내려와 안겨 있는 것인지 낙엽은 군데군데 귀를 잔디에 대고 대지의 소리를 듣고 있다. 석류나무밑에 누운 고운 낙엽을 보다가 나는 문득 길을 떠나고 싶다는 생각이 들었다. 길에서는 과거와 현재, 미래가 겹쳐지기도 하고 불확실한 것들도 지극히 명료해져서 홀가분하기 때문이다.

山은 언제나 사유하고 침묵하며 관용하는 마음의 길이요 통로다.

요즘 처럼 하늘이 한 자는 올라가고 가지 끝마다 가을이 올라와 빨강, 노랑, 주황이 등불을 밝히면 더욱 가고 싶은게 산이다.

바람이라도 살랑거리는 날에는 그 흔들리는 모습이 너무나 고와 마치 창호지 문에서 새어 나오는 불빛같고 어떤때는 달빛을 만난 뜰안 같다.

신불산 단풍은 어찌나 고운지 산 전체가 한 폭의 풍경화 처럼 보일때가 있다.

물보라 흩날리는 구룡폭포를 지나 경사길을 오르면 전나무와 아름드리 자작나무들이 군락을 이루고 있다. 칼바위를 곡예사처럼 지나 정상에 서면 뚫린가슴 그대로 낙동강까지 날아 오른다.

사람은 땅을 두 발로 딛고, 하늘을 머리에 이고 살아간다. 그래서 사람들은 땅에서는 성실함을, 하늘에서는 겸허함을 배우는지 모른다.

아마 들에서 일하는 농부들이 착한 것도 봄에 씨를 뿌리고, 자신이 흘린 땀으로 가을에 수확하고 모든 것을 자연의 섭리에 의지하고 살아가기 때문일게다.

도시가 가난하거던 가을산을 올라보라. 거기 숨죽이고 청정하게 간직된 자신의 맥박이 붉은 단풍되어 있음을 보리라.

가을 山은 황홀하고 찬란하지만 그것은 지극히 짧은 순간의 유희다.

한바탕 춤사위가 끝나기도 전에 스산한 바람이라도 불면 낙엽은 핏기없는 얼굴로 바들바들 떨기도 하고 회오리를 따라 이리저리 날아다니다 맨땅에 드러누워 신세타령을 한다. 유혹하는 바람을 따라 제 둥지를 떨치고 나온 어리석음을 후회하는 마른잎속에서 문득 윤기없는 내 얼굴이 겹쳐 보인다.

이미 건조해진 피부들이 잎살마냥 무늬를 그려놓은 흰 머리카락도 그 속에서 보인다. 삶을 마감할 때는 인간이나 자연이나 다를 바 없나보다.

그러나 나는 그 소리들의 의미를 다시금 음미해 보면 그건 유희도 신세타령도 아닌 제 삶을 착실히 살아가는 한 과정임을 때닫는다.

봄볕에 움을 틔웠고, 여름내내 잎을 키워 햇빛 가까이서 그의 애정을 받았다.

그늘을 만들었고, 쉼터를 제공했고 그래서 모두들 나무들을 사랑했다. 그런 일들은 즐거웠지만 또한 힘겨웠다.

이제는 쉬고 싶으리라. 햇빛이 들려준 다른 세상을 몸으로 느끼고가을 바람에 유혹을 느낀 체 했지만 실제는 헛욕심이었으리라. 제 몫을 벗어난 자유로움은 느끼지만 아직도 자신의 할 일이 남아 있음을 안다. 일생을 땅 속에 묻혀 살신성인하는 뿌리에게로 돌아가 땅의 자양분 구실을 해야하는 책무를 느끼게 된다.

모든 것 순리대로 이루어지고 있는 과정이듯이 삶과 죽음이란 단지 차례를 기다리는 윤회일 뿐이라는 것을, 그건 언제던 살이있는 모든 것은 언젠가 분해되어 흙으로 돌아가는 사실을 깨달았다.

낙엽귀근落葉歸根 잎은 지면 다시 뿌리로 돌아간다. 시원스레 피었다 때가 되면 미련 없이 떨어져 흙으로 돌아가 새로운 생명의 잉태를 위해 거름이 된다. 이게 대자연의 순환 원리다. 우리는 태어나 죽을때 까지 자연이 주는 온갖 혜택을 누리며 살아왔다.

공기, 곡식, 과일, 채소, 물…… 그러고도 감사는커녕 얼마나 많은 자연을 훼손하고 파괴해 왔던가. 우리는 큰 빚을 지고 살고 있다. 이젠 갚아야 한다. 한줌 흙으로 돌아가 다음 생명의 거름이 되는 낙엽의 아름다운 모습을 우리 인간도 본 받아야 하리라.

하늘 끝에 매달린 無明의 집

절반은 하늘이 지어주고 반만 산이 지은 집이 있다.

길 따라 흐르는 물이 백 개 연못에 백 번 얼굴을 비치고 백번 마음을 고쳐야 열리는 산문山門. 연꽃보다 더 오묘한 구중심처의 이 산문 깊숙이 들어서면 귓가에 넘치는 물소리가 모두 부처님 설법으로 들리고 가지를 스치는 바람소리가 전부 오도송悟道頌이며 우거진 쑥대풀과 억새꽃이 모두 시詩이다.

밤에는 우주 별들이 모두 이 골짜기 물로 쏟아져 장관을 이룬다. 이 광경을 보는 모든 이가 그속으로 빠져들어 영원히 길을 잃고 싶은 충동을 어찌 갖지 않을 수 있겠는가. 백담계곡에서 수렴동계곡까지 오르는 길에 영시암도 지나고 오세암가는 갈림길도 만난다. 영시암은 사방에 솟은 산봉들 속에 손바닥 만한 하늘을 지붕으로 이고 물소리에 묻힌 암자다. 영시永矢란 이 명산속에 영원히 은거하며 시끄러운 세상으로 다시 나가지 않겠다는 결심의 뜻이다. 수렴동 대피소를 지나 좁은 계곡으로 들어선다. 하늘은 손에 잡힐 듯 하고 물소리는 한량없이 높다. 맑디 맑은물 마알간 하늘 바람까지 한데 뭉쳐 만들어내는 하얀색의 순도는 설악산의 몸이고 봉정암 스님의 무색 찬란한 흰빛 마음이었다. 수렴동 계곡을 채운 이 음악 같은 물소리가 세파에 찌든 갈색 같은 내가슴을 아리게 한다.

내설악은 우주의 아름다움이 여기 다 모여 뽐낸다. 물소리에 섞여서 그냥 바라볼 뿐, 여기서 인간이 무엇이며 내가 누군지 묻는다면 그것은 너무나 속되고 어리석다. 산사를 찾아 이 눈부신 길을 오르다보면 좁다랗게 놓인 길에 떨어진 노랗고 빨간 단풍 잎사귀 옆으로 난 사람의 발자국이 그렇게 깨끗해 보일 수가 없다. 고라니 발자국 같아 혹은 먼저 간 사슴 발자국 같아 아침에 새로 핀 산 공기가 그 냄새를 맡은 듯하고 햇살도 그것을 만지고 있는 듯하다. 이 발자국을 따라서 땀으로 몇 번을 목욕을 하고 나면 사자바위 옆으로 오르는 하늘벽 같은 언덕을 한참 기어오르면 드디어 하늘 아래 용이 성이나서 온몸의 가시를 세운다는 용화장성 끝자락에 감싸인 봉정암이 멀찍이 나무 사이로 보인다.

설악은 황홀하도록 아름다운 산이다. 가을이 이곳에 제일 먼저 마음을 깃들이고 하늘도 이곳에 처음으로 불을 내려 지상을 물들인다.

설악은 하늘의 첫 마음을 받은 산. 그러기에 단풍잎이 가장 곱고 산의자태 또한 신성하다. 반은 하늘에 메달려 있고 반만 인간의 범접을 허용하는 집 이땅에서 가장 높은 곳에 앉았기에 새와 구름의 집. 그의 이마를 바람의 손이 짚어주고 귓속엔 언제나 별 흐르는 소리가 가득하다.

봉정암으로 가는 길은 인제군 용대리에서 시작된다. 여기 와서 신발끈을 고쳐매고 물소리 새소리 구름 머무는 소리로 깊어지는 백담

계곡을 밟아야 한다. 이 계곡에 들어와 몇 발자국만 걸어도 그가 누구든 벌써 예사 사람이 아니다. 들어갈수록 골짜기는 깊이 열리고 만나는 봉우리 더 높아 나그네도 깊고높게 열린다. 산이 탄다. 그 속에 설악이 붉게 물들며 새 옷 입고 새로 태어난 설악산이 붉은 스카프를 두르고 아래로 아래로 달려 내려오고 있다. 낮은 산들은 이젠 내려와 안겨도 좋다는 듯 노란 단추를 있는 대로 풀어 제치고 두 팔 벌리고 서 있다.

요즘처럼 먹물 같은 세상, 모든 것 다 뿌리치고 가을 산에 들어와 길을 잃어버리고 싶다. 거죽만 쳐다보고 살아온 내 인생도 잃어버리고 싶다.

집을 떠나 겨우 하루가 지난 곳인데 보이는 세상은 탄성을 연발하는 자연절경이니 내가 생활하던 환경이 일시에 사라지고 설악산에서 신선으로 다시 태어나 봉정암을 들어서는 동자가 된 기분이었다.

설악에서 보는 모든건 색달랐다. 하늘의 진짜 얼굴이 무슨 색이냐고 묻는 사람이 있다면 말할 수 없고, 속까지 파란 하늘이 외피만 보고 짐작하던 나를 무색하게 만들었다.

산 속에서 산이 깨어나는 소리를 듣기도 했고 마음의 길을 잃고 낙엽은 베게삼아 오수를 즐긴적도 있다. 꿈 속을 헤메다 일어나면 내 타는 가슴에 봉정암이 언제나 감로수 한 모금을 내밀었다.

봉정암은 하늘의 샘물이다. 삶의 뒤안길에서 마시는 물. 우주의 고요가 머문곳. 자장율사가 이곳에 불사리佛舍利를 모신 것도 그 까닭이다.

잃은 자나 얻는 자 모두에게 내어주는 생명수. 이것을 마시러 나는 고된 산길을 올랐다.

땀을 닦고 감로수를 마시고 발 아래 산을 굽어보니 불타는 능선들이 천만의 거센 파도로 나를 향해 몰려온다.

저 파도 봉우리들이 다 연꽃잎이다. 아! 오늘은 이 연꽃잎 속에 감싸여 벌레처럼 오므리고 하늘 가득히 쏟아지는 별 비 맞으며, 꿈나로 가 보리라.

서남해의 보석 홍도

어디로 갈 것인가. 태양이 정수리까지 쏟아지는 7월의 뜨거운 여정을 어디 가서 무엇으로 어떻게 달랠 것인가?

여행은 먼저 들뜸으로 잠을 설치고 설레임으로 가슴을 조이는 미지에 대한 동경과 호기심으로부터 시작이 되어야 한다.

그러므로 좋은 여행의 3박자는 멋과 맛과 꿈이 있다.

무엇보다 마음이 넉넉해야 하고 무엇보다 마음이 자유로와야 하고 무엇보다 마음을 비워야 한다. 그러기 위해서 여행의 3대 조건은 잘 자고 잘 먹고 잘 보는 데 있다. 여기다 사람에 지치고 일에 고달프고, 출퇴근에 시달린 현대인의 스트레스를 해소한다면 실로 여행은 금상첨화이다.

나는 7월이 되면 열병처럼 땀방울을 알알이 맺히면서 신열身熱을 앓고 있는 은빛바다의 물이랑과 가도가도 끝이 없는 지평선에 한없이 출렁이는 창파滄波가 보고 싶어 오금을 못쓴다. 바다는 세상의 모든 더러움과, 사악함을 한 몸에 껴안고도 아무런 불편 불만없이 포용한다. 바다는 커서 좋고, 넓어서 좋고, 바다는 깊고 너그러워서 좋다.

폭풍주의보가 내려서 내일은 배가 뜨지 않습니다.

일단 연락처를 알려주십시오 자고나면 혹시 모르니까요 웃는 태양과의 눈맞춤도 잠시 수화기 속에서 흘러나오는 목소리는 내 마음을『폭풍의 언덕』의 캐서린처럼 흔들어 놓았다.

수년전 동해의 파수꾼 울릉도를 처녀지로 택해 방문했을때의 그 설레임과 강열한 인상, 때묻지 않는 인심과 죽도의 아름다운 모습에 반하여 올해도 자주색 마고자의 섬 홍도를 아내와 함께 탐방하기로 했다.

선잠으로 밤새 뒤체이다 새벽녘에 깜박 잠이드는가 했는데 따르릉 전화벨이 울리기에 용수철에 튕기듯 이불을 박차고 수화기를 드니 여행사 직원이 정상적으로 아침 6시에 출발한다는 반가운 소리였다. 달뜬 마음으로 여섯시간을 달려 목포항에 버스가 닿으니 밤새 불안했던 마음을 조롱하듯 파도는 실실거리며 웃고 있고 잔잔해진 바다가 그저 고마워 미지의 그리움을 품은 채 흑산도 홍도 여객선에 몸을 실었다. 섬바위처럼 건강미가 넘치는 아주머니 싱싱함이 절로 풍기는 파래상자, 볼펜 끝에 무의식적으로 침을 바르며 승선카드를 작성하는 할머니…….

흰 물살을 가르며 배는 출발했다. 태양을 잘게 부수어 뿌려 놓은듯 순금純金의 햇살은 파도와 춤을 추고 그 눈부심에 황홀하여 눈을 뜰 수 없었다.

더군다나 새로운 곳을 찾는 기대감에 엔진소리 보다 크게 심장은 쿵광거리고…….

육중한 선체가 흔들리면서 차츰차츰 목포항이 멀어지며 유달산 왼쪽 기슭으로 돌아간다. 충무공의 전첩비가 있는 고하도의 옷깃을 스쳐 눈 앞에 그 옛날 목화고장의 해남 화원면이 보인다. 봄이면 산 기슭마다 빨간 동백꽃이 등불을 밝힌다는 것은 역시 문학적 수사였고 굽이굽이 돌아가는 항로에 다가서는 섬들이 꼭 물개처럼 귀엽게만 보였다.

비금도를 지나니까 선체의 동요가 심해진다 파도가 높다는 증거다. 물빛도 짙푸르고 시야에 걸리는게 없는 망망대해 한참을 가다 손을 들어 가리키는 곳에 점 하나가 혹으로 커 보이면서 차츰 다가서는 섬이 있다. 그게 흑산도였다.

이곳에서 새벽닭이 울면 중국 땅에까지 들린다는 흑산도 그러나 이 곳은 대흑산도이고 흑산도에서 백여리의 뱃길을 달려 홍도선착장에 닻을 내리니 외지인의 환영행사인지 괭이갈매기떼 섬 주위를 나선형으로 돌면서 부서지는 포말에 정갈이 몸을 씻고 있다.

한반도 서남쪽 망망대해 거문도巨文島 앞바다에 솟아있는 외로운 섬 홍도 문명을 멀리한채 자연으로 남아서 태고太古의 신비감을 보여 주거 있구나.

홍도는 기암 절벽의 돌기둥으로 둘레가 쌓여, 있어 발 붙이기가 곤란하나 갖가지 해저의 보물 정글인 돌문과 해저림海底林을 누비다 보면 홍갈색의 바위가 총립해 있고 어떤 갈색의 바위는 뿌리는 물속에 있고 물위에 솟아있는 것은 유명한 조각가의 솜씨처럼 멋지게 조각 전시되어 있는 것처럼 보여 그 황홀경에 감탄사를 연발한다.

낙조때는 그 빛나는 바위의 색감 때문에 온 섬이 붉은 호박 덩어리로 변한다니 세계사에 희귀한 갈색바위 섬이 아닌가 싶다.

전국 해변의 모든 조약돌은 대개가 검정색이거나 회색인데 비해 홍도의 조약돌은 청춘남여의 화신인지 하나같이 화려한 색상의 자주색으로 되어 있어 옛날 지혜가 번뜩이는 어느 선비가 홍도라 작명했는지 모른다.

조약돌은 태어날 때부터 조약돌은 아니다.

막돌이거나 여기저기 모난데가 많아서 두루뭉수리로 생겨 짱구머리를 하고 있었을게다. 어쩌다 바다로 밀려와 파도에 매를 맞고 단단한 차돌에 박치기를 당하고 생살을 깍이는 아픔을 겪으면서 차차 동그스럼한 예쁜 조약돌로 변하니 동료들과 부담없이 어울리고 사람들의 사랑을 받는지 모른다.

우리집에도 홍도 갈색의 조약돌이 수반의 은구슬로 변해 발복發福을 누리고 있는데 막돌이거나 뾰족한 돌이였으면 이렇게 사랑을 받으수 있을까 생각하니 사람도 모角가 나거나 막대먹은 사람은 조약돌처럼 사랑을 못 받겠지 하는 엉뚱한 생각을 하게 된다.

홍도에 인간이 삶의 터전을 마련한 것이 삼백여 년이 된다하나 현재도 생활고는 심하다. 150여 호가 추장 없는 왕국을 이룬 수중낙원이나 고기잡이로 생계를 잇는 이섬에선 쌀은 금과 같이 귀貴하며 오직 자연의 예술로 이루어진 남의 눈에 기쁨을 주는 보고寶庫였다. 유명한 풍란의 자생지인 홍도에는 아름드리 동백숲과 후박나무, 고난초, 사철란, 흙난초, 백랑금,무엽란등 삼백여종의 희귀한 식물이 듣지도 보지도 못한 기기 묘묘한 원시 그대로 무성해 있다. 썩어가는 나무 뿌리에 고무나무 잎새로 나비 넥타이를 매고 있는게 그 유명한 풍란風蘭이란다.

꽃 냄새가 둘레를 가득히 채운다는 난이다.

입맛이 귀족이라 정종正宗만 마시고 흐린 공기에 시든다는 귀족의 여인, 오는 사람마다 톱질을 해서 멸종을 경계하기도 했다.

앞면에서 뒷면이 보이도록 염전같이 뚫린 독립문바위, 부부상, 지주목, 거북바위, 남근석, 여근곡등 자연이 빚었다고는 믿기 어려운 기암괴석들이 천길 단애를 이루고 웅장하게 세운 대석문大石門은 꼭 국보급 석탑 그대로였다.

석화동굴엔 석순이 둥근천장에 매달려 100년에 1센트미터씩 거꾸로 자라고 있다니 신기할 일이다.

옛날에는 처녀가 들어와 애를 업고 뭍에 나온다는 버려진 섬 서러운 홍도.

그러나 도시인을 손짓해 부르는 요녀妖女는 늙을 줄을 모른다.

너의 화사한 아름다움에 푹 빠져 황홀해 하다 떠나올 때는 천국을 떠나온 아쉬움이었다.

2
文化 踏査記

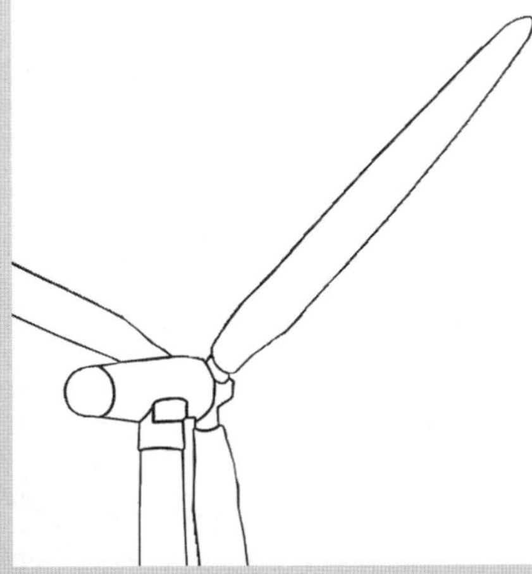

천년을 지켜온 님의 체취

얼굴을 맞대야 정이 들고, 가슴을 맞대야 사랑이 싹트는 법.

사람과 사람사이가 그렇듯 후손과 조상의 유물도 다를 건 없을 것이다. 만나지 못하고 어울리지 못한다면 '너무 먼 당신' 으로 남을 수밖에 없는 게 우리네 인생살이다. 생각과 말 모든 게 넘쳐나는 세상이다. 이 시점에서 한 번쯤 홍익인간의 이념과 조상들의 애잔한 삶을 관조觀照해 보는것도 큰 의미가 있을 것 같다.

유기체有機體인 역사는 스스로 생명을 지녔기에 피가 흐르고 있다.

시간의 '軸' 속에서 이루어진 모든 것들이 그 피를 통해 아래로 전달 되면서 역사로 자리 잡는다. 우리는 이것을 역사의 소자素子라 부르려 한다. 이 소자는 생명의 정보를 전달하는 염색체와 같은 것이리라. 인간은 생명체 이면서 또 다른 생명의 역사를 영위하기 때문에 또 하나의 염색체가 필요해서 역사의 소자를 갖게 된 것이다. 나는 시간만 나면 선조들의 발자취를 찾아나서는게 취미아닌 취미가 되었다. 오늘도 부산 민학회를 따라 경주 남산을 구석구석 답사해 보니 거기에는 떠나버린 님들의 체취가 고스란히 되살아나 환희에 젖을때도 있고 잘려나간 팔다리에 목구멍이 아련히 아파올 때가 있다.

석굴암 본존 석가여래불상 뒤에 숨어서서 가냘프고도 깔끔한 모습으로 불타에 바치는 지성을 절절하게 표정짓고 있는 십일면 관음보살의 얼굴을 바라볼 때마다, 나는 신라여성들이 지녔던 높은 절조와 청정한 몸가짐에 마음이 설레곤 한다. 석굴암 조각들도 따지고 보면 신라인들이 이상하는 남성형과 여성미를 고도로 농축해서 표현했다 하겠다. 석굴암이 유네스코에서 지정한 세계인의 유물이 아니더라도 중앙에 자리잡은 석가여래좌상의 숭엄한 눈길은 멀리 동해바다의 수평선 너머 왜적의 나라를 바라보고 있으며, 적국을 항복시키려한 신라인의 거족적인 소원이 여기에 뭉쳐 있다고 할수 있겠다. 남산을 오르는 길은 어러 갈래이나 여기서는 삼릉과 경애왕능을 인견하고 냉골 기슭을 타고 오르면 유물창고답게 후미진 곳 여기저기 뒹굴고 있는 고古 기왓장의 파편들을 쉽게 볼 수 있다. 어떤 때는 무심코 지나쳐 다시보면 유실된 고총古塚을 밟고 지나가기도 한다. 나지막한 능선을 타고 오르니 눈 앞에 갑자기 석굴암 장자불 크기의 불상이 좌정해 있는데, 머리는 온데간데 없고 몸통만 오도마니 있으니 코끝이 찡해온다. 얼굴은 없어도 목에 음각되어 있는 세줄의 경도라든가 양어깨를 덮은 통견가사상은 통일신라 작품으로 추정된다고 한다. 비록, 머리 위의 후광과 두상은 없어도 인자한 미소를 가슴에 새기니 뜨겁게 고동치는 혈맥의 정을 어느 누가 너를 한낱 석물로 쳐다보겠는가. 가시덤불을 헤치고 비탈길을 한참 오르니 거대한 암벽이 여기저기 나타나고 자연석에 마애불을 정교하게 조각해 놓았는데 예외없이 머리부분이 유실되고 없었다. 물결처럼 자연스레 흘러내린 곡선과 유려한 균형미를 갖춘 보물급 석불이건만 임진왜란때 왜구의 촉수에 파괴되고 조선총독부의 문화재

복원이란 미명아래 무지몽매한 관리의 손에 무너뜨려졌어도 신라 공인工人의 숨결은 살아있었다. 어느 서양 조각가는 무열왕 앞에 있는 거북상을 보고 산 거북을 그 곁에 갖다두고 서로 견주어보면 산 거북은 죽은것 같고, 이 돌거북은 살아서 동해를 보고 기어가는 것 같다고 하였다 한다. 이렇듯 신라 석공의 솜씨가 얼마나 정교하고 신묘하였던지 목과 가슴은 색깔조차 실물 그대로처럼 보였다하니, 신라 천년의 영화를 한 눈에 보는 듯하다. 가파른 석애石厓 아랜 졸졸 계곡물만 흐르고 천 년의 옛 바람이 솔바람으로 살아나 골짜기를 휘감고 있는 남산 야외박물관. 남산은 일명 금오산이라고 하여 산 전체가 바위나 소나무로 덮혀있고, 옛부터 명당터가 많다는 소문 때문인지 여느 산보다 사찰이 많기로 유명하다. 특히, 우리나라 최초의 한문소설 금오신화를 탄생시킨 용장사터엔 김시습의 발자국과 낭랑한 목소리가 산울림으로 남아 있다.

역사와 유물의 상관관계는 무엇인가. 역사란 현재와 과거사이의 끊임없는 대화이며 기록이라고 학자들은 정의한다. 현재 우리가 살아가는 흔적 또는 문화의 맥으로 이어져 후세에 전달 될 것이니 현재를 살고 있는 우리들 모두는 몸가짐 하나라도 올곧게 가지고 창의적인 삶을 살아야 하리라.

나는 경주를 찾을 때마다 작은 산과도 같은 고분군古墳郡의 꿈꾸는 듯한 완만한 곡선에 매료되어 넋을 잃고 만다. 도대체 세계 어느 나라 고도古都에 이렇듯 크고 아름다움을 지닌 수 많은 왕릉들을 품안에 유유히 거느리며 숨쉬고 있을까? 오늘도 삼릉의 고분군을 가까이서 들러보니 어머니 젖무덤처럼 한없이 부드럽고 안온하며 마치 생명의 본향에 온 듯한 고요한 평화를 느끼게 됨은 어인 일인가.

端宗哀史

하늘까지 높이 솟은 기암괴석을 병풍삼아 조용히 흐르는 서강西江. 화사한 봄 햇살에도 가슴이 멍울진 듯, 시리도록 푸르기만 하다. 조선조의 가장 비극적인 역사, 어린왕 단종의 아픈 사연이 눈물처럼 맺혀있는 그 땅을 휘감아 도는 정기 때문일까?

영월로 향하는 길, 오른쪽으로 줄곳 서강이 따라다닌다. 주천강과 평창강이 만나 어깨동무하여 흘러내리는 수려한 경관을 지나다 보면, 서러운 단종애사端宗哀史의 섬 청령포가 나타난다. 단종이 유배되었던 청령포는 삼면이 깊은 물로 막히고, 육지와 이어지는 남쪽마져 층암절벽으로 막힌 육지 속의 외로운 섬이었다.

문종이 젊은 나이로 승하하자 12세의 어린 세자는 조선왕조 제6대 왕으로 즉위하였다. 그러나 1455년 수양대군의 왕위 찬탈을 노린 계유정난이 일어나면서 단종은 왕위를 숙부 수양대군에게 빼앗기고 14세의 나이로 상왕上王이 되었다. 사육신의 왕위 복위 사건이 일어나면서 노산군魯山君으로 강봉, 이곳 청령포로 유배되었다가, 그해 9월 다시 금성대군이 복위를 꾀하다 사사되면서 서인庶人으로 강등되어, 1457년 17세의 나이로 사약을 받고 승하하시니 하늘도 울고 땅도 울고 만 백성도 피눈물을 흘렸으리랴.

천리 먼먼 길 임금님 이별하고
내 마음 설레어 냇가에 앉았노니
저 물도 내 마음 같아 울며 밤길 가누나
千里遠遠道 美人別離秋 此心未所着 下馬臨川流川流亦如 嗚咽去不休

폐위된 노산군이 강원도 영월로 유배될 때 의금부도사로서 단종을 호송한 왕방연의 시조다. 이곳 청령포淸泠浦도 550여 년전 그 당시에는 첩첩산중 외진 강촌에 지나지 않았을 것이다. 몇백 년의 세월이 흐른 지금, 쓰라린 역사의 비운이 담겨 있어서인지 산천은 옛 모습을 잃어 가도 사람들의 가슴에 애상으로 살아 있다.

강을 건너 우거진 송림 속으로 들어서자, 마치 공기도 냄새도 햇살도 다른 공간 속으로 들어가는 듯하다. 아름드리 소나무들이 빽빽이 들어서 있어 어린 왕의 눈물을 감춰주었을 것 같다는 생각도 든다. 송림 한켠에 '단종어가' 가 고즈넉하게 좌정하고 있다. 특이한 것은 집 주변의 소나무들이 한결같이 집을 향해 기울어져 있는데, 그 모습이 마치 어린 왕 단종을 지키려는 군신들처럼 보였다.

소나무 숲 중간에 유난히 크고 푸른 거송 하나가 우뚝 서 있는데, 천년기념물 제349호로 수령 600년의 노송이다. 이 관음송觀音松이야말로 단종의 슬픔을 보고 들었다는 증인으로 후대에 전하고 있다.

관음송 서쪽의 산비탈을 오르면 단종이 한양 쪽을 바라보았다는 노산대가 있고, 발 아래는 수십 미터의 절벽아래 서강이 유유히 흐르고 있어 문득 누구에겐지 모를 서러움이 북받친다.

왕비 송씨를 그리며 쌓았다는 망향탑은 어린 소년 소녀에 불과한 단종부부의 애달픈 사랑이 얽혀져 있을 생각을 하니 돌멩이 하나하나가 가슴에 멍울이 되는 듯하다.

청령포를 휘돌아 나와서 단종의 능陵이 있는 장릉莊陵에 올랐다.

노산군이 서인으로 강등되어 사약을 받자 후환이 두려워 누구도 그 시신에 손을 되지 않았으나, 영월 호장 엄흥도嚴興道 부자가 밤중에 아무도 모르게 시신을 염습하여 엄씨들의 선산인 동을지산, 현 위치에 암장한 후, 혹 탄로날까 두려워 어의御衣를 가지고 멀리 동학사로 도망갔다고 한다.

세상에 이런 충신도 있단 말인가. 탄로나면 삼족이 멸문지화를 맞을 것이 뻔한데도 부자父子가 나서 어린 왕의 시신을 수습했다니 만고에 빛날 위인이로다.

원래 인간이 유인원의 피를 받아서인지, 아니면 짐승의 고기를 먹고 자라서인지 짐승같은 짓을 하는 부류가 있는가 하면 엄흥도 같은 착한 위인도 있으니 인간의 본성은 칼날의 양면이란 말인가.

잘 단장된 장릉안, 호젓한 산길을 오르면 양지바른 언덕에 아담한 능이 보인다.

다른 왕릉에 비해 작고 소박한 장릉은 한양 100리 밖의 유일한 왕릉이다.

그것은 세조의 왕명 때문에 강변에 버려져 있던 단종의 시신을, 당시 영월 호장 엄흥도가 한밤에 몰래 매장한 자리가 바로 지금의 장릉이기 때문이다. 보통 왕릉에 가면 재물을 놓는 상석이 있는데, 장릉은 상석을 혼요석이라고 해서 혼이 와서 놀다가는 곳이라 한다.

문화해설사의 설명처럼 추존릉인 장릉에는 병풍석도 무관석도 없이 문인석만 있으며 호랑이 양 말등의 동물도 두 마리만 두었다 한다.

정자각에서 다시 장릉을 올려다 보았다. 예나 지금이나 권력이 무엇이기에 이토록 처절하게 죽이고 죽임을 당한단 말인가.

비극의 역사가 베어있는 곳임에도 장릉은 아주 말갛고 편안한 표정의 소년같은 자태다.

어쩌면 평생 천형의 병인 문둥병에 걸려 죄책감에 시달렸다는 세조에 비해 모든 것을 버리고 너울너울 날아간 단종의 넋은 차라리 평화를 얻었지 싶다.

자연사 박물관 우포늪

인간은 우주의 일부분인가 아니면 지구의 독립된 생명체인가.

생명은 인간의 자유의사에 관계없이 어떤 불가항력의 '자연의 섭리'에 의해 잉태되기에 고대 희랍에서는 神의 몫으로 인정하고 있다.

이런 맥락에서 본다면 자연과 물이 없다면 지구상에 생명체는 존재하지 못할 것이다. 여기 한반도 나이와 같은 1억4천만년전 생명의 유전자와 숨결을 보여주는 살아있는 거대한 자연생태계의 보고寶庫가 있다.

그 이름도 아름다운 우포늪이 우리곁에 있으면서 그냥 흘러버린 무지가 야속하다. 여름의 우포늪은 온통 개구리밥, 마름, 생이가래 등 수생식물들로 덮여 초록융단을 깔아놓은 듯하다. 늪가엔 수양버들이 군락을 이루고 늪은 오수를 즐기는 듯 평화롭다.

자동차의 매연과 소음으로 하늘을 볼 수 없는 도시인에게 우포늪은 태고의 공간과 숨결과 맥박을 느낄 수 있는 곳이다.

우포늪은 얼마나 신비한 자연과 생명의 궁전인지, 멸종위기종인

삵, 고니, 가창오리, 가시연, 순채 등 1천여 종 동식물이 서식하고 있다.

우포늪에선 멸종위기의 세계적 희귀종인 가시연꽃이 직경 2m나 되는 잎사귀로 보랏빛 신비를 머금고 식물 학자들을 손짓한다.

소벌(우포), 나무벌(목포), 모래벌(사지포), 쪽지벌 등 4개를 총칭하는 우포늪은 창녕군에 위치한 국내에서 가장 큰 내륙습지로 면적이 230.2m 에 이른다. 우포늪에 대단위 공업단지나, 아파트단지가 되지 않는 것이 얼마나 큰 축복인가. 어딜가서 우포늪 같은 태고의 공간을 맛보며, 생명의 보고寶庫을 볼 것인가. 이곳이야말로 진정한 살아있는 자연사박물관이다.

따가운 여름햇살에도 쇠물닭들이 수면을 첨벙거리며 물결을 튕기고, 미동도 하지 않는 황새 한쌍이 박재품인가 싶어 우우 소리를 지르니 고개를 돌려 왠 덩치큰 짐승이 자기를 놀리는가 싶어 눈을 흘긴다.

우포늪과 지척지간인 주남저수지와 낙동강 하구둑은 철새들의 천국이다. 세계적 보호새인 새가락도요, 참수리, 저어새, 재두리미 등이 철따라 이동해 와서 한 절기를 놀다가는 환경 때문에 조류학자들의 주목을 받고 있다.

우포늪을 소개한 지인들과 탐방길을 걷다, 따오기 박물관이라는 팻말을 보고 반가움을 감추지 못했다. 따오기는 청정지역에서만 살뿐더러 가족애가 강한 조류다. 1부夫 1처妻제를 지킬뿐더러 정조관념이 투철하여 짝을 잃어 버리면 홀로 수절한다. 이혼율 상위를 달리는 한국의 현 세태에 대해 시사하는 바가크다 하겠다. 경남도에선 우포늪에 따오기 복원사업을 추진한단다. 천연기념물 제446호로 지정돼 있고, 1970년 이전엔 흔한 겨울철새였으나 최근에 거의 멸종이된 따오기를 중국에서 가져와 정착시키려는 프로그램이란다. 오래 전에 지리산에 곰을 방목한 일이 있지만, 먼저 동물들이 살 수 있는 환경부터 복원하는 일이 더 중요할 것 같다.

한국인의 탐욕은 끝이 없는지 60년대까지 그 흔한 날짐승과 산짐승이 씨가 말라 국민들의 정서를 황폐화시킨 범죄자들을 아떻게 단죄할 것인가.

선진국의 교육은 나는 누구인가 왜 태어났는가를 반복시켜 더불어 사는 미덕을 길러주는데 비해 한국의 교육은 1등 지상주의 출세지상주의를 외치다보니 인성은 황폐화되고 정서는 고갈되어 온갖 폐해를 낳고 있다.

우포늪을 처음 방문하는 사람들은 그 방대한 넓이에 넋이 빠지고 저 속의 깊이는 얼마나 될까 궁금하고 누 만년동안 어떻게 보전했는가 싶기도 하다. 나역시 돛단배라도 있으면 구석구석 다니며 희귀한 어종과 생물들을 보고 싶고 녹슨 머리를 세척하고 자연의 일부가 되고 싶다.

수 년전 천성산 무제치 늪을 답사하고 느낀감회가 우포늪의 현장에선 색다른 감흥을 주니 회색빛 도시에서 자주 탈출하여 자연과 호흡하며 인생의 가치를 새롭게 정립할 필요를 느끼게 된다. 작년에 창원에서 람사르 총회가 열렸다. 람사르협약은 '물새 서식지로서 특히 국제적으로 중요한 습지에 관한 조약' 을 말한다. 람사르협약은 '철새 서식지 보호' 라는 것만을 협약하자는 게 아니다. 습지의 새와 어종의 다양성 보존과 인류의 더 나은 생활을 위해 습지를 보존하고 현명하게 이용하자는데 있다.

아마존 밀림을 보호해야 지구의 온난화를 막을 수 있다는 자연과학자들의 외침과 일맥상통 한다 하겠다. 환경올림픽이라 불리는 람사르총회를 앞두고 우리는 환경에 대한 전반적인 성찰과 앞으로의 대책에 진지한 검토와 제도적인 보완이 필요하겠다. 인간만의 편리성 추구에 앞서 모든 생명체와 공생할 수 있는 지혜와 방법을 강구해 볼 필요가 있겠다.

갈수록 물 부족과 사막화 현상이 심해가는 지구환경과 생태계를 보면서 습지의 중요성을 다시 한번 자각할 때다.

천불천탑의 미소

운주사(雲住寺, 구름이 머무는곳) 그 이름만으로도 마음을 설레게 한다.

우리나라 국토의 지형은 떠가는 배行舟와 같아 태백산 금강산은 뱃머리이고, 한라산은 배꼬리이고, 변산반도는 배의 키이며, 영남의 지리산은 삿대이고, 전남 화순 능주는 뱃구리라고 조선사찰자료에 기록되어 있다.

일찍이 도선국사는 운주사터에 많은 탑을 세워 돛대로 삼고 천불을 세워 배의 균형을 이루게 했다는 설화는 의미 심장하다.

인체도 허리가 튼튼해야 하듯이 나라도 민중이 배부르고 강건해야 나라가 부강할 수 있다는 메시아를 천불천탑에 아로 새겼는지 모른다. 그곳엔 부처 아닌 돌이 없었다. 전생에 무슨 업보로 천연두라도 앓았는지 왕 곰보로 흉하게 얽은 돌들이 부처라니, 딸기코 머슴 같은 부처 귀가 삐딱한 부처님을 처음 본 그때 내게 어떤 간절함이 있었기에 내 마음에 돌탑하나 세우고 옛길을 타박타박 걸었을까.

구릉과 분지 야트막한 야산에 고즈넉하게 숨쉬고 있는 천의 얼굴과 천개의 석탑들, 자세히 살펴보니 돌막대 부처에는 천년전 조상의 얼굴이 아로새겨 있다.

기교와 꾸밈도 없이 투박한 삶의 한 편린인 양 지게 막대기 장단에 흥얼거리는 민초들의 모습이 각인되어 금방이라도 손을 잡을듯 정겹다.

운주사가 오늘날 널리 대중에게 알려진 것은 황석영 소설『장길산』(1974~1984년에 탈고) 때문은 아닐까. 1970년대 군사독재 권력에의해 수많은 지식인과 민중들이 억압을 받았던 시대와 역사적 배경이 비슷한 18세기 숙종 왕조 때의 의적 '장길산'의 생애를 다룬 소설이다.

미륵사상은 민중이 주인인 요즘의 민주주의 국가를 전설로 새겨 미래에 열려있는 민중의 혜안을 상징하는 좌표로 설정했는지 모른다.

역사와 유물의 상관관계는 무엇인가. 역사란 현재와 과거사이의 끊임없는 대화이며 기록이라고 역사학자들은 정의한다.

현재 내가 살아가는 흔적은 내 역사가 되어 자라나는 2세들에게 무시로 몸과 마음으로 전해지듯이, 이 땅에 산 사람들의 흔적 또한 문화의 맥으로 이어져 숨을 쉬게 된다.

수 천년전 선대들의 삶의 기록이 멸실되고 빈약하다면 오랫동안 강토에 묻혀있는 유물이 증인이요 증거일 것이다.

이런 관점에서 본다면 국토 곳곳에 산재에 있는 유물들에 후손들은 애정을 가지고 보존하고 관리해야 하리라.

세계의 강대국이라 일컫는 미국이 몇 백년의 역사를 자랑하는데 유구한 천 년의 역사를 간직하고 있는 우리는 선대의 빛나는 문화유산을 세계만방에 자랑해도 하나도 꿀리고 주눅들 이유가 없다.

도선의 창건 설화와 천불천탑으로 알려진 운주사. 해발 100여 미터의 야트막한 야산에 남북 방향으로 뻗은 두 산등성이와 계곡에 현재 100분의 돌부처와 20여 기基의 석탑들이 널려져 있다.

경주 남산이 신라천년의 야외 박물관이라면 운주사의 석탑과 석불은 신라의 세련미와는 달리 투박하고 진솔한 작품들이 우리나라 불교 미술사에서 유래를 찾기 힘든 희한하고 불가사의한 유적으로 남아있다.

산능선에 누워 있는 상배불은 천상의 석공들이 자연석에 북극성 주불을 세우려다 새벽 닭이울어 황급히 승천하는 바람에 미완의 와불로 누워 있으나 금방이라도 일어나 기울어가는 국운을 바로 세울 것 같다.

더욱이 거대한 와불이 북극성을 상징하고 사찰에 배치된 석탑들이 별자리와 거의 일치한다는 고고학자들의 주장에 관심이 고조되고 있다.

대웅전 뒤편에 있는 원구형석탑, 떡시루를 중첩시켜 놓은 모양새는 민중과 함께 어울리고 함께 동고동락 했다는 증거이리라.

역사란 좀더 살갑게 정의하면 앞선세대의 삶의 발자취이며, 현대사는 부모나 조부모의 삶의 궤적이라 할 수 있다.

우리 국민들은 외래사조의 영향을 받아서인지 조상들의 문화유산을 하찮게 생각하는 경향이 있는데 뿌리없는 나무가 어디있는지 한번쯤 새겨볼 일이다.

문화가 반드시 인간의 삶과 번영을 보장해 주지는 않을지 모른다.

그러나 문화유산은 우리의 집단적인 기억 속에서 새로운 생존과 창조의 원동력이 될 수 있을 것이다.

요즘 중국이 저지르고 있는 우리역사의 뿌리인 고구려의 말살 정책에 우리는 어떻게 대처해야 할까. 역사는 민족의 거울이기에 찬란한 신라 천 년의 역사와 만주 벌판에 널려있는 유구한 민족의 뿌리를 더듬어 우리의 정체성을 확립해야 하리라.

2003년 한 누리全世界 역사상 처음으로 장기체세포 복제의 길을 연 황우석 박사팀. 사람의 난자에서 뽑아낸 줄기세포를 이용한 인류의 생명을 연장할 수 있는 기적의 연구도 한국인이 해낸 쾌거이다.

황우석교수는 기자회견에서 우리나라가 수 백년동안 외세의 침탈을 받아 온갖 고초를 겪은 것은 하느님이 이제는 어깨 펴고 좀 살라는 천운을 받은 것 같다고 겸손해 했다. 황교수 팀의 연구성과는 우리국민이 몇 십년동안 먹고살 양식인 동시에 페니실린 항생제 발견과 버금갈 정도의 세계적 쾌거라 하니 어깨가 으쓱해 짐을 어쩌랴. 사람에게 꿈과 희망과 사랑은 무엇일까. 미래를 예측할 수있고 현재보다 나은 삶 가족과 오순도순 등부비며 이웃과 교감하고 한걸음 나아가 조상의 음덕위에 인류애를 나눈다면 그이상 보람된 삶이 있을까.

비록 꿈과 희망과 사랑은 동화의 세계일지언정, 최선을 다하는 삶, 주어진 여건에 만족하고 이겨내는 삶, 그런 최선이 삶을 빛나게 하고, 여유롭게 인생을 관조하는 삶이 아닐까?

碎氷船

사계절 빙점하에 머물러 있는 남극과 북극.

그곳에 무엇이 있기에 세계 각국의 과학자들이 기를 쓰고 몰려들까.

지구의 생성초기부터 버려진 극지의 동토凍土 과학의 발달로 인류 최후의 보고寶庫임을 알아차린 열강들이 앞다투어 기지를 건설하고 광맥을 캐고 있다. 우리나라도 수년전부터 남극에 세종기지를 건설하고 지구 생명의 신비를 캐내기 위해 젊은 과학자들이 얼음구덩이에서 피땀을 흘리고 있다.

거대한 얼음산이 언제 덥칠지 몰라 연구할 생물을 채취할 때도 쇄빙선을 타고 움직인다니 극지의 생활성을 엿볼 수 있게 한다.

지구상에서 가장 추운 나라 필란드에는 한겨울에도 찾아오는 관광객이 많아 이들은 꽁꽁 얼어 붙은 바다에서 쇄빙선碎氷船을 타고 빙점하의 대자연을 구경한다. 쇄빙선은 두께 50㎝ 정도의 얼음을 힘안들이고 깨부수고 전진하며 때로는 두께 8m 정도의 거대한 빙벽도 두 조각으로 으깨가며 백야의 빙설에서 우주의 신비를 캐낸다.

남극과 북극에서만 쇄빙선이 있는게 아니라 우리나라에도 쇄빙선이 하얀 꽃 가루를 휘날이며 강폭을 기어가는 모습을 상상해 보라.

만남은 무엇이든 가슴을 설레이게 한다.

무시로 만나는 대상보다 새로운 물상은 언제나 호기심과 반가움이 따른다.

내륙의 큰 호수위에 북극의 백야가 아스라이 누워있다. 춘하추동 일렁이던 푸른 강물은 어디가고 백의천사가 홀연히 나타난 호반.

수 년 동안의 산고産苦 끝에 결빙의 희열을 혼자 누리기에 민망했던지 전국의 축객들을 불러 모았을까.

얼음층 위에 백설이 쌓이고 어린이들은 썰매를 타고 어른들도 덩달아 동심이 되어 팽귄 걸음을 흉내내며 좋아라 어쩔줄 모른다.

산다는 것은 끊임없이 흔적을 만들어 가는 과정이다. 여행도 어떤 의미에선 틀에 박혀 사는 테두리를 벗어나 새로운 것과 모르는 것을 알게 되는 즐거움을 누리고 자연이 연출하는 다양한 모습을 보며 삶을 재충전하는 목적이라 하겠다.

한 겨울 강추위가 몰아쳐 130리 충주호를 결빙시키면 신단양에서 쇄빙선이 이른 아침에 크루징으로 두꺼운 얼음을 갉아 먹으면서 수로를 개척하여 충주댐에 도착한다.

얼음가루가 쇄빙선을 삼켜버리고 수로가 만들어지면 모양도 산듯한 여객선이 호수에 나선다. 200여명이 탄 선실에는 우당탕 우지직 소리가 요란하다.

안내방송엔 얼음층을 뚫고 나가기 때문에 걱정하지 말란다.

이물과 고물에서 바라본 수로는 쇄빙선이 갈라논 얼음덩어리들이 배가 지나갈 때마다 요동을 치며 아우성이다.

여객선도 선체보호를 위해 앞면에 쇄빙날을 달아 얼음층을 부수며 전진하는데 평소에 한시간 30분 걸리는 뱃길이 좁은 얼음구덩이를 뚫고 나가느라 2시간 넘게 소요된다.

고물에서 바라본 수로는 하얀 옥양목이 길게 풀어져 너울거리고, 이물의 칼바람도 쇄빙선의 운율에 젖어드는 나그네의 뜨거운 가슴을 녹이지 못한다.

충주호 130리 뱃길엔 단양팔경인 도담삼봉을 위시해 상선암 중선암 하선암 사인암이 제각각의 미모를 자랑하며 나그네의 옷소매를 잡는다.

충주호 주변에는 단양팔경을 비롯해 월악산 고수동굴 탄금대 문경새재 등이 있고 수안보 온천도 인접해 천연동굴의 신비함과 온천욕의 상쾌함을 동시에 즐길 수 있는 한국에서 몇 안되는 관광명소다.

하늘을 나는 새들도 너무 높아 쉬어 간다던 문경새재는 태백산맥 등뼈가 서쪽으로 뻗어 내려 남과 북이 서로 통하려면 험준한 고갯길을 넘어야 곧바로 한양으로 이르렀다는 지름길이다.

백두대간 남한의 허리나 다름없는 구왕봉 시루봉 희양산(999.1m) 거봉들이 어깨를 겨루고 신라 고려 때부터 이용하던 계립경로(지릅재길)는 30리는 깎아 지른 바위 사이를 인마人馬만이 넘을 수 있는 험한 길이었다 한다.

영남의 선비들이 과거보러 한양을 가려면 반드시 이 재를 넘어야 하는데 짚새기 몇컬레를 갈아 신으며 산짐승의 포효 소리에 오금을 저려가며 지릅재를 무사히 넘고 나서야만 과거를 했다고 전해진다.

계립경로가 신라 고려의 길이었다면 새재는 조선조의 길이다.

동화원, 조족관, 주흘관으로 이어지는 약 20여 리 길은 예부터 박달나무가많아 이지방 특유의 새재 민요가 생겨났다.

문경새재 물박달나무 / 홍두깨 방망이로 다 나간다
아리랑 아리랑 아라리요 / 아리랑 고개를 넘어간다.
홍두깨 방망이 팔자 좋아 / 큰아기 손질에 놀아난다
문경새재 넘어갈재 / 굽이야 굽이야 눈물이 난다

제2관문에서 제1관문으로 향하는 길은 하얀 소금을 뿌려놓은 듯 살눈들이 빠삭빠삭 발바닥을 간질이고 조상들이 다리품을 쉬던 주막엔 고요한 적막만이 감돈다. 지금도 유명하다는 매콤한 고추장 떡과 한번 취하면 요강물(?)도 들이킨다는 앉은뱅이 술은 맛 볼 수 없었지만 옛사람들의 풍미를 알 것 같다. 여덟 명의 왕자 여덟 명의 선녀들이 어울려 놀았다는 팔왕 폭포는 수정처럼 맑고 투명한 물줄기가 주변의 기암 괴석과 어우러져 멋진 풍경을 보여 주고 있었다.

신라 시대 때의 계립경로는 지금의 지릅재와 하늘재인데 문경새재 길이 생긴 후로는 하늘재로는 천민들이 주로 다녔으며 문경새재 길은 주로 관리와 양반들이 사용하였다 한다. 그 옛날 산짐승들의 천국이었을 새재 멧부리 산속의 싱그러운 공기를 폐부 깊숙이 들여 마시면서 쇄빙선의 운율에 취해 문경새재와 지릅재를 답사해보니 옛 조상들 삶의 맥박이 전해오는 듯하다.

우리가 잊지 말아야 할 단 한가지

죽는 날까지 하늘을 우러러
한 점 부끄럼 없기를
잎새에 이는 바람에도 나는 괴로워 했다.

– 서시序詩

질식할 것 같은 일제 말기를 맑은 감성으로 버티며 주옥같은 시편을 남긴 윤동주(尹東柱 1917~1945)시인 그가 20대 초반 연희전문 재학시절, 문학을 꿈꾸며 매일매일 읽고 오려붙였던 신문 학예면 기사 스크랩북이 그의 고향인 연변에서 발굴됐다. 이 스크랩북은 만해 한용운萬海 韓龍雲과 함께 굴욕적인 일제 암흑기를 올곧게 살다간 항일 민족 시인의 정신궤적을 드러낸다는 점에서 뜻깊은 수확이라 하겠다. 역사를 두려워하는 민족은 흥하고 역사를 가벼이 여기는 민족은 망한다는 고사가 있다. 시셋말로 똑같은 실수를 반복하는 자는 장래가 없고 실수를 반복하지 않는자는 발전한다는 말일게다.

일세기에 두번 씩이나 나라를 거덜낸 위정자들 때문에 소시민들은 하루하루 살기가 버거워 숨이막힐지경이다. IMF이후 평일에도 이름있는 산에는 멀쩡한 남자들이 넘쳐나고 지하도나 역전에는 노숙자들이 늘고있다하니 예삿일이 아니다.

얼마전 나는 일연선사一然禪師가 삼국유사를 찬술한 운문사를 둘러보고 저녁에는 역해 삼국유사를 정독해보면서 많은걸 느낄 수 있었다.

정사正史에서 다루지 못한 민초들의 삶의 애환과 슬픈 숙명들이 전이되어 노숙자들의 얼굴과 오버랩되니 가슴이 아려온다.

나라 안에 전쟁이나 환란이 일어나면 지배 계층은 물론이고 민초들에게도 온갖 핍박과 수모를 당하기 십상이다.

병자호란 때 인조가 남한산성으로 피난, 45일간 버티다가 마침내 동지섣달에 맨발로 세자와 함께 남한산성 문을 열고 나와 삼전도에 마련해놓은 청태종의 수항단에 무릎을 끊었다. 그 뒤, 청나라의 강압으로 치욕의 비를 세우니 비의 머리에는 '대청황제공덕비大淸皇帝功德碑' 라고 앞면에는 청국 문자로, 뒷면에는 한자로 썼으니, 나라가 망한 치욕을 자손만대에 증언하고 있다.

줏대없고 야멸차지 못한 조상들 때문에 인접국들로부터 부단히 침략을 받았기에 누군들 역사에 치이고 베인 상처가 한 두가지였겠는가. 굴절의 현대사가 새겨놓은 파란의 혼적 속엔 개인의 삶보다 더 절절한 역사는 없고 그들이 들려주는 피맺힌 증언보다 더 생생한 역사책은 없는 법이다.

우리 국민은 개개인은 너무나 똑똑한데 단결력과 사회성이 빈약할 뿐더라 뼈아픈 과거사를 쉬 잊어버리는 민족이 아닌가 하는 의

구심이 드는 건 어인 일인가.

먼 이야기도 아닌 몽고란과 병자호란, 임진왜란, 가까이는 6.25 전란도 잊어버리지 않았나 하는 착각에 빠진다.

삐걱거리는 한.일 관계는 말할 것도 없고 신문칼럼이 지적한 5% 정도의 빨간물든 사람들이 국정을 농단하다보니 사회는 갈수록 혼란해지고 민심은 피폐해가니 이 일을 어찌하란 말인가.

역사는 살아온 인간들의 이야기이고 지금 살고 있는 우리들의 이야기인데 다음 후손들은 사기와 유사는 어떻게 기록될지 두렵기만 하다.

고려시대 공녀(貢女:원나라에 조공으로 바친 여자란 뜻)에 대한 이야기를 하면서 원으로 끌려갔던 여자들은 어떻게 되었을가를 생각해 본다.

조선시대 병자호란때 끌려갔던 처녀들, 그곳 생활을 견디지 못하고 고국으로 도망쳐온 여자들, 곧 환향녀還鄕女가 화냥년이 된 우리 역사의 비굴함을 어떻게 설명해야 할까?

역사교과서 왜곡문제로 한,일 관계가 냉각기류속에 일제때 정신대로 끌려간 우리의 꽃다운 누이들을 생각하니 가슴은 답답하다 못해 무거운 납덩이가 전신을 짓누르는 것만 같다.

몸과 마음에 엄청난 상처를 입고도 아무말도 할 수 없었던 그들이 할머니가 되어 매주 수요일 일본대사관 앞에서 외치고 있다. 그 광경을 멍하니 바라만 보고 있는 우리들에게 할머니들은 부르짖는다.

'니들은 와 구경만 하노 못난 놈들' 이라고 노려보는 것만 같다. 어떻게 보면 우리는 비참한 우리의 역사를 구경만 하는 방관자인지 한심하다 못해 부끄럽기 그지 없다.

우리의 역사책에는 온통 자랑스런 위인들의 업적들만 나열해놓고 평범한 사람들의 고통과 회한, 한숨과 땀, 슬픈이야기는 없었기 때문일까?

지금도 전국명산 정수리에는 쪽바리 놈들이 박아논 쇠말뚝이 나오고 2차 대전때 일본 군인들의 성의 노리개로 만든 정신대를 직장녀로 둔갑시키는 철면피들이 우리의 우방이란 가면을 쓰고 또 한 번의 대동아공영을 꿈꾸는 망상에 젖어있다.

좁은 국토주위를 회색분자들이 이빨과 발톱을 감추고 자국의 이익을 좇아 불나비처럼 춤을 추는데 어쩌자고 국론은 4분 5열되어 삐걱거리고 개혁론자와 반개혁론자로 몰아붙여 내분을 조장하는지 모를 일이다.

백년 미만을 사는 일간으로써 새 천년의 의미는 대단한 메시지를 전하고 있다.

아놀드 토인비는 '돈을 사랑하는 민족은 망하고 일을 사랑하는 민족은 흥한다' 라고 역설한바 있듯이 잔머리 굴리지 않고 맡은 일에 충실하고 성실하게 일하는자만이 새로운 시대의 주인이요 사회의 초석이 되리라 믿는다.

배달의 魂

– 청학동과 삼성궁

소리없이 들리는 소식이 있다. 그것은 진리요 광명이요 마음으로 통하는 우리들 인간의 길道이다. 그 길을 따라 우리 후손들이 함께 할 때 저 홍익인간弘益人間의 진리가 빛나고, 온 세계가 함께 만날 때 이화세계理化世界라는 생명의길이 열린다.

'어머니 산' 지리산 삼신봉三神峰.

조선시대 복색을 고수하는 유불선합일갱정유도儒佛仙合一更正儒道신자 180여명 25가구로 이루어진 도인촌이 있다. 이름하여 청학동 도인촌 현대와는 거리가 먼 쌍투틀고 짚세기 신고 생활하는 모습이 어딘지 모르게 신비스럽고 경이롭다.

남자는 상투머리 하얀 바지 저고리에 짚세기를 신고, 아낙네들은 낭자머리에 검은치마.

흰 저고리를 입고 화장기 없는 얼굴이 진솔하고 순결한 아름다움이 있었다.

옛시절 우리네 할아버지 할머니들의 꾸밈없는 모습이 떠올라 입가에 잔잔한 미소가 떠오른다. 청학동靑鶴洞이라는 말은 '정감록', '파한집' 등 여러 고전문헌에 나오는 '이상향理想鄕' 을 뜻한다. 능선 하나를 사이에 둔 삼성궁三聖宮은 또 어떤가 미로같은 돌밭길을 거슬러 올라 석문石門을 들어서면 우선 눈길을 끄는 것은 별세계처럼 느껴지는 무수한 돌탑의 숲이다. 죽순처럼 솟아 있는 돌탑은 사람 한길정도에서 20m 가까운 높이의 것들이 약300개쯤 된다고 한다. 배치와 조형미 등이 극치를 이루었다고 설치미술가들은 찬탄하지만 삼성궁 수행자들은 '이 탑들은 실은 탑이 아니라 이곳이 소도蘇塗, 즉 신성지역임을 알리는 솟대"라고 설명한다. 배달민족의 뿌리는 어디일까 소도, 삼성궁에 모셔진 한배임桓因한배웅桓雄 한배검檀君은 어디서 와서 어디서 정착했단 말인가. 천재天帝의 아들 환웅桓雄께서 홍익인간 제세이화濟世理化의 뜻을 펴기위해 3000명의 부하들과 함께 하계下界로 내려왔다고 개국신화는 적고 있다

신시神市에 정착한 천제의 아들은 웅녀와 결혼하여 단군檀君이 태어나 나라를 열어 국호를 조선이라 했으며 도읍을 「아사달」에 정한 것은 누구나 알고 있다. 한배달을 연구하는 학자들은 환웅을 태양족이라 하고 웅녀를 월인月人이라 부른다. 우리는 흔히 해를 남자 달月을 여자로 비유하는 말이 그저 생긴말이 아니라는걸 금방알 수 있다. 단군 할아버지 그동안 교실에서 얼마나 많이 배워왔던 님이신가.

님은 우리 민족의 시조다. 그래서 각급 학교 교정에는 님의 동상을 세워두었다.

단군은 지금으로부터 4,333년 전 역사 학자들은 2,300년 간 실존했던 단군 조선은 한반도와 만주 전지역을 통치한 강력한 왕권국가였다고 말한다.

중국이나 일본에도 막대한 영향력을 행사했던 단군 조선 할아버지 생각 할수록 자랑스럽지 아니한가. 나는 우연히 찾게된 청학동과 삼성궁을 답사하고 며칠동안 불면의 밤을 보낼 수밖에 없었다. 소도蘇塗는 무엇이며 천지화랑天指花郎의 정신을 바탕으로 홍익인간弘益人間 이화세계理化世界를 위한 유토피아는 정말로 있었단 말인가.

길도 제대로 없는 돌바위 첩첩산중에 수 백개의 돌탑의 성역이 존재한다는 것과 해마다 굴건제복하고 하늘에 제사지내고 배달민족 고유의 정통경전천부경天符經삼일신고三一神誥 삼륜. 오계五戒의 덕목을 백성들에게 가르쳤다니 놀라운 일이다.

1911년 계연수에 의해 편찬된 4종의 사서史書 삼성기와, 단군세기, 북구여기, 태백일사를 하나로 묶은 한단고기를 보면 삼성기는 환인. 환웅시대의 이야기를 담고 있다.

이는 민족의 시발인 환웅으로부터 18세기 단웅까지 1565년의 역사를 압축한 것이다.

단군세기는 고려시대 행촌선생 이암 문정공이 전한 책으로 아사달에 도읍하여 조선이라는 나라 이름을 사용한 단군님들의 이야기를 싣고 있다.

1세 단군 왕검으로부터 47세 단군 고열가까지 2096년 동안 각 단군의 재위기간에 있었던 주요 사건들을 편년체로 기록했다.

삼성궁은 배달민족의 성전으로 역대나라를 세우신 태조, 각 성씨의 시조, 현인과 무장을 모신 신성한 성역이다. 두류산頭流山 자락에 위치한 지금의 소도蘇塗은 삼한때 하늘에 제사 지내던 성지로서 구한말에 복원한 것으로 배달민족 정통 도맥인 선도의 맥을 지키며 잃어버린 우리의 위대한 얼과 뿌리를 지켜주고 있었다.

우선 출입문부터 성전다운데가 있어 좋았다. 북을 세 번치고 기다리게 하는 참을성과 침묵의 고요함이 국조國祖에 대한 경건함으로 이어졌다.

너럭바위 한가운데 두줄로된 통나무문의 단출함과 목가적 풍경이 그렇게 편안하고 여유로울수 없었다. 덕지덕지 치장을한 여늬 사찰과 문화재보다 조상들의 숨결을 가감없이 있는 그대로 보여줌으로써 더욱 감동을 주니 이를 어쩌랴 배달민족의 뿌리인 천제天帝 손자 단군壇君은 중원대륙에 자리를 잡고 요나라와 그 부족국가를 다스리는 본국本國이었다고 하는데 대륙끝자락의 삼성궁은 백성들의 단군을 기리는 성지 였으리라 추정된다. 배금사상拜金思想의 만능으로 정신은 황폐화되어 나라가 거덜난 이 어려운때에 민족적 성전을 후손들에게 널리 알려 참배하는 길은 없을까? 청소년 수련장이라도 만들어 단군전에 절(참알)하는 법이라도 올바르게 가르치고 어떻게 살아가는 것이 인생을 올곧게 사는 건지 배달의 아들 딸로 함께 민족혼의 숨쉼을 나누어 가져보면 어떠리…….

위대한 한민족

세계지도에 조그만 점點에 불과한 대한민국.

숱한 외세의 침탈과 강대국의 틈바구니에서 소멸되지 않고 5천년을 굳건히 버텨온 힘은 어디에 있을까.

우리민족의 건국연대는 서기전 2천3백~4백년으로 청동기시대가 바로 고조선시대이고, 당시 동북아시아에는 중국대륙의 황화문명권과 그에 맞먹는 세력으로 고조선문명권이 있었다고 역사학자들은 서술하고 있다.

우리의 조상들은 홍익인간弘益人間의 이념을 실천한 선량한 민족이었음은 당시 중화 국가들과 비교해볼 때 농민들에게 부과한 세금은 지배집단들이 수확량의 20분의 1만 받는데 비해 주나라 정부는 수확량의 10분의 8까지 세금으로 거둬들였다. 이 점만 보아도 널리 인간세계를 이롭게하고 더불어 산다는 홍익인간의 정신이 아니였다면 불가능 했을 것이다.

역사없는 현재는 존재하지 않는다. 인간이 땅에서 태어나 삶을 영

위해 가며 아이를 낳고, 키워서 시집 보내고 장가 보내고 그리고 늙어 죽어간다. 이것이 한 나라의 역사고 인류의 발자취다. 인간의 역사를 뒤집어 보면 먹걸이 역사다.

그동안 세계 학계에서는 쌀(벼)농사를 가장 먼저 시작한 나라가 기원전 인도와 신농시대 중국 후난성에서 발견된 볍씨가 세계에서 두 번째로 오래된 것이라고알려져 왔었다.

그러나 1997~98년 충북 소호리에서 발견된 58톤의 탄화 볍씨가 우리 조상들이 세계 최초로 경작한 볍씨로 세계 미작연구소에서 판명이 되었다니 얼마나 자랑스러운 일인가.

이렇듯 우리의 조상들은 인류의 복음인 자포니카종을 심어 먹걸이를 해결하고 중국 인도 일본으로 전파했다니 참으로 놀라운 일이 아닐수 없다.

조선조에 들어와서는 세종대왕때 세계에서 제일 훌륭한 나라글(한글)을 창제해 우리나라를 문명국의 반열에 올려놓았으며 장영실(천문자격류), 최무선(화학무기), 이천(인쇄기술), 허준(동의보감) 등은 우국충정의 열의로 똘똘뭉쳐 세계 3위 과학입국을 만들었다니 그 제왕에 그 신하들인가 싶어 고개가 절로 숙여진다. 세계 역사를 조명해 볼때 결국 강대국과 약소국의 땅 싸움으로 하루도 조용할 날이 없었다 해도 과언이 아니다.

부언하면 깨어있는 민족은 망하지 않고 무능하고 힘 없는 나라는 강대국의 먹이 사슬이 될 수밖에 없는게 역사가 증명하고 있다.

임진왜란때 이순신이라는 세계적 명장이 없었다면 우리나라는 100년 넘게 일본의 지배를 받았을거라는 역사학자들의 견해에 귀를 기울여야 할 것이다.

현대사는 어떤가.

삶이 힘들고 앞날이 막막할 때 새만금 방조제를 걸어보라. 더 넓은 바다를 가로질러 아스라히 뻗어있는 34㎞(85리) 거대한 축조물은 인간의 의지가 얼마나 장쾌한 성공물을 창출하는지 한국인의 기상을 엿볼 수 있다.

한민족 5천 년에 춘궁기가 없어진 것은 그리 먼 이야기도 아니다. 5·16혁명이 일어난 1961년도 우리의 1인당 국민 총생산은 89불로 세계 126개국 중 101번째로 가난한 나라였다.

현 주한 미국대사 스티븐스가 평화봉사단원으로 충남 예산여중 영어교사로있던 1975년의 한국인의 국민소득이 500불이었다고 그녀는 기억하고 있다.

이렇듯 헐벗고 빈곤한 한국이란 나라가 불과 35년만에 세계 최고의 IT국가가 되고, 세계인의 네명중 하나는 우리가 만든 휴대폰을 쓰고 있고 우리가 만든 자동차는 세계 200개국에 수출되고 세계 최고의 호화여객선도 우리 기술자들 손으로 만들고 있으니 얼마나 가슴 뿌듯한 일인가. 이 뿐인가 세계 최대의 원자로을 우리나라가 수주했다는 사실, 원전 종조국인 프랑스,미국,소련을 제치고 UAE가 발주한 47조원이란 어마어마한 공사를 우리 기술진이 짓기로 했다는 것은 고도로 정밀한 원자로 시공능력이 정상급에 올랐다는 것을 만천하에 공개한 셈이다.

이와 같이 짧은 시일에 압축성장을 이룩한 것은 1세기에 한 사람 나올까 말까하는 박정희라는 걸출한 제왕과 이병철 정주영같은 불세출의 기업가 정신으로 무장한 인물이 있었기에 가능했다.

여기에 세계 최고의 제품을 만들어 내려는 과학기술자와 엔지니

어들의 끓은 피와 묵묵히 일하는 근로자들의 땅방울이 어우러진 합작품이었다.

얼마전 미국의 사이언지는 1970~80년도 한국 경제발전의 저변에는 엔지니어들이 공장에서 헬멧을 쓰고 잊어도 조국을 발전시킨다는 자부심과 새마을 정신으로 무장한 보통사람들의 우리도 잘 살수 있다는 희망이 충만했기에 가능했다고 분석하고 있다.달포전 밴쿠버 동계올림픽에서 보여준 우리 젊은이들의 쾌거는 나라의 장래가 밝다는 걸 보여주고 있다.

"니체는 꿈 같고 환상 같고 물거품 같고 그림자 같은 生이지만 현세가 얼마나 아름다운가 자문하면서 유한한 인생을 사랑하고 이웃과 화목하게 살라고 충고한다." 산이 높으면 골이 깊듯이 나라 경제규모가 커지니 많이 가진자와 그렇지 못한 계층간의 불화가 증폭되고 있음은 지극히 불행한 일이다.

현시점에서 우리민족이 나아갈길은 분배정의를 이뤄 빈부격차를 줄이고 과학자와 전문기술자들의 사기를 붇돋아 선진국으로 도약하는 길일 것이다.

그래야만 국민각자가 희망을 가지고 생업에 종사할 수 있을 것이고 내 나라 내 조국이란 긍지를 가지고 평화롭게 삶을 영위 할 것이리라.

土末땅끝

끝은 마지막인 동시에 시작을 의미한다.

더 나아갈데 없는 끝자락은 절망이 아니라, 새로운 길을 여는 시작일 수 있다. 국토 끝인 土末토말은 이 나라의 최남단 해남군 송지면에 위치해 있어 지도에 보면 구슬하나 달랑 매달려 있는 형상이다.

대륙으로부터 뻗어 내려온 우리민족이 이곳에서 발길을 멈추고 한 고을을 이루니 역사이래 이곳은 동아시아 3국 문물의 이동로이자 해양문화의 요충지였다.

일찍이 장보고張保皐란 걸출한 인물은 완도에 청해진을 설치하여 당나라 일본 한국을 잇는 삼각무역을 했으니 끝자락의 역할이 천 년의 새로운 출구를 의미하였나 보다.

시공時空을 뛰어넘어 한 작가의 상상력으로 해신海神이란 이름표를 달고 우리앞에 나타난 장보고, 천 년전에는 해상왕이었지만 나라가 어지러운 새 천년의 문턱에선 새로운 CEO상으로 각광받고 있다.

시대는 영웅을 만든다지만 퓨전사극으로 다시 태어난 해신 때문에 해남과 완도는 새롭운 명소가되어, 영웅의 발자취를 찾는 관광객이 인산인해를 이룬다.

천 길 낭떠러지 아래 조성한 청해포구와 몇마장 떨어져 조성한 항주 포구는 천 년전 영화를 한 눈에 보는 듯 하다.

산 허리를 한바퀴 돌아 깊은 골에 마련한 신라관 세트장은 뒷배경 산세와 절묘하게 어우러져 타임머신을 타고 천 년전 선조들의 삶의 모습을 내가 격고 있는 듯 했다.

인간에게 삼재三才라는 말이 있다. 천天. 지地, 인人 즉 하늘과 땅과 사람인데 여기에 과거와 현재 미래라는 역사의 징검다리는 오늘을 살아가는 우리에게 많은 교훈을 던져준다.

공은 工과 力의 조화이고 완성이다. 工은 하늘(一)과 땅(一) 사이의 인간(丨)이 조합된 것이다. 하늘 · 땅 · 인간이 조화롭게 지낼 때 인류의 삶은 한층 승화될 것이다.

인간에게는 크게 세 종류의 시간이 할애되어 삶의 의미를 부여한다. 즉 생리적 필수 시간과 생계를 위한 노동시간 그리고 여가 시간이다.

여가는 삶의 보람과 기쁨을 찾는 시간으로 개인의 취향에 따라 꼭 하고 싶고 보고 싶은 일을 하는 재충전의 시간이다.

나 역시 문학을 하는 취향에 따라 땅끝을 가는 길에 인접해 있는 정약용의 다산초당과 보길도의 윤선도 유배지를 답사해 보면서 대학자들의 정신세계를 엿볼 수 있었던 것은 큰 행운이었다.

18년간의 유배지에서 탄생한 목민심서와 수 백권의 실학사상, 보길도 초막에서 탄생한 어부사시사등 수 많은 문학작품의 비밀을 체험해 보는데 1박 2일은 너무나 짧은 시간이었다.

그러나 인간 고려장高麗葬이나 다름없는 절해의 고도孤島에서 절망하지 않고 오히려 불꽃같은 의지로 학문의 꽃을 피웠으니 후손들은 감읍하고 또 감읍할 따름이다.

땅끝 마을에 여장을 풀고 신새벽 갈두산 사자봉에 서서 붉은 피스톤의 흡인력에 끌려 바다를 응시하니 년전에 읽은 册속의 씨줄 날줄들이 생각난다.

『신중국여지승람』 만국위도에서는 우리나라 전도全圖를 남쪽을 기점으로 잡고 북으로는 함경북도 은성부에 두었다 한다.

또 다른 육당 최남선 『조선 상식문답』에서는 해남 땅끝에서 서울까지 천리, 서울에서 함경북도 은성까지를 2천리를 잡아 우리나라를 3천리 금수강산이라 하였다니 선조들의 지혜가 놀랍다.

원래 우리의 국토는 만주전역, 즉 서쪽으로는 북경근처의 난하유역과 동북쪽 흙룡강 유역과 남쪽으로는 한반도 남부의 해안선이라 하니 가슴이 답답하기만 하다.

조상들은 넓은 바다를 장악하고 광활한 국토를 다스리며 활달한 기마민족이었는데 후손들은 좁은 땅덩어리를 두 쪽으로 갈라 으르렁대고 있으니, 참으로 한심한 위인들이라 하겠다.

나 역시 국토의 끝자락 토말土末에서 어줍잖은 산문 한 편을 쓰고 있으니 한심하기는 매한가지다.

3
작은 것이 아름답다

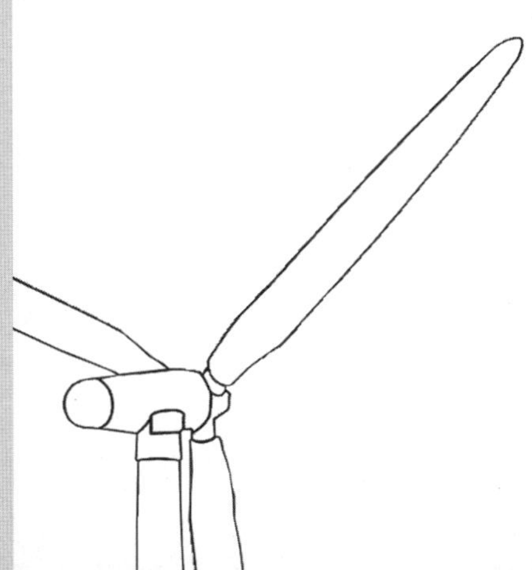

아리랑

아리랑 아리랑 아라리요 아리랑 고개로 넘어간다.

첫 소절을 부르기도 전에 묘한 비감悲感과 심금을 울리는 아리랑은 한민족의 정서요 애환이다.

우리 민족은 수 천년 동안 아리랑을 불러왔다. 남녀노소를 막론하고 가장 널리, 가장 오래 불린 겨레의 노래다.

일제 강점기에는 식민지의 울분을 담은 저항의 노래로 불렀고, 조국이 분단된 이후에는 남·북한이 함께 만나는 자리에 빠지지 않는 노래가 되었다.

많은 이들이 버림받은 여인의 한 맺힌 노래라고 알고 있는 아리랑이 한 민족의 노래로 수 천년 동안 불린 이유가 무엇일까.

아리랑에는 잘 알려지지 않는 깊은 뜻이 숨어 있다. 아리랑이라는 세 글자를 한자로 풀어보면 '아'는 '나'라는 뜻을 가진 '我'이고 '리'는 이치를 깨닫는다고 할 때의 '理'이며 '랑'은 즐거울 '朗'

이다. 이는 바로 나를 깨닫는다는 기쁨이라는 뜻이다.

이때 '아'는 근원적인 나를 말하며, 내면에 숨어 있는 진짜 나를 일컫는다.

아리랑은 누가 들어도 자연스럽고 따스한 정감을 안겨주는 작가 미상의 3박자 전통민요로서, 우리 조상들의 가슴에 메아리친 노래다.

아리랑은 기쁠 때 부르면 입이 벌어지고, 슬플 때 부르면 속이 터진다.

우리는 좋아도 아리랑, 미워도 아리랑, 슬퍼도, 아리랑을 읊조리는 아리랑 민족이다. 자손대대로 찌들려 살아온 민족이기에 배고픔도 아리랑을 부르며 물배로 허기를 달랬다.

아리랑 아리랑 아라리요 / 아리랑 고개를 넘어간다 / 아가야 배고프걸랑 젖달라해라 / 네 애미 찬물먹고 젖 만들거다 / 하나님도 무심하지 저 어린 것이 무슨 죄요 / 가난의 설움은 형벌보다 심하건만 / 배부른 자는 가난한 처지를 알 턱이 없다. 우리가 조국을 왜놈들에게 빼앗기고 얼마나 핍박을 받았던가. 당시 죽었으면 죽었지 항복 못하는 사람들은 사할린이나 시베리아행 열차를 탔다.

아리랑 아리랑 아라리요 / 아리랑 고개로 넘어간다 / 고향의 부모님 안녕하세요 / 조국 잃어 떠나온 자식 용서하소서 / 혹시나 객사하면 천당에 가서 편히 뫼시리다 / 오매불망 고향을 그리며, 부모님께 눈물로 불효를 사죄하는 갸륵한 충효의 얼이 아리랑이다. 아리랑은 한국 구전口傳 민요이면서 시공을 초월하여 근대요近代謠로도 국민들에게 애창되고 있으며 88올림픽을 계기로 세계적으로 퍼져나가 애국가보다 더 유명해졌다.

아리랑은 각 지방에 따라 선율에도 차이가 있고 음악적, 사상적,

향토적 특징이 있는데 함경도 아리랑이 가장 오래되었고 그 뒤 경기도, 강원도, 영남 아리랑이 태어났다. 아리랑은 뭐니뭐니해도 소시민들이 기쁠 때 부르면 연가요 슬플 때 부르면 비가悲歌가 제격이다.

아리랑 아리랑 아라리요 / 아리랑 고개로 넘어간다 / 날 버리고 가거든 염병이 걸리던가 / 십리도 못가 발목이나 똑 부러져라/

입가에 침을 겔겔 흘리며 떠듬떠듬 노랫말을 주워 맞추는 주정꾼의 목소리는 어느새 갈 지之자 걸음이 된다.

그렇다. 우리가 가장 만만하게 부를 수 있는 노래가 아리랑이요, 우리가 가장 스스럼없이 대할 수 있는 노래가 아리랑이다.

아리랑은 우리 민족정서를 닮아 있어 우리 모두의 푸념이고 타령이다. 아리랑은 답답할 때 혈압 높이는 흥분제요, 그 흥분을 가라앉히기 위하여 먹는 진정제이다. 아니 속이 아니꼬워서 소화가 안될 때 먹는 소화제이기도 하다.

IMF 이후 빈부격차가 심해지다보니 아리랑도 현재형으로 진행된다.

노숙자들이 어쩌다 돈 몇푼 생겨 깡소주로 목을 추겨 눈물 반 콧물 반으로 부르는 노래가 인생은 나그네 길 아니면 아리랑이다.

이에 뒤질세라 하루하루 입에 풀칠하기 바쁜 소시민들로 아리랑은 팔자타령으로 이어진다. 팔자소관을 따지자면 어미의 뱃속에서부터 타고난 운명이 아니드냐.

호의호식하며 돈을 주체 못 하는 팔자가 있는가하면 뼈 빠지게 노력해도 하루 밥 세끼가 고작인 범부도 있는게 자본주의 세상이다.

아리랑 아리랑 아라리요 / 아리랑 고개로 넘어간다 / 요놈의 세상 왜 이리도 힘드는가 권력가진 높은 차떼기다 007 가방떼기다 / 돈을

떡 주무르듯 하는데 / 만불시대 소시민들은 늘어나는 빚 때문에 / 귀한생명 허공에 날린다 / 어이없고 애 닮고나. 살다보면 음지가 양지되고 또 양지가 음지 되는게 세상의 이치라 하지만 가난을 못 이겨 동반자살하는 가족이 자꾸 늘어나니, 이 무슨 아리랑 팔자련가. 여자 팔자 뒤웅박 팔자, 남자 팔자 개밥 팔자. 여자는 잘난 남자 만나면 호강을 한다지만, 남자는 잘난 여편네 만나면 개밥에 도토리 밖에 더 되겠나 시대가 변해 여자들의 발언권과 수입이 많다보니 이 혼청구률도 여자가 많다니 여자 팔자 뒤웅박 팔자의 역사도 새로 서야할 판이다.

아리랑 아리랑 아라리요 / 아리랑 고개로 넘어간다 / 저 건너 나이트클럽 물레방아는 님을 안고 돌고요 / 우리집 미시즈는 서방님 안고돈다 / 얼씨구 좋고 좋구나. 나도 간혹 심지에 반란이 일 때 아리랑을 흥얼거려 보지만 북만주 벌판에서 조국의 광복을 위해 아리랑을 불렀을 선대들의 모습에 왠지 가슴이 찡해온다. 그 옛날 아리랑은 애국애족하는 아리랑이 있었고, 풋풋한 정情이 살아 움직이는 아리랑이 많았으나, 오늘날의 아리랑은 돈타령 아리랑과, 말초신경 아리랑 뿐이니 이 일을 어쩔거나.

시멘트 바닥을 기는 여자

0.05㎜의 세포액 정충精蟲 약 3억 마리가 마라톤 경주를 하고 있다. 자기 몸 길이의 3,000여배나 되는 좁은 통로를 앞서거니 뒷서거니 혼신의 힘으로 질주를 하더니 최후에 한 마리의 승자가 남는다. 그것도 2억 99999999 마리의 희생과 도움으로 말이다.

이런 과학적인 실례를 들지 않더라도 미물微物로 시작한 고귀한 한 생명이 고고의성聲을 지르고 이 세상에 태어난다는 것은 대단한 경이로움과 축복이다.

그것도 어머니 태속에서 열달동안 한 생명의 기본틀을 갖추는 동안 산모産母의 영양이 부족하면 자기의 뼈와 치아를 만들기 위해 모체의 뼈를 분해 섭취하면서 말이다. 부처님 말씀에도 자식과 부모의 인연은 9천 겁의 인연 속에 맺어진다하여 세상의 어떤 진리보다 중요시하는 이유도 여기에 있다.

태아가 자라나는 과정을 관찰하여 보면, 생명은 참으로 신비롭다는 생각이 솟구친다. 먼저 몸통의 형태가 이루어진 후에 제일 뚜렷이 생기는 건 손이고 그 다음이 발이다. 손이 먼저 생기는 것은 세상에 나가서 땀 흘려 일해, 그것으로 생계를 이으라는 뜻일 것 같다. 발이 두 번째로 생기는 건, 땅위를 뚜벅뚜벅 걸어다니며 손 못지않게 활동하라는 뜻일 게다.

천수경 테이프를 구성지게 틀어놓고 땅바닥을 기는 여자!

꽃바구니에 천원짜리 지폐가 그득하다. 간혹 단풍잎 같은 5000권과 파란 세종대왕 지폐도 한 두장 보인다. 지나가는 모든 사람들이 천원짜리 지폐를 아까운줄 모르고 바구니에 넣어준다. 하반신이 불구가 된 아주머니가 한쪽 다리는 허벅지까지 잘려나가고 남은 한쪽 다리에 고무장화와 무릎에 겹겹이 보호대를 비끌어 메고 네모난 구호용 돈바구니를 이끌고 하루종일 사람이 붐비는 시장주위를 맴돈다.

나는 그 옆을 지날때면 모진생명도 있구나 하는 연민과 인간생명의 외경심으로 주머니에 손이 절로 간다. 석가모니는 태어나자마자 한 손으로 하늘을, 또 한 손으로는 땅을 가르키며 천상천하 유아돈존天上天下 唯我獨尊이라 하였다.

'하늘 위 하늘 아래를 통털어 「나」보다 더 존귀한 것은 없다.' 라고 하신 것이다.

이를테면 하나밖에 없는 생명을 도외시하고 이루어지는 일이라면 그것은 아무런 가치도 없다는 뜻이다. 원래 우리 인간은 팔,다리, 눈,귀는 각각 두 개씩 가지고 태어났으나 생명만은 단 하나 밖에 허락하지 않았다. 우리에게 생명의 외경畏敬을 자신의 희생으로 일깨워 준, 20세기의 성聖자 슈바이처를 보자. 그는 여름 밤 램프에 몰려든 많은 벌레들이 날개가 타서 책상으로 떨어져 죽는 것을 보고는 창문을 닫았다고 한다. 차라리 무더운 공기를 호흡하며 참을 일이지, 죽어가는 벌레들을 지켜볼 수가 없었다는 것이다.

그가 인류의 봉사자로서, 아프리카 오지에 버려진 생명들을 위해 평생을 희생할 수 있었던 것도 바로 그 생명의 존귀함 때문이었다.

퀴퀴한 시장바닥을 기는 여자를 볼 적마다 저렇게 구걸을 해서라도 생명을 부지해야하는 냉엄한 현실이 참으로 저주스럽다.

제 한몸 가누기도 힘든 불구의 몸으로 힘겨운 생활의 짐을 지고 부릴곳, 편안히 안주安住할 곳을 찾지 못하고 퍼득이는 고단한 영혼은 언제쯤 나래를 접고 편히 쉴수 있을까.

산다는 것은 '인생은 고해苦海' 다 라고 경전을 말하고 있다.

청년기는 실책, 장년기는 투쟁, 노년기는 해오解悟라는 이름으로 고뇌의 연속으로만 파악하는 시각도 있다.

국민소득 만불시대의 어더운 잔영殘影을 보는 것 같아 가슴이 답답하고 터벅터벅 걷는 발자국 소리에 머리마져 터덕거린다.

천원짜리 지폐 한장 던져주고 위안을 찾는 자신이 한없이 미우면서도 만원권 한 장을 적선할까 망설이다 돌아서는 얄궂은 심보는 또 무엇인가.

땅을 기는 여자의 얼굴은 살아있는 얼굴이 아니다. 그냥 색맹이다.

색맹이기 때문에 성장盛裝한 군중과 화려한 네온사인을 의식하지 않아도 되는 자유로움이 있는 것 같다.

세월을 잊은채 고단한 인생을 끌고다니는 여자는 선천적 불구인지 아니면 사고에 의한 불구인지 모르나 교통사고 1위인 한국사회의 현실을 감안하면 우리모두 잠재적 불구가 아닐까 생각해 본다.

'태어날때 맨몸으로 나왔다가 갈 때 옷 한 벌을 건졌으니 수지맞는 장사를 한게 아니겠소?' 하는 노랫말이 실감나는 세대다.

요즘 시세말로 5학년 7반쯤 되다보니 일족어른들과 가까운 친구부모들이 한 두분이 세상을 떠나가신다.

그래서 인지 요즘은 길거리에서 연로한 노인분이나 불구자를 볼 적마다 인간의 원초적인 삶의 의미를 되새겨보는 새로운 버릇이 생겼다.

사람은 일생을 살아가는데 별이별 사건과 일에 부딪힌다.

그날도 일년을 마감하는 세모歲暮의 거리를 황망히 걷고 있는데 예이 그 불구의 아주머니가 길옆에 업드려 있었다.

마이크도 끈채 죽은 듯이 업드려 있기에 혹시나 하는 섬뜩한 생각이 들어 가까이 발길을 돌리려는 찰라…….

땅거미가 짙게 드리운 이면도로에 산뜻한 소나타승용차가 땅을 기는 여자 앞에 멈처선다. 허우대는 멀쩡한 40대 초반의 남자가 차에서 내리드니 구걸한 돈 통을 차에 냉큼 싣고 여인네를 안아 태우고 순식간에 사라진다.

눈 앞에서 벌어진 광경에 넋을 잃고 쳐다보니 차체미등이 도깨비불처럼 확대된다. 땅바닥을 기면서 모진생명을 이어가고 있는 여자와 승용차를 몰고다니는 멀쩡한 중년남자 순간적으로 내 머릿속은 혼란이 일어난다.

부부가 무엇이며 사는게 무엇인지 그것은 영원한 수수께끼란 말인가?

우동 한 그릇

삶은 가슴으로부터 우리의 영혼을 받아들인다. 떨림의 소리로부터 위안을 받는 영혼은 아름답다. 고대 원시 시대에서 현대에 이르기까지 인간의 가슴으로부터 울려퍼지는 내면의 소리를 합한 영험함은 감동으로 긴 역사속에 빛의 실체를 드러내기 때문이다. 퍼덕이는 물고기의 은빛 비늘에서 묻어나는 생동감과 인간 내면의 울림에 담긴 소리를 닮고 싶은게 인간의 보편적인 정서다.

일본에 유학하고 있던 이 수현군이 철로에 뛰어든 취객을 구하고 자신은 불귀의 객이 된 사건이나 서해 교전때 잘려진 손가락도 돌보지 않고 전우를 살리겠다고 대포의 방아쇠를 당기던 전우애는 무엇으로 설명할까.

나는 지금도 문학수업 때 읽은 '우동 한 그릇'과 법정 스님의 '무소유'를 잊지 못한다, 무소유는 탐욕에 절은 현대인들에게 진정한 삶이 어떠해야 한다는걸 일깨우지만, 일본인 작가 료헤이가 쓴 짧은 산문 한 편의 감동을 잊지 못한다. 이 우동 한 그릇의 이야기는

99년도 문학 공부를 할 때 지도교수님의 추천 도서로 읽고 지인知人들에게 종종 들려주던 이야기였다.

한 동안 잊고 지내던 짧은 수필 한 편이 90년대초 일본열도를 눈물바다로 만든 일이 발생했다.

일본의 국회 의장이 신년사를 발표하고나서 전체국민들에게 전할 필요를 느껴 공중파 방송을 통해 육성으로 낭독하니 전 열도가 진한 감동으로 눈물로 얼룩졌었다. 이렇듯 짧은 글 한편이 인생의 희노애락을 버무리고 아름다움을 선사할 수 있다는 것은 그 작가의 행운이라 하겠다.

그 스토리를 옮겨보면 섣달 그뭄날 '북해정'이라는 유명한 우동집이 문을 닫으려고 할 때 아주 남루한 차림새의 여자가 들어왔다.

"우동을 1인분만 시켜도 될까요?" 조심스럽게 묻는 그녀의 둥뒤로 아홉 살, 여섯 살쯤 되어 보이는 두 소년이 조마조마 한 표정으로 서 있었다. "물론이죠 이리 오세요" 주인장의 부인이 그들을 2번 테이블로 안내하고 "우동 1인분요!"하고 소리치자 부엌에서 세 모자를 본 주인은 재빨리 끓는 물에 우동 1.5인분을 넣었다. 우동 한 그릇을 맛있게 나눠먹은 세모자는 150엔을 지불하고 공손하게 인사를 하고 나갔다.

다시 한 해가 흘러 섣달 그믐날이 되었다. 문을 닫을 때쯤 한 여자가 두 소년과 함께 들어왔다. 안주인은 곧 그녀의 체크 무늬 재킷을 알아 보았다.

부엌으로 들어와 남편에게 말했다.

"3인분을 넣읍시다" "아니야, 그럼 민망해 할 거야." 남편이 다시 우동 1.5인분을 끓는 물에 넣으며 말했다.

우동 한 그릇을 나누어 먹으며 형처럼 보이는 소년이 말했다. "엄마, 올해도 북해정 우동을 먹을 수 있어 참 좋다."

"그래 내년에도 올 수 있다면 좋겠는데." 엄마가 응대한다. 다시 한 해가 흘렀고 밤 열시경, 주인 부부는 메뉴판을 고쳐 놓기에 바빴다. 올해 그들은 우동 한 그릇 값을 200엔으로 올렸으나 다시 150엔으로 바꾸어 놓은 것이었다.

열시 반쯤 예상했던 대로 세 모자가 들어왔다. "우동을 2인분만 시켜도 될까요" "물론이죠 우동 2인분요!" 부인이 그들을 2번 탁자로 안내하며 외치자 주인은 재빨리 3인분을 집어 넣었다.

그리고 주인부부는 부엌에서 세 모자가 나누는 이야기를 들을 수 있었다.

"현아, 그리고 준아. 너희가 도와줘서 이제 네 아버지가 사고로 돌아가신 이후 졌던 빚을 다 갚았단다."

"엄마 저도 할말이 있어요. 지난 주 준이가 학교에서 쓴 '우동한 그릇' 이라는 글이 상을 받았어요. 준이는 우리 가족에 대해 썼어요. 섣달 그믐날 '북해정' 에서 우리식구가 함께 먹는 우동이 이 세상에서 제일 맛있는 음식이라고요."

다음해 북해정 2번 탁자 위에는 '예약석' 이라는 푯말이 서 있었다, 그러나 세 모자는 오지 않았고, 다음 해에도, 내리 십수년을 나타나지 않았다.

그동안 북해정은 성업해서 내부 구조를 바꾸었으나 주인은 2번 테이블만은 그대로 두었다, 2번 탁자는 곧 '행운의 탁자' 로 불리었고 젊은 연인들은 그 탁자에서 식사하기 위해 일부러 멀리서 찾아왔다.

십수년이 흐르고 다시 섣달 그믐날이 되었다. 그날 인근 주변 상가의 상인들이 망년회를하고 있었으나 2번 탁자는 그대로 빈 채였다.

정확히 열시 반경, 문이 열리고 정장을 한 청년 두명이 들어왔고, 그 뒤로 나이든 아주머니가 깊숙이 허리 굽혀 인사하며 말했다. "우동 3인분을 시킬 수 있을까요?" 주인 내외는순간 숨을 멈췄다. 오래전 남루한 차림의 세 모자의 얼굴이 그들 위로 겹쳤다. 청년 하나가 앞으로 나서며 말했다. "15년전 우동 1인분을 시켜 먹기 위해 여기 왔었죠. 1년의 마지막 먹는 우동 한 그릇은 우리 가족에게 큰 희망과 행복이었습니다.

그동안 이사를 가서 못 왔습니다. 저는 의사 시험에 합격해 '도립 의료원' 에 근무하고 동생은 은행에서 일하고 있지요. 올해 우리 세 식구는 저희 일생에 가장 사치스러운 일을 하기로 했죠. 북해정에서 우동을 양껏 시켜 먹는 일 말입니다. 내가 이 이야기를 기억하는 이유는 주인 내외분의 아름다운 심성과 세모자의 해피엔딩이기 때문이다. 인간 밀림속에서 살아가는 우리에게도 '우동 한 그릇' 의 진한 감동이 수필? 속에서만 가능한게 아니라 일상속에서도 아름다운 일화가 종종 피어나기를 기대해 본다.

상등동물과 하등동물

이 지구상에 존재하는 동물 중에 고등동물高等動物과 하등동물의 차이는 어디에 있을까?

일반적으로 진화정도에 따라 척추를 가진 동물과 그렇지 않는 동물로 나누나 여기서는 지능이 뛰어난 상등동물上等動物인 인간들의 삶의 형태와 지각기능이 전무한 하등동물의 본능적 생존의 모습을 비교해 보는것도 의미가 있을 것 같다. 우리 아파트 동산에는 새벽마다 지렁이들이 무리를 지어 산책을 나온다

맨살의 산보로를 따라 자기들 정원인양 뒹굴고 기어다니며 아침시간을 즐기고 있다. 특히 초여름부터 늦더위 까지는 온통 저네들 세상이다.

어둑한 신새벽에 나온 산보객이나 조깅하는 사람들 발바닥에 압사를 당해도 겁도 없이 햇볕이 따가울 때까지 어슬렁댄다.

그러나, 기후에 어찌나 민감한지 비가 오거나 태풍이 오면 땅속에서 꼼짝하지 않을 뿐더러 피하지방 조직이 엷은지 기온이 영상 20

도만 내려가도 아예 집밖을 나오지 않는 미물이다

찌르르, 찌르르, 찌르 찌르 찌르, 찌찌찌…….

삼복더위를 피해 고요한 밤 아파트 우물가나 동산을 거닐면 지렁이는 슬프고 슬픈 서편제의 가락을 흘린다. 가을의 문턱에서 듣는 경쾌한 귀뚜리의 울음과는 자뭇 다르다. 지렁이의 철학은 정관靜觀이다. 녀석은 세상을 불평하지 않는다.

가장 캄캄한 지하의 흙속에서 살지라도 자기의 처지를 불평하거나 양지陽地를 탐하지 않고 안분자족安分自足의 경지에서 채념하며 산다.

나는 여름만 되면 지렁이와 전쟁을 치른다. 이놈들은 여름을 어찌나 좋아하는지 사람들이 더위 때문에 밤잠을 설치는 날이면 떼를지어 1㎞쯤 되는 동산 산책길을 새까맣게 메우다시피 한다. 그러나 워낙 숫자가 많고 징글맞아서인지 누구하나 치우는 사람이 없다. 그러나 나는 새벽만 되면 그 보잘 것 없는 생명이 걱정이 되어 나무 꼬쟁이를 들고 현관을 나선다. 중상을 입은 놈은 쉽게 치울수 있으나 살아서 꿈틀거리는 놈과 실랑이를 할라치면 '쟁기 佛'의 고사가 생각난다. 농경사회때 우리 조상들은 사계절 전답을 갈고 이랑을 만들고 씨를 뿌리며 생활해 왔다. 그러다 보니 특히 이른봄 쟁기의 날카로운 칼날에 동면을 하던 곤충과 애벌레들이 참변을 하는 모습을 보게 된다.

우리 인간이 먹고 살기 위해서는 어쩔수 없는 이 행위가 소박한 농부의 불심佛心으로는 너무 죄스러움이커 그 상처난 영혼들을 위무하기 위해 쟁기의 손잡이 부분에 조그만 불상을 달아 마음을 달래었다. 손잡이에 붙박이로 달거나 달랑달랑 흔들리게 걸어둔 조그만 불상 그 이름이 '쟁기 佛'이다.

문맹의 역사는 공통된 줄거리를 따른다. 기름진 평야에서 농경이 시작되고 고대 수메르 문명부터 이집트, 그리스 로마, 마야에 이르기까지 흙의 건강상태에 따라 인류의 흥망성쇠가 결정됐다는 것은 공지의 사실이다.

창세기이래 지렁이들은 땅을 규칙적으로 쟁기질해 왔고, 지금도 변함없이 땅을 갈고 있다. 인류사에서 이 하등동물처럼 중요한 일을 한 동물이 있기라도 할까.

온갖 유기물과 돌까지 소화해 흙을 만들어내는 지렁이 덕에 '100~200년에 2.5㎝의 옥토가 생성된다.' 는 게 다윈의 생각이었다.

현대인들이 산업화의 구실로 지구를 훼손한다면 머잖은 장래에 토양의 오염과 유실로 먹걸이 수확이 모자라 멸망할 것이라는 과학자들의 논거에 귀를 기울여야 할것이다.

인간의 생명줄인 대지를 살찌게 하는 것은 누구일까?

모두들 징그럽게 생각하는 지렁이, 그 조그만 환형동물이 지구를 부드럽게 한다.

단단하게 굳어진 흙 속을 이리저리 다니면서 식물의 뿌리에 공기가 닿을수 있도록 미세한 틈서리를 만들고, 그 공간마다 배설물을 보충하여 땅을 기름지게 한다

지렁이는 땅을 비옥하게 하면서도 두더쥐처럼 식물을 못살게 구는 법이 없고 멧되지처럼 난장판을 벌이지도 않는다.

이렇듯 자연과 인간에게 온몸으로 봉사하고 이로움만 주는 미물을 왜 인간들은 징그럽다고 외면하고 싫어할까?

아시아에 네 마리 용이 있었다. 저 높은 곳을 향하여 비늘을 곧추세우고 비상하고 있었다. 가장 뛰어난 청룡靑龍이 되기 위하여 서로

가 서로를 견제 하면서 제일먼저 승천의 날을 맞이 하려는 황홀한 꿈을 꾸면서 말이다.

그런데, 그중 한 마리 용이 구만리 장천, 그 먼길을 모르고 오만방자한 마음이 생겨 한눈을 팔기 시작했다. 삼페인을 너무 일찍터뜨리는 우를 범하였다.

호주머니에 눈먼 돈이 쌓이기 시작하자 모피코트를 뇌물로 바치고 곰의 쓸개를 할는놈, 코브라의 피를 마시는놈, 라스베가스 도박장에서 수억을 탕진하고, 정치인들이 기업가들을 협박해 수 백억을 받아 잇속을 챙겼다 인간 망나니들 때문에 종당에는 하늘의 노여움을 사 국가國家부도유예란 미증유의 국난을 맞고 있다. 나라를 이끌어 가야할 위정자들은 아집과 자기도취에 빠져 거들먹거리다가 땅바닥에 추락하여 움츠려들고 보니 아아, 그것은 용은 고사하고 이무기도 되지 못한 한 마리 도마뱀이었더라. 사람들아, 여의주를 입에 물고 구름타고 비상하는 허황된 용의 꿈을 버려라. 땅 밑에서 온몸을 던져 흙을 파서 옥토를 가꾸어 가난한 백성들을 이롭게 하는 지렁이의 진실을 배울지어다.

바다의 명상

바다는 나에게는 언제나 신비로움이었다.

무량수의 푸른 몸을 일으켜 너울너울 달려왔다가 하얗게 쓰러지고 어떤 때는 거대한 암벽도 타고 넘겠다는 기백, 지칠 줄 모르는 그 끈기가 나를 사로 잡은 적이 있다.

바다는 사계절 희망과 푸르름이 넘실거리고 그 푸름은 여유로움과 생동감을 선사한다.

바다는 언제나 풍요롭고 넉넉하여 다양한 생명을 잉태하고 영원한 자원의 보고寶庫 인지라 노력한 만큼 얻고 수고하는 자에게 한없이 베풀 줄 안다.

바다는 위대한 생명의 모성이다. 탄생의 밀실에서 만날 수 있는 그 비릿한 내음은 무엇을 말해주는 것일까?

하늘과 땅 사이에 인간이 있다지만, 내가 생각하기에는 하늘과 땅 사이에 바다가 있을 뿐이다. 물론 주체인 내가 있어 객체인 바다를 보고 느끼고 있음이 분명하나, 땅·바다·하늘을 삼위일체로 곧 대자연의 핵인 것이다.

땅은 바다에 연결되고 바다는 다시 하늘에 이어져 무량한 우주로 나아가게 된다.

이 때 바다는 다시 중간자의 위치에서 한쪽으로는 하늘을 다른 한쪽으로는 땅을 거느린다.

바다가 하늘을 받아드리고 하늘빛이 바다에 어린다. 청명한 하늘빛이 바다에 어리면 바다는 쪽빛이 되어 남실거린다.

그것은 새댁이 잉태를 감지하는 순간 내면에서 솟구치는 기쁨 가득한 신비로운 웃음결 같다.

바다는 하늘의 변모를 담는 그릇이다. 시시각각 변모하는 하늘의 색깔을 그대로 안으로 머금어, 아침에는 아침 놀빛을, 달이 밝은 시각에는 달을, 산 그림자 비치면 산을, 갈매기를 떠올릴 때에는 또 그 모습을 담는다.

언젠가 태풍경보가 내린날 용궁사 범바위에 내리치는 광풍노도의 파편을 보러간적이 있다. 주차장에 차를 세우고 몇미터 내려서니 하늘은 납덩이처럼 무겁게 내려앉아 신음을 하고, 수평선상에서 밀려오는 파도는 바위자락에 막혀 하얀 포말을 날리고 있다.

평소 얌전하던 바다는 무엇에 화가 났는지 저렇게 몸부림치며 아우성인지 모를 일이다.

인간 역시 평화로운 일상이 있는가 하면 뜻하지 않는 변고를 당하면 내심內心에 폭풍우가 치고 신열을 앓는걸 보면 바다와 너무나 닮은 꼴이다.

바다 앞에 서면 나는 좁살만해진다. 바다를 보다가 나를 본다.

나는 너무나 작은 존재다.

거대한 소용돌이와 당당한 몸짓, 무한히 깊으나 드러나지 않는 맑음, 인간은 도무지 여기에 이를 수가 없다.

세찬 폭우가 강물에 흙탕물을 쏟아 부어도 이삼일 후면 바다는 말끔하다.

조금 언짢은 일이 있으면 며칠씩 잠못 들고 괴로움에 시달리는 나와는 애당초 비교가 안된다.

삼복더위에 해안 가득 몰려오는 사람들을 싫어하는 눈빛 없이 받아 들이고, 이들이 마구 짓밟고 오물을 흘려 보내도 푸르름과 시원함을 잃지 않는다.

바다는 수많은 생명체를 낳고 길러낸다 이들 생명체들은 바다를 젖줄로 자라나고 다시 어미 역할을 한다.

어느 누구에게 더 주고 덜 주고가 없는 고른 자양분으로 살을 찌어 건강히 자라게 한다.

그러면서도 고달퍼 하거나 짜증 부리지 않고 오히려 처녀처럼 청순하다.

삶이 고달픈날 나는 곧잘 바다를 찾는다. 너는 어떤 마력을 지녔는지 파랗고 환한 모습을 한동한 바라보고 있으면 웬지 모르게 정신이 맑아오고 너의 넓고 무량한 모습처럼 내 마음도 태평성대가 된다.

바다가 내 몸 안으로 들어온다, 이 몸이 씻겨 나간다. 어느 사이 나는 바다의 일부분 이 되어 함께 떠돌다 보면 심장의 세찬파도가 가라 앉는다. 신경안정제를 먹은 후처럼.

행복의 파랑새는 어디 있을까

우리는 어디서 왔다 어디로 가는가.

진정한 삶의 화두는 무엇이며 운명의 수레바퀴는 어떤 모습일까. 세상에서 오직 하나뿐인 우리는 존재의 의미를 깊이 새기며 살아야 한다. 어느 누구든 주위와 이웃들에게 도움을 줄 수 있는 필요한 사람이라면 행복할 자격이 있다.

그러기 위해서는 마음의 눈으로 세상을 보아야 하리라.

산의 정상에 올라서면 세상의 모습이 한눈에 들어오나 정상에서 오랫동안 머무를 수는 없다.

삶이란 어차피 도토리 키재기와 비슷할진데 인생살이의 본질을 망각한채 남과 비교하면서 상대적 박탈감으로 마음의 갈등을 격고 살아간다.

현대인들이 출세와 건강을 구세주처럼 떠받드나 정작 출세와 건강을 지켜주는 것이 마음의 평화라는걸 인지한다면 다음 두가지를 분명히 인정하면서 살아야 하리라 본다.

첫째 '나는 이 세상을 원하는대로 살 수 없다' 는 사실을 명심해야 한다.

사람들은 자기 뜻과는 달리 늙고 병들어 죽어야 하며 사랑하는 사람과 헤어져야 하고 미운 사람과 함께 공존할 수밖에 없다.

즉, 진리의 대도에 자아가 끼어들 수 없다는 제법무아諸法無我의 법칙이다.

둘째 '나는 반드시 죽는다' 는 사실을 인정해야 한다. 죽는 것이 어디 인간의 생명 뿐이랴, 이승에 나타난 형체 있는 것은 모두 시시각각으로 변하며 언젠가는 무너지고 반드시 사라진다. 성경에는 '너희는 흙에서 나왔으니 반드시 흙으로 돌아갈지니라' 라고 써 있다. 이것이 붕괴 소멸의 법칙이자 제행무상諸行無常의 법칙이다.

인간이 세상에 태어나서 철이 들고부터 행복의 파랑새를 찾아 끊임없이 노력하지만 자기가 바라는만큼 행복은 손에 쉬 잡히지 않는다.

'산 너머 저 산 너머 행복이 있다기에 열심히 행복 찾아갔다 눈물만 머금고 돌아왔다.' 는 칼 부세도 삶의 괴로움에서 벗어나려 행복 찾아 헤맨 방랑자였다.

젊어서는 예뻐지는 게 소원인지 쌍꺼풀 수술에다 가슴 키우기, 코 세우기가 유행이고 부자가 되면 모든게 행복할 것 같은 착각에 너도나도 황금의 노예가 되어 동분서주 한다.

고등동물인 인간은 물질을 통해 삶을 구현해 간다. 시장경제사회에서 금전은 인간이 추구하는 최고의 우상이 되었다. 또한 그 절대 불가피성으로 해서 대다수의 인간은 돈의 노예로 전락해 가고 있음은 우리시대의 비극이다.

미인이나 부자들은 전부 행복하다고 생각할까? 옛말에 천석꾼은 천석꾼대로 만석꾼은 만석꾼대로 고민이 있다고 했다. 그 만큼 인간의 욕심은 한도 끝도 없기에 가지면 가질수록 더 많은 걸 소유하고 싶은 게 사악한 인간의 마음이기에 많이 가졌다고 행복할 수는 없다.

세계에서 제일 가난한 나라에 속하는 방글라데시가 행복지수 1위이고 온갖 풍요를 구가하는 미국을 위시한 선진국들은 하위권에 속하니 말이다.

왜 그럴까? 가난한 사람들은 순리대로 살면서 자연과의 교감交感을 통하여 행복을 추구한다. 또한 인간의 섭리와 자연의 섭리에 생활의 애환을 동화시킬뿐 생활의 호好불호不好를 물질적인 수치로 계산하지 않기 때문이라고 정신의학자들은 분석한다.

얼마전 텔레비젼에서 미국하버드 대학을 졸업하고 사회에서 나름대로 성공했다는 재미교포 젊은이가 들려준 이야기는 허영에 들뜬 현대인들에게 좋은 교훈이 되었다.

이혼한 부모 때문에 고학으로 공부하면서 돈이 없어 먼거리를 걸어 다니기는 예사이고 우유가 없어 아침거르기를 다반사로 하다. 아르바이트로 돈을 조금 벌어 학비로 얼마간 남겨두고 우유500g를 사서 여동생과 빵으로 허기를 채울 때 행복감에 어쩔줄 몰랐다 한다.

행복은 크고 화려한데서 있는게 아니라 일상생활의 사소한 것에서 얻을수 있는 것이 진정한 행복이라는 걸 실감할 수 있었다.

작년에 타계한 현대그룹 왕회장의 검소한 생활은 만인의 귀감이 되고도 남는다.

황무지나 다름없는 국가기간산업에 불굴의 의지로 온몸던져이룬 찬란한 업적은 시대의 영웅으로 대접받아도 소홀함이 없을 것이다.

하루 24시간은 누구에게나 똑같이 주어지는 것, 시간이란 인간에게 있어서 가장 평등한 분배 개념일 것이다.

'인생은 짧고 예술은 길다' 는 말은 비록 유한한 시간의 길이를 가진 인간이라 할지라도 주어진 시간을 어떻게 썼느냐에 따라 한계 지워진 시간을 훨씬 초월할 수도 있음을 생각해 본다.

어떻게 살 것이냐의 문제, 이 문제와 관련하여 자주 비교되는 두 인물, 짧지만 역사에 굵은 선을 남긴 안중근 의사와 상대적으로 긴 수명을 누리며 오욕의 삶은 산 매국노 이완용, 같은 시간을 살다간 이들이지만 그 시간이 남기고 간 자리는 사뭇 다르다.

시간의 자리는 반듯이 장엄하고 빛나는 생의 내용으로 채워져야 덕을 끼치는 것은 아닐 것이다. 그늘진 곳에서도, 소박한 삶 속에서도 얼마든지 가슴 시리운 감동의 향기는 피어날 수 있을 것이다.

사소한 현재를 떠난 위대한 이상이라는 것이 얼마나 위험한가. 혼돈의 역사속에 살아가는 보통사람들도 체념하고 흘러가는 대로 내 인생을 맡겨 버릴 게 아니라 새로운 운명을 개척하고 가치를 창조하는 마음으로 끈기있게 살아가다 보면 자신도 모르게 보다나은 인생의 자리 행복의 자리가 무지개처럼 피어나리라.

淸白吏의 고향

'吾家無寶物이요, 寶物惟淸白이라'

'우리 집에 보물은 없다. 보물이 있다면 오로지 청백뿐이다'는 한 선비의 유언은 조선 선비들이 생명처럼 지키려고 했던 정신의 뼈대를 단적으로 보여준다.

'돈이면 다 된다'는 생각을 천민자본주의라고 부른다. 지금 이 '천자賤資'가 천하를 휩쓸고 있지만 아직 휩쓸지 못한 곳이 있다. 바로 안동이다.

뼈대는 없고 오직 돈만 가진 졸부가 행세할 수 없는 곳이 안동과 안강이다. 그 뼈대를 추적하다 보면 수백 년간 면면이 이어져온 이름난 양반 집안들과 만나게 된다.

안동 지역에 선비문화를 정착시킨 주인공은 역시 16세기 중반에 활동한 퇴계(李滉 : 이황 1501~1570)이시다.

외래사조인 불교를 이 땅에 토착화시킨 인물이 원효라고 한다면, 중국의 주자성리학을 조선 실정에 맞게 토착화시킨 이는 퇴계이다.

사람의 인심이 곧 땅이고 땅이 하늘이라는데, 천심을 거역하고 순리를 거스리는 오늘의 목민관들을 우리가 어찌해야 할까요.

관축官燭 하나도 사사로이 켜지 말라는 그 목민심서의 한 구절을 헌 신짝처럼 버리고 목에 힘을 주고 뇌물이 정당한 수입인양 거덜먹 거리는 현시대의 일부 관료들 때문에 서민들의 한숨소리가 하늘에 닿고 있다.

나는 얼마전 선비의 고향 양동마을과 옥산서원, 묵계서원을 둘러보았다. 안동에서 퇴계가 나올 수 있었던 배경에는 보백당 김계행(1431~1517) 같은 한 세대 앞선 선비들이 있었다는 사실을 주목해야 한다.

보백당은 미관말직(지금 지방 교육담당관정도)에 봉직하고 있으면서도 심지하나는 곧고 결백해 지역민들의 존경을 한 몸에 받으면서 목민관으로서의 직분을 충실히 수행하였다.

한 일화를 소개하면 장조카인 학조대사가 숙부를 도와줄 요량으로 중앙 관직으로 옮길 의향을 묻자 회초리 세례를 안겨 종아리에 피멍이 들도록 혼줄이 나서 쫓겨나고 말았다. 학조대사는 금강산 유점사와 해인사의 대장경 판각을 중창한 궁중의 실력자 였음을 상기하면 보백당의 곧은 절개를 엿볼 수 있다.

안동과 지척에 있는 양동은 어떤가 보백당 김계행보다 조금 아래인 회재 이언적 경상감사의 안태고향으로 묵계리와 쌍벽을 이루며 조선초기 성리학자로 이름을 남긴 양반문화촌으로 현대에 보존되어 있는 몇 안되는 전형적인 양반마을이다. 양동 마을의 무첨당은 이언적 선생의 종가이다. 무첨당과 고풍서린 민속촌을 둘러 보면서 현인들의 삶의 궤적을 더듬어 보는 것도 의미있는 일이라 여겨진다.

옥산서원에는 추사와 한석봉, 이산해 글씨가 현판에 남아 있으며 추사가 54세에 썼다는 옥산서원玉山書院 현판을 볼수록 힘차고 멋이 있어 보였다.

세심대에서 바라본 동락당은 사철 맑은 물이 쏟아져 내리는 계곡과 벗하며 지은 이언적 선생의 서재겸 별장으로 보물로 지정되어 있다. 독락獨樂이란 단어가 절묘하다. 혼자서 즐기되 혼자가 아닌 자연과 더불어 지내는 대학자의 고독이 느껴지는 집이다.

가는 길이 멀고 먼데 또 잠시 머무르는구나
옛 숲과 언덕이 언기처럼 가물거리는데
군자는 죽음에 이르러도 원망하지 않는법
내 머리가 희기 전에 벼슬을 버리고 이산에 돌아오리라.

희재가 임금의 부름을 받고 향리를 떠나며 남긴 시이다. 그러나 그는 꿈에도 그리던 독락당으로 돌아오지 못하고 차가운 북쪽 변방에서 나라를 위해 의롭게 죽어갔다.

조선시대 선비문화를 꽃피울 수 있었던 것도 국가의 녹을 먹는 고위 공직자들이 학식과 덕성으로 자신을 철저히 다스리고 강직과 청렴성으로 목민관의 자세를 저버리지 않았기에 가능했으리라 유추해 본다.

동네 어귀에서 마을을 조망해 보니 산수화를 펼쳐놓은 듯 안온하고 정겨우며 특히 양반네집 뒤편으로 이어진 고샅길은 대나무숲과 노란개나리 앵두나무까지 배치하여 한 폭의 풍경화를 보는 기분에 발길이 떨어지지 않는다. 그러나 고샅길을 벗어난 뒤란은 후줄근한 평민들과 하인들의 집성촌이었다.

반상班常의 구분이 확연했던 조선조는 평등과 인본주의는 실종되고 오로지 양반이나 상민으로 갈라 인간의 기본권이 철저히 무시되었던 시대였다. 아무리 똑똑한 머리와 출중한 외모를 지녀도 상민이라는 굴레에 얽매이면 출세는 물론이고 부귀영화는 꿈도 못꾸었다. 현대인들이 들으면 배꼽잡고 웃을 일이다.

묵계서원에 보관된 유물과 청백정신은 현재까지 이어지는지 족보에 올라 있는 남자들만 8000명 이 가운데 뇌물 먹어 교도소에 들어간 후손은 없고, 특히 공직에 있는 후손들은 '보물유청백' 이란 가풍을 의식해인지 몸과 마음을 정하게 하고 있으니 만인의 귀감이 되고도 남는다.

청백리淸白吏라 하면 우리의 뇌리에 떠오르는 인물은 조선시대 명재상名宰相 황희黃喜 정승을 꼽지 않을 수 없다. 황희 정승은 자기 집에 비가 새 물그릇을 받쳐 놓고 밤을 지새웠어도 깨끗한 공직생활을 생활신조로 삼았다.

즉 안분지족安分知足과 안빈낙도安貧樂道를 몸소 실천한 분이다.

가난한 선비의 청렴 결백함과 성직자의 높은 정신은 결코 고리타분한 청승일 수 없으며 어느시대 어느 땅에서도 그분들의 눈물겹도록 건실하고 깨끗한 정신의 힘이 있기에 이 나라 이 후손들은 이만큼이라도 살게해준 원동력이 아닐까 생각해 본다.

천민자본과 졸부들이 활개치고 목민관의 자세가 실종된 이 시대에도 청백의 정신이 면면이 이어오는 청백리의 고향을 많은 사람들이 찾아보고 吾家無寶物이요, 寶物惟淸白 란 글귀를 음미해 보고 맑고 밝은 세상을 만드는데 너와 내가 함께 동참해 보면 어떨까.

느림의 美學

다산茶山 정약용丁若鏞 선생은 친구 열사람과 죽란사라는 시회詩會를 만들었다. 그 규약을 보면 살구꽃이 피면 한 번 모이고, 복숭아꽃이 필 때와 한 여름 참외가 무르익을 때 모이고, 가을 서련지西蓮地에 연꽃이 만개하면 꽃구경하려 모이고, 해가 저물 무렵 화분에 심은 매화가 피면 한 번 모인다 라고 되어 있다.

무슨 회칙이나 규약도 없고 결석 지각 벌칙같은 것도 없이 순전히 믿음과 우애로 모여있다해도 과언이 아니다. 세상이 실타래처럼 얽혀 물레방아처럼 돌아가는 산업 정보화 시대에 한 줄기 청량감을 주고 입가엔 미소가 번진다.

생각과 말, 사람으로 가득찬 일상, 하루쯤 풍경속에 조용히 혼자 지내고 싶은 그런 날이 있다. 눈이 오나 비가오나 세월이 흘러도 오롯이 서 있는 간이역.

그 자체가 기다림이요 여유로움이다. 가을이 영그는 소리를 듣기 위해 메밀꽃이 만발한 북청에 가보았다. 이효석 문학관 비알의 메밀꽃보다 송이가 탐스럽고 면적이 두배나 된다는 탐방기사에 솔깃해서일까.

부전역에서 이른 아침 출발하는 무궁화호에 몸을 싣고 사상 구포를 지나 낙동강 물길을 따라 느릿느릿 칙칙 폭폭하는데 강태공과 피라미들이 헤엄을 치며 따라 붙는다. 차창에는 눈부신 아침 햇살이 비쳐들고 밥을 짓는지, 하얗게 피어오른 운무가 초가지붕에 졸고 있다. 삼랑진을 지나고 부터는 들판이 온통 황금색으로 물들었고 트랙터로 벼 베기를 하는 농부는 신바람이 나서 손을 흔들고 있다.

몇 십년만의 완행열차 나들이 인가? 아내는 차창을 스치는 감나무, 밤나무에 열린 탐스런 열매를 가르키며 연신 웃음꽃을 날린다.

어느 시골역을 지날때의 일이다. 영화에서나 봄직한 납작하고 아담한 간이역이 졸고 있는데 타고 내리는 사람은 다섯 손가락에 잡힐 듯 하다.

기차는 잠시 쉬었다 빠~앙 기적소리에 놀라 출발하는데 두 아낙네가 봇짐을 이고 차를 세워달라고 손짓을 하며 뒤뚱거린다.

안스러운 마음에 차창을 주시하는데 육중한 열차는 속력을 줄이고 60대 남정네 두 사람이 급히 뛰어 내리더니 머리의 봇짐을 낚아채고 노파 엉덩이를 잽싸게 밀어 넣는다. 날숨을 몰아쉬던 두 노파는 누구에게랄 것도 없이 연신 고맙다고 절을 하는데 기차는 아무일 없다는 듯이 유유히 플랫폼을 벗어난다.

순간 뒤통수를 얻어맞은 듯 멍하더니 먼 피안의 세계에서 일어나는 아름다운 풍경화를 본 듯이 눈을 사르르 감고 진한 여운에 젖어 들었다.

승객이 절반도 차지 않은 열차안은 누구나 이웃인양 투박한 사투

리로 서로 통성명을 하면서 행선지를 묻고 아들 자랑에다 며느리 흉과 영감투정을 하면서도 정감이 뚝뚝묻어난다. 북청역에 도착하니 철로면 주위에 코스모스가 만발하고 때맞춰 나훈아의 고향역 노랫말이 역사를 뒤덮으니 너나없이 아련한 추억에 젖어든다. 조개껍질 같은 역사를 들어서니 바람에 호들갑떠는 월력도 걸려있고 졸음을 참지 못한 벽시계가 부시기 눈꺼풀 치뜨며 승객을 맞는다. 코스모스가 하느적 거리는 방죽길을 한참을 걸으니 갑자기 환하게 피어나는 빛의 착시, 눈을 비비며 다시보니 온 들판에 소복이 쌓인 눈송이가 피사체로 다가온다. 여기를 봐도 저기를 봐도 소금을 뿌려놓은 듯 하얀 메밀꽃이다. 중간중간 원두막을 지어 다리품을 쉬게 했는데 꼬맹이들을 데리고 온 가족들은 도시락을 펴놓고 아름다운 풍경을 먹고 있다.

북청이 원래부터 메밀꽃 천지가 아니고 산업화의 그늘에 젊은이들은 도시로 빠져 나가고 천수답과 밭농사를 지을 사람이 없었다. 궁여지책으로 꽃씨를 뿌리고 가꾸어 마을 앞을 지나는 국도의 차량들을 유인했다니, 피폐한 농촌현실이 안스럽기도 하고 한편으로 면직원들이 살아있는 목민관의 자세에 박수를 보내고 싶다, 꽃잎이 열리는 소리만큼 감동적인 소리는 없다고 한다. 옛날 선비들은 새벽에 연지에 배를 띄우고 들어가 연꽃 피는 소리를 듣는 풍류를 즐겼다고 한다. 삭막한 현대인들에 그런 낭만을 가질 수 없지만 눈과 귀가 무디어 아름다운 소리를 들을수 있을지 궁금하다. 자연을 둘러보면 모든 생명은 자신만의 리듬이 있기 마련이다. 쉴 때와 일할 때, 꽃이 필때와 열매 맺을 때를 따라 순응하며 살아간다. 리듬을 무시하고 살아가는 것은 탐욕에 물든 인간뿐이다. 인간은 능력과 성취로 평가하는 현대 사회는 속도의 문화를 낳았고 반면에 속도의 문화는 인간의 많은 부분을 황폐화 시켰다. 고속도로를 달리면 주위의 풍광이 한 순간에 지나 가지만 국도나 고샅길은 주위의 경관을 조망할 수 있고 자연의 상태를 사유할 편안함을 안겨준다. 인간은 태생부터 어머니 뱃속에서 열달을 기다려 태어나기에 느림의 미학이 몸에 배었다 해도 과언이 아니다. 이 느림과 순리를 인위적으로 거역하며 첨단과학이다 스피드시대다 하며 요란하게 사람들을 옥죄이고 있지만 남은건 인간성이 사막화 되어 먼지만 풀풀 날리고 있다. 모두가 빨리 달려가는 세상속에서 역설적으로 우리의 선조들은 조랑말을 타고 한양나들이를 생각하니 자연과 사람의 아름다운 동행이 아니였을까 싶어 절로 미소가 지어진다. 우화寓話에 나오는 토끼와 거북이의 차이점은 무엇일까. '토끼는 상대를 보지만 거북이는 목표를 본다.' 거북이는 발걸음은 느리지만 시선은 앞에 목표에 맞춰져 있다. 집중의 눈길이다. 발걸음과 시선, 목표가 한 방향으로 일치해 그는 안정돼 있다. 반면 토끼의 시선은 주변의 경쟁자를 향해 있음을 본다. 앞으로 뛰긴 하는데 두리번 거리고 경쟁자보다 앞섰다 해도 토끼의 마음은 조급하고 불안하다. 거북형 인간성은 승자 독식의 정글법칙이 지배하는 사회일수록 빛이 난다.

모든 사람이 승자가 될 수 없다. 소수의 승자든 다수의 패자든 거북형 인간성은 남을 배려하고 더불어 사는 미덕을 발휘하기에 상대도 즐겁고 본인에게도 행복감을 줄 것이다. 현대인들이여 마음에 약간 틈을 열어 거북이도 들어가고 행복도 들어가는 멋진 세상 만들어 보면 어떨까요.

人生의 수레바퀴

日일 月월의 숨박꼭질 속에 우주는 쉼없이 돌아간다.

生의 환희는 지구의 자전따라 滅멸의 회전축을 따라가면서 온갖 질곡의 여정을 되풀이 하는게 우리네 삶이다.

우리 인체는 창조주의 걸작품이기는 하나 수명은 한정되어 있어 세상에 태어나서 이승을 하직할 때까지 겨우 두 벌의 옷을 입고 가는게 인생이다. 세상에 갓 태어난 아기에게 입히는 배냇저고리와 임종 때 입고 가는 수의가 그것이다. 배냇저고리와 수의는 본인 마음대로 입을 수도 벗을 수도 없고, 아기옷은 부모가 수의는 자식이 마련해 입히는 공통점이 있지만 두 벌의 옷은 인생의 생사길에서 입는 유일한 옷이다. 의복이야 나이따라 치수를 맞추고 적당히 치장을 할 수 있지만 인체의 기능은 그렇게 할 수 없으니 평소 건전한 생활습관과 규칙적인 운동으로 산소를 꾸준히 공급하여 혈관과 기氣의 흐름을 제대로 돌게해야 건강이 온전히 보존되리라.

의사들이 누우면 죽고 움직이면 산다는 말처럼, 일생동안 움직임을 멈추지 않는 동물이 고래다. 모든 물고기들은 부력의 기능이 있는데 유일하게 부력이 없는게 고래다보니 잠잘때도 헤엄을 치면서 자게된다. 움직이지 않으면 가라앉아 죽기 때문에 끊임없이 활동하므로 지구地球의 동물중에 최고의 지능과 근력을 가지고 죽을때까지 활기찬 삶을 산다.

날씨가 흐리니 팔 다리가 쑤시고 오십견인가 뭔가 때문에 와이셔츠도 혼자 손으로 입지도 벗지도 못하니 보통 낭패가 아니다. 창조주의 걸작품도 세월이 흐르니 대들보도 하중을 못이겨 연골이 망가지고, 서까래 마디마디가 곰삭고 수도관이 고장이 나서 혈로를 쑤세미로 뚫어달라고 헉헉거린다.

그 뿐인가 맷돌이 신통찮다보니 고기나 횟감도 으깨지 못하니 맛도 모르고 식욕이 날리 없다. 눈 위에 자전거 바퀴를 두 개나 얹고도 더듬거리고, 귀는 보청기를 끼고도 윙윙거리니 사는게 고역인게 지공선사들의 삶이다.

요즘 세상에 회자되는 '나이들어 대접받은 9가지 비결' 을 귀동냥하면, 집과 환경을 깨끗이 하고, 항상 용모를 단정히 하며, 말하기보다 듣기를 많이 하고, 언제나 밝고 유쾌한 분위기를 만들고, 돈이든 일이든 자기 몫을 다하고, 작은 것에 만족하고, 건강을 철저히 자신이 다스리고, 포기할 것은 깨끗이 포기하고, 매사에 감사하라고 한다.

인생이란 험한 산길과 굴곡이심한 너덜길을 홀로가는 나그네 길이다. 외롭게 가는 나그네 길에서 길동무(동반자, 가족)에 따라 편한 길로도 험한 길로도 갈수가 있다. 그러나 한창나이에 만나지 말아야할 사람이 바로 저승사자다.

만약 환갑還甲 진갑進甲에 저승처사가 찾아오면 요즘 세상에 60대가 청춘인데 무슨 망말이냐고 호통을 쳐주고, 고희古稀 70세에 저승처사가 방문하면 너무 빠르다고 조용히 타일러 보내야 한다.

희수喜壽 77세에 저승처사가 찾아오면 이제야 인생을 알고 즐기고 있다하고, 산수傘壽 80세에 저승처사가 동행을 요구하면 어려운 사람 비 가려 주는 역할 좀 더하고 가겠다고 안심시켜라.

미수米壽 88세에 저승처사가 찾아오면 아직 쌀을 더먹고 간다고 돌려보내고, 졸수拙手 90세에 저승사자가 찾아와 재촉하면 때를 보아 신변정리를 하고 내발로 찾아갈테니 걱정하지말고 옥황황제께 진언드리라고 하여라. 이렇듯 우리의 인생길에 나이를 초월하여 밝고 건강한 사고력으로 인생을 즐긴다면 늙어감이 뭐그리 대수로울소냐.

'사무엘 울만' 의 청춘예찬을 보면. 청춘이란 인생의 어떤 시기가 아니라 그 마음 가짐이라네. 장밋빛 뺨 붉은 입술, 강인한 육신이 아니라 늠름한 의지, 풍부한 상상력,경륜에서 우러나는 예지, 삶의 깊은 곳에서 솟아나는 샘물의 신선함이라고 한다.

세월의 흐름은 피부의 주름살을 늘리나, 나이 먹어서 늙은 것이 아니라 이상을 잃어서 늙어간다고 했다.

예순이든 20대이든 사람의 가슴속에는, 경의로움의 선망, 지렁이가 수 백년 동안 캄캄한 지하의 땅을 쟁기질해 옥토를 만들어 인간의 먹걸이를 풍성하게 한다는 사실이 얼마나 경의롭기만 한가.

예쁜것과 새로운 것을 보고 어린이같은 순수한 탐구심만 가질수 있다면 삶의 즐거움이 저절로 생기게 마련이라는 것 사무엘 울만의 청춘예찬처럼 애늙은이가 있는가 하면 칠순이 되어도 생각은 젊고 아름다움을 지닐수 있는게 인간이다.

고뇌, 실망, 좌절은 인생을 겉늙게 하고 삶의 의욕을 뺏어가고 노추만 늘어난다는 걸 명심하고 살아가면 어떠리.

사랑의 등불

해도 밝아라 하늘이 고르고 골라서 찬란한 빛을 쏟아부은 땅이니 구름인들 어찌 함부로 여기와서 그늘을 짓겠느냐.

민족의 혼이 깃든 龍飛御天歌용비어천가의 한 구절을 창공에 걸고 새해 소망을 담아보려 간절곶 등대를 찾았다.

건국이래 첫 여성 대통령이 탄생되어 기대가 크는지 소시민도 덩달아 겨드랑이에 바람이 들어 동해안으로 발길을 옮긴건 계사癸巳년 해맞이였다.

길가엔 해무보다 많은 인파들, 희망가를 부르는 선남선녀들, 누군가가 만들어낸 지혜로운 갱생의 몸부림은 아닐까 하는 의구심은 또 어쩌란 말인가.

가는 날이 장날이라 밤새 뒤체이던 파도와 서설瑞雪 때문에 순금의 햇살은 보지 못했지만 어부지리로 등대순례의 수확은 맛 보았다.

동장군의 칼바람도 개의치 않고, 대변항의 월드컵 등대와 젖병등대 칠암의 갈매기 등대 청사포 등대를 차례로 탐방하면서 등대의 역사와 사랑을 배웠다.

한국은 삼면이 바다다 최남단 등대는 마라도 등대고, 서해 끝단등대는 격렬비열도이며 동해는 외로운 섬 독도 등대다.

등대는 겸손하다. 방파제 등대가 있는곳은 육지 끄트머리, 그리고 육지에서 가장 낮은자리, 세상의 중심을 탐하지 않으며 높은 자리를 넘보지 않는다.

가장 외지고 가장 낮은 곳에서 가장 환한 지혜의 등불이 등대다.

바다는 변덕이 심하다. 하루에도 열두 번씩 날씨가 바뀐다. 밤이 되면 어부는 더 조급해진다. 깜깜한 바다에서 거센 파도가 뛰쳐나와 삽시간에 배를 덮친다.

미쳐 날뛰는 바다에서 의지할 건 에오라지 등대뿐이다. 칠흑의 바다에서 희미하게 반짝이는 등불하나에 희망을 건다.

저 불빛속에 따뜻한 집이있고 사랑하는 가족의 숨소리를 듣는다. 어부는 아득한 등대불에 의지해 흔들리는 마음을 애써 다잡는다.

바다만 거칠고 험할까, 우리네 사는 모양도 한 치 앞이 안보이는게 서민들의 삶이다. 언제 어디서 모진 폭풍이 몰아쳐 우리의 가정을 흔들지 모른다.

수시로 길을 잃고 방황하는 필부들에게 갈길을 비춰주는 등대가, 등대와 같은 지도자의 등장이 간절하다.

등대도 소리를 낸다. 들짐승이 소리내어 새끼를 품으로 불러들이듯 등대도 해무가 짙게 끼이면 소리 내어 배를 궁극으로 불러들인다. 등대가 내는 소리엔 어미의 심정이 담겨있다.

불가佛家에서는 '본래 선악이없다' 는 말을 한다. 그러나 요즘 나는 나이 때문인지 인간은 악하다고 생각하면서 살고 있다. 물론 선하게 산다고 하는 것은 어떻게 사는 것인가 하는 질문이 담겨있는 생각이다.

얼마만큼 이기적인가 하는 것이 악의 척도만 같고 그 이기심을 얼마나 다스릴수 있는지가 선의 척도만 같다.

한국의 권력가와 많이 가진자들이 저지르고 있는 후안무치한 탐욕을 보노라면 개와 고양이가 퇴화된 맹수이듯이 인간도 퇴화된 종자인가 싶어 등골이 서늘해 진다. 천성 때문인지 아무리 물욕을 버리고 흐르는 물처럼 살자고 다짐을 해도 제 목구멍에 단것만 넣겠다는 억지를 부리는 자者가 많으니 인간밀림에서 사랑의 미로찾기 게임을 하듯이 살고 있으니 때로는 자 자신이 한심할 때가 한 두 번이 아니다.

사는 것이 사는 것이냐? 망각하는 것이 사는 것이냐, 백년을 살아도 헛살았다고 고백하며 인생의 뒤안길로 떠날 수밖에 없는 것이 인생이다.

울산 간절곶 등대에 가면 명물이 하나 있다.

인간의 온갖 근심걱정을 안아주는 소망 우체통이다. 우체통 안에 있는 엽서에 소망을 적으면 원하는 사람에게 배달을 해준다.

전화나 휴대폰 문자메세지에 이골이 난 현대인들이 친지나 친구 연인들에게 평소에 하지 못한 사연을 담아주면 일부는 매주 울산 MBC 라디오에서 소개해 준다. 계절따라 사연도 다양하지만 새해 벽두에는 1월 1일 태어날 아기에게는 새해인사를 하는 예비엄마도 있단다.

간절곶등대는 우체통 뒤 언덕위에 솟아 있지만 1920년 일제가 세운등대는 태평양 전쟁때 미군의 세 차례 폭격으로 부서지고 이후 새로 지었다 한다.

울산 간절곶은 한반도 육지에서 가장 빨리 해가 뜨는 명당이나 포항 호미곶 등대보다 고작 59초 빠르다고 으시대고 있으니 가관이다.

바다는 지구의 절반을 차지하는 면적 때문에 각국의 이해관계와 어족자원이 소멸되지 않는한 등대의 중요성은 더욱 발전할 것이다.

바다를 정복한 국가가 세계를 지배한다는 말이 있듯이 천삼백 년 전 동북아를 평정한 장보고 대사의 빛나는 위업의 정신을 만분의 일이라도 계승했더라면 국운國運이 어떻게 변모했을까 하는 의문은 비단 필자만의 생각은 아닐 것이다. 특히 오대양 육대주를 넘나드는 바다의 사나이들에겐 항구의 이정표인 등대는 가족보다 더 반가운 존재일 수도 있겠다.

칠흑같은 망망대해에서 태풍이라도 만나 생사의 갈림길에 설때면 희미하게 보이는 한 점의 불빛에 용기를 내고 구세주로 보일 것이다.

인생은 고해苦海다라는 말처럼 우리가 사는 현실도 고난의 바다에서 떠다니는 쪽배같은 존재가 아닐까.

어리석은 사람은 먼 데서 행복을 찾아 헤메고, 현명한 사람은 발밑에서 행복을 키운다는 말이 진리인지, 내자와 단둘이 몇시간의 등대 나들이도 이리도 기분을 상쾌하게 하니 이것도 행복이지 싶다.

4
匠人의 길

亂中日記

명량鳴梁해협의 겨울 바다는 산속 짐승처럼 우우거리며 운다고 한다. 말 잔등처럼 출렁거리는 물결이 수로의 가운데를 빠르게 뚫고 나가면, 밀려난 물은 흰 거품을 물고 진도쪽 해안 단애에 부딪치며 몸부림친다.

어찌나 물살이 센지 우우거리는 괴상한 소리를 토착민들은 이 물목을 울돌목이라고 불렀다. 우수영 언덕에서 내려다보면 해남반도에서 목포 쪽으로 달려가던 북서해류는 돌연 거꾸로 방향을 바꾸어 남동쪽으로 몰려가는데, 해협은 하루에 네 차례씩 엎치락 뒤치락을 반복한다.

명량에서는 순류順流와 역류逆流가 따로 있는 것이 아니라 함대가 그 흐름에 올라 탄다 하더라도 언제 역류에 휩쓸려 곤두박질을 칠지는 현지 어민들외는 잘모르기 때문에 전쟁의 와중에는 적과 아군에게도 사지死地나 다름없다.

수만 년을 거꾸로 뒤채이는 그 물살을 내려다보면서, 이순신 장군은 우수영 언덕에서 생사의 흐름을 거꾸로 뒤집을 만한 묘책을 궁리하며 수심에 잠긴다.

水國秋光暮 驚寒雁陳高
憂心輾轉夜 殘月照弓刀

한 바다에 가을빛 저물었는데
찬바람에 놀란 기러기 높이 떳구나
가슴에 근심가득 잠 못 드는 밤
새벽 달 창에 들어 칼을 비추네

– 閑山島夜吟

저녁이면 먼 섬들이 어둠 속으로 불려 가고, 저무는 해가 노을에 반짝이던 물비늘을 걷어가면 파도는 밀물로 달려들어 해안 벼랑에 몸을 뒤채이며 아우성이다.

캄캄한 물마루 저쪽 산더미 같은 총포와 창검으로 무장한 적의 함대는 날개를 펼치는데 지금 나에게는 적의만 있고 함대는 없다며 피눈물를 토한다.

이순신 장군은 시대의 영웅으로 점지됐는지 대일본 해군이 남해를 거쳐 서해로 진출하여 만주에 상륙하려던 원대한 꿈을 다도해에서 무참히 깨버리고 만다.

육지에서 파죽지세로 조선군을 유린하던 왜군들도 바다에서는 이순신 장군의 보잘것없는 수군에 백전백패하니 기가찰 노릇이었다.

간교한 왜놈들은 정예군으로 이순신장군의 가족들을 몰살시키고 육지로의 유인책을 셨으나 장군은 비탄과 슬픔을 가슴으로 새기며

임지를 지켰다.

임진년(壬辰年 1592년) 4월 6만여명의 대병력이 부산에 상륙하여 하루만에 동래성이 무너지고 5일만에 양산 언양 김해가 적의 수중에 들어갔다.

신식 조총으로 무장한 왜놈들은 세 갈래로 북상했다. 고니시의 부대는 조령을 넘고 가토의 부대는 죽령을 넘었고, 구로다의 부대는 서쪽으로 향했다. 최후의 방어선으로 배수의 진을 쳤던 신립장군이 충주 남한강에서 대패함으로 조선군의 방어선은 완전히 붕괴되고 만다. 다급한 선조임금은 서울을 버리고 의주로 몽진길에 오르고 서울은 함락되었다. 왜란이 일어난지 불과 보름만에 조선조정은 풍지박산이 나고 민심은 극도로 흉흉하여 믿을만한 군대는 이순신장군의 수군뿐이었다.

이순신 장군께서는 일찍이 왜적의 침입을 예견하여 거북선을 독창적으로 창안하여 해전에 준비하고 있었다. 임진년 6월에 선조임금께 보낸 장계에서 배의 앞에는 용머리를 붙여 그 입으로 대포를 쏘게하고 등에는 쇠못을 꽂았습니다. 안에서는 밖을 내다 볼 수 있어도 밖에서는 안으로 들여다 볼수 없으므로 적이 수백척이라 하더라도 쉽게 돌진해서 포를 쏘게되어 있다고 적고 있다

발진하라. 발진하라. 일자진을 펼쳐라. 학익진을 펼쳐라.

일열종대의 선두와 후미가 좌우로 갈라지면서 종대는 횡대로 바뀌었다.

이물에 덤비는 역류의 물결은 사나웠다. 물결은 길길이 뛰면서 적선과 함께 앞쪽에서 달려들었다.

뱃전에 부딪힌 물결이 칼처럼 일어나서 돛을 때린다.

노를 질타하는 격군장들의 북소리가 다급해지고 북소리는 빠른 뇌고雷鼓로 바뀌었다.

일자진은 다시 뒤로 물리면서 적을 명량 깊숙이 유인했다. 적의 날개를 피해서 물러선 만큼 적들은 달려들었고, 끌어들인 만큼 다시 걷어내야 할 것이었다.

명량의 동쪽 어귀에서 서쪽어귀에 이르는 예순 마장의 물길에 적의 대열은 온전히 들어와 있으나 또한번의 역류를 앞둔 바다는 호수처럼 고요해졌다.

그 적막 속에 바다는 다시 밀물에서 썰물로 뒤바뀌는 존망의 격랑을 예비하는걸 이순신 장군은 간파하고 있었다.

자연의 섭리를 다스리는 자는 반드시 승리한다. 묵언 속의 기도중에 갑자기 바다는 적의 함대를 향하여 우우거리며 칼날을 세운다.

적의 제일열을 부수라. 쇠나팔이 길게 울렸다. 대장거북선에서 대포가 터지고 화포가 나르고 불화살이 적의 함대에 꽂혀 불기둥을 이룬다.

적의 함대는 거꾸로 흐르는 강한 물살과 아군의 총공격에 힘한번 제대로 쓰지 못하고 300척의 대함대가 명량해협에 수장하고 수천명의 적군이 추풍낙엽처럼 떨어져 바다를 메우는 전과를 올렸다.

임진년 7월 원균의 함대가 칠전량 해전에서 조선전함 3백척이 깨어지고 삼도 수군이 전멸되니 조정에서는 부득불 모친상중母親喪中의 이순신 장군을 강제로 불러내어 삼도수군 통제사로 임명하였다.

공은 어느 누구도 탓하지 않고 오로지 국가와 민족을 위하는 우국충정으로 전쟁에 임하였다하니 만세에 빛날 성웅이 아니였겠느냐.

그것도 간신배들의 모함 때문에 옥사로 인한 만신창이 몸으로 12

척의 전함으로 대승을 거두니 이름도 유명한 명량대첩이니 세계해전사상 전무후무한 전과로 기록되고 있다. 이순신 장군은 바다와 무관한 충남 아산에서 소년시절을 보냈으며 청년장교시절 함경도 국경에 근무할 때 『함경도일기』를 남겼고, 임진왜란 중에는 『난중일기』를 남겼다. 그의 기록정신은 치열하다. 그는 빠뜨리지 않고 중언부언하지 않았다. 나는 젊었을 적에 장군의 난중일기를 읽었고 지명知命의 나이에 김훈의 『칼의 노래』를 다시 읽고나니 공의 뛰어난 업적과 무관에 어울리지 않는 시심詩心과 애국애족하는 선비정신에 새삼 감복했다.

공은 혜안이 번득이는 지략과 지형에 따라 임기응변의 전략은 한치의 오차없이 적의 의표를 찌르고 승리를 거두어 재해권을 장악했다.

비록 적이지만 전장의 이슬로 사라진 적의 시신앞에 연민의 염으로 바라보는 인류애는 적국에서도 추앙받는 성웅이란걸 우리 후손들은 얼마나 알고 있을까? 이순신 장군의 검명은 一揮掃蕩血染山河(일휘소탕혈염산하)다.

'강산을 물들이도다' 에서 색칠할 도塗를 버리고 물들일 염染자를 골랐다.

옷감에 물을 들이듯이 바다에 적의 피로 물들이겠다는 각오와 나라를 위해서는 공 또한 바다의 전쟁터에 자기 한 목숨 초개같이 버리겠다고 유언처럼 되내었다니 숭고한 정신누대에 빛나소서.

구강 절구통

활짝 트인 푸른 하늘과 산과 들, 물과 꽃을 거느리고 있는 자연에 기대어 살아가노라면 이 우주 대자연이 하나의 커다란 생명체로 느껴질 때가 있다.

숲속에 들어가면 갈참나무,상수리나무, 떡갈나무, 자작나무 등이 빽빽이 들어차 있고 그 사이로 은빛 날개를 파닥이며 숲에서 숲으로 오가는 멧새소리와 달빛에 찔려 하나로 흔들거리는 나무들. 신이 창조한 위대한 연주자는 바람이었고, 동물친구들의 합창과 나무악기들이 바람에 따라 숲속의 음악회를 멋지게 펼쳐간다.

소슬바람이 불면 나무는 플루트가 되고 센 바람이 불면 나무는 바이올린이 된다. 자연과 인간의 상관관계를 가만히 살펴보면 자연은 태양광선의 영향을 받아 엽록소의 세포에 작용하여 산소를 방출하여 인간의 고귀한 생명을 유지시키고, 인간은 그 댓가로 지구와 자연을 다스리는걸 볼 때 우주와 인간의 조화에 곁들여 개인의 존재이유도 새로워질 수 있다. 또한 인체도 의학에서는 우주의 축소판이라 한다.

인간의 머리가 둥근 것은 하늘을 닮은 것이고 발이 모난 것은 땅을 닮은 것이다. 그리고 지구에 사시사철과 동서남북이 있듯이 인간에게는 두 다리와 두팔 사지가 있고, 하늘에 오행이 있듯이 사람에게는 오장 즉 폐·심장·비장·간장·신장이 있으며 이외 육부·구규·관절·혈등이 우주를 닮았다고 한다.

그렇기에 모두가 제자리에 조화를 이루고 살다가 어느날 지구와 자연도 변고가 나고 인체도 병이 날 때 만물의 영장인 인간이 각 분야의 전문가를 동원하여 고치고 복원 시켜야 할 것이다.

그런 의미에서 오묘하고 신비한 인체 중에 일차적으로 먹는 즐거움과 저작기능으로 건강을 유지시켜주는 28개의 치아도 각자 자기 위치를 철저히 지키면서 조화롭게 저작기능, 심미기능, 발음기능 등을 함께 수행하고 있다. 치아의 고마움과 소중함은 충치를 앓아 고통을 받든가, 부실한 치아로 식생활을 제대로 못해 위장 장애를 일으킬 때 비로소 느끼게 된다.

나의 아뜨리에이자 서재이며 연구실인 작업실에서 치아가 몽땅 빠져 없어진 무치악 환자의 모형인, 말발굽처럼생긴 치궁을 놓고, 인체 생리학 건축공학 예술적가치를 평가받을 수 있는 작품구상에 온갖 지혜를 짜낸다.

원시상태인 악궁에서 치아배열 즉, 식립을 하기 위해 미인도도 그리면서 작품 속의 인물에 대해 립상태와 인중의 길이도 측정하고 앞니의 치수와 넓이를 가늠하며, 보철환자의 얼굴이 장방형일까, 계란형 또는 삼각형일까, 보름달일까, 얼굴색은 백색일까, 까무잡잡한 흑갈색일까 생각해 본다.

동양인은 대개 황인종이니 담황색을 고려하여 인공치 선택을 해야 얼굴모양과 조화를 이룬다. 또한 어금니의 선택은 악궁의 크기와 1평방미터에 약80킬로그램의 힘을 지탱할 수 있는 재질과 위치 선택 역학적으로 어떤 힘을 받는가를 가늠하게 된다.

앞산에는 보기도 좋고 아름다운 하얀 산목련이나 백양목을 심고 곡선이 심한 모퉁이에는 키도 훌쭉하게 크고 뿌리가 튼튼한 미루나무를 심어야 제격이고 뒤쪽 완만한 능선엔 무리지은 등산객들이 무등을 타고 캠프파이어를 벌여도 끄덕않을 태산목을 심어야겠지.

이때는 반드시 구강상태의 해부학과 생리학, 인체공학 즉, 전치는 미관과 발음, 바리톤 음성이 될까, 허스키 음성이 될까, 또한 수박을 잘먹을까, 개살이 똑똑 떨어지는 옥니는 어떨까 연구해야하고, 송곳니는 물어뜯는 역할, 적은 어금니는 씹는 역할, 도구통 치아는 갈아 비비는 역할에 맞게 배열해야 한다. 조물주가 부여한 오복 중의 하나인 상실된 치아를 회복하는 작업은, 얼굴 모양이 다르듯이 치아도 각양 각색이며 똑같은 치아는 이 세상에는 존재하지 않으며 쌍둥이도 없다. 치과에서 의뢰된 모형을 놓고 비취색 상아를 만들까, 아니면 자연치와 강도가 비슷한 금니를 만들어 귀티나는 부자집 마나님은 어떨까 궁리한다.

평생을 두고 짝사랑 할 너에게 가난뱅이 선비의 진리담고, 도공의 예술 뿌려, 정성다한 소쿠리에 고이 바쳐 시집보내는 어미의 심정과 같으며, 멋진 절구통을 만드느라 갈고 다듬고 어루만지다 보면 손가락 끝은 아리고 쓰리다 못해 모세혈관이 보일 정도가 되고 얼굴과 머리는 치아의 가루로 함박눈을 덮어쓰기도 한다.

이럴 때면 어릴적 고모님이, 창자처럼 벌겋고 해골처럼 하얀 틀니를 씻다 구경하는 아이들을 향해 이놈들 하고 손을 들어보일 때면 우리는 무서워 혼비백산 도망가던 기억이 새롭다.

손과 삶

꿈꾸는 존재는 일하고 있었던 존재를 추억하기 위해 거기에 자기를 집중시킨다.

– 가스통 바슐라르

미국 건국의 아버지 조지 워싱턴은 아무리 기쁜 일이 있어도 웃는 법이 없고 항상 근엄한 얼굴이었다. 그러나 웃지 못하는 대통령의 고민을 아는 사람은 그리 많지 않았다. 나무 틀니를 하고 있었기에 곰팡이 균으로 오염되어 입을 열면 악취가 진동하였으니 그 고초를 누가 알았으랴. 호랑이 담배 배우던 시절 이야기 같으나 실제 있었던 일이였기에 우리 인간의 오복五福을 꼽을 때도 역시 치아 건강을 그 범주에 넣고 있다.

그곳은 나의 소 우주다. 집에 있는 시간보다 많은 시간을 보내는 우주의 정거장에는 온갖 기계들이 즐비하다. 독일산 도자기로 헝가리제 밀링기 미국산 전기로 영국제 연마기등 세계각국의 첨단기기들이 모양과 쓰임새에 따라 배열돼 있다. 주인의 손놀림과 지시에 따라 금니도 만들고 도자기도 만들면서 일사분란하게 움직여 국민

구강보건을 위해 동고동락 한다. 나의 분신인 기계 하나 집기 하나에도 알알한 애정과 정성을 솟다보니 녹슨 책상 모서리와 창틀에 살푸시 쌓인 치아가루와 금속분진도 내 오관의 각질처럼 정겨웁다.

손은 우리들 삶의 흔적이다. 손이 하는 일의 쌓임이 곧 생업이니 날마다 우리는 손을 움직여 삶의 무늬를 그린다. 그래서 손에는 그 사람의 삶이 그대로 묻어 있다. 사랑스런 손길은 따뜻한 마음을 드러내고 거친 손길은 미움을 전한다. 정인情人끼리의 사랑을 느끼고 싶은 간절한 소망은 곧 애무의 손길로 나타난다. 그 눈빛이 추상적인 표현이라면 손길은 너무나 구체적인 정감의 드러냄이다. 살기가 어려웠던 시절, 먹고 입는 모든 것을 창조해냈던 어머니 손은 참으로 약손이요, 자장가이기도 했으며, 마이더스 손이기도 했다. 미싱한 대로 아이들 옷은 뚝딱이고, 손으로 상추 부추 뜯어 넣고, 참기름 한 두 방울 떨어뜨려, 고추장에 비벼주던 나물밥은 얼마나 맛이 있었던가.

손에는 저마다 독특한 표정이 있다. 손금을 읽어 남의 운명을 내다 보려했던 것은 동서고금이 똑같다. 집시의 수상술手相術이나 동양의 역술易術이 다같이 손이 드러내는 삶의 뜻을 짐작해 보려는 노력이었다. 운명선이 짧으니 건강에 조심하라. 감정선이 굵은 사람은 의지가 약하다. 사람들은 자신의 미래를 다른 사람의 눈을 통하여 엿보려고 한다. 그것은 아주 소박한 내일의 준비이며, 남루한 오늘을 달래주는 힘이 된다. 팔자 피함은 못한다고 했으니 내일을 엿본다고 해서 삶이 달라지는 일은 없겠지만, 손금을 읽어 잠시나마 위안이 된다면 그 또한 따뜻한 운명의 손길이 아닐지.

손이 게으르면 생각은 두서없이 헝클어진다. 소인이 한가하면 일을 그르친다는 말이 있듯이 한가할수록 손 장난만 늘고, 손장난은 곧 독이 되어 돌아온다. 게으름이 번뇌의 바탕이라고 갈파한 아함경阿含經의 말씀은 가슴을 칠 만큼 무섭다. 그 옛날 흙을 주물러 청자를 빚었던 도공의 손은 어떠 했을까.

청자 매병梅甁의 빼어난 선과 색을 보고 있으면 늘 손톱 밑에 흙이 끼어 있는 친구의 손이 떠오른다. 이만한 선과 색을 다스릴 수 있는 도공이라면 그의 삶은 하늘을 닮았지 싶다. 세속의 부富와 권세를 누리지 못했을 망정 도공은 욕심을 떠난 맑은 영혼을 지녔으리라. 우리의 산업역군들은 섬세하고 부지런한 손 하나로 이 나라를 세계 12위 무역 강국으로 키워 놓았다. 한국인의 손 재간은 세계가 인정한다. 그래서 우리의 손 기술로 세계기능올림픽 9년패라는 경의적인 기록을 세운바 있지 않는가. 이렇게 자랑스럽게 삶을 영위하는 손이건만 군軍에 가지 않으려고 단지斷指하는 못된 젊은이가 있는데 이런 얼치기 독종은 이 나라에서 영원히 추방되어야 하리라.

손바닥을 펴보면 구불구불 손금을 타고 내 삶의 온갖 사연들이 강물처럼 흐른다. 손금 보는 이가 아니더라도 지난날 내 삶의 흔적은 어렵지 않게 찾을 수 있고 동료 치예공사들의 애환을 읽을 수 있다. 이처럼 모든 손은 팔자를 담고 있는 그릇이니, 내 손짓은 오늘도 삶의 세월을 엮어 담는 중이다. 스스로 사명감일 줄 알면서도 허약한 손끝으로 세월을 흘려 보내고 있는 것은 아닌지 모르겠다. 삶이 끝난 다음 우리들이 남기고 간 그릇들이 후세의 어떤 모양으로 남을지 몰라 두려울 따름이다.

우리 모두 자기 손을 잘 다스려 삶의 멋진 물레질을 해서 아름다운 비단을 짜보면 어떨까.

아버지와 남성

지상에 있는 곰은 '검' 고 하늘의 환웅은 '환' 하다.

곰이 동굴의 어둠이며 밤이라면 환웅은 빛이며 대낮이다. 곰은 낮은 땅에서 올라가고 환웅은 높은 하늘에서 내려온다. 높고 낮은 것, 열린 것과 닫힌 것, 그리고 빛과 어둠이 결혼한 자리가 오늘날 부부의 원조라면 비약적인 발상일까?

새끼줄에 주렁주렁 매달린 빨간고추! 대문 앞을 장식하며 가족들이 온 동네에 아들이 점지 됐다고 기쁨을 전하던 우리의 미풍양속은 한민족의 특이한 문화였다. 그래서 일까. 역사 이래로 남자는 강해야 하고 우주를 지배해야 한다고 믿어왔다. 이 세상에서 가장 근원적인 공동체는 바로 가정 공동체이다. 인류역사의 변천과 더불어 가정 공동체의 모습과 가치관도 변화하고 있다.

제임스 답슨은 "한 나라의 운명은 한 가정 안에서 아버지 지도력에 달려 있다"고 설파하고 있음은 우리는 상기해야 한다. 남자의 상像과 아버지의상은 어떠한가. 농경사회에서는 가부장의 위치에서 아버지는 의젓해야 하고, 아버지는 구차한 모습을 보이지 않으며 어떤 경우에도 울지 않아야 한다는 것이 통념으로 되어있다.

산업사회에 진입하고부터 남성을 가장 남성답게 만드는 진정한 가치는 출세에 있고 한 가정을 훌륭하게 이끄는게 금과옥조처럼 여겨왔다. 그런 반열에 끼이지 못하면 우리들 주위에서 요구하는 성공의 가치관 때문에 아내 또는 자녀 앞에 고개를 들지 못하고 비틀거리는지 모른다. 이 사회가 요구하는 성공한 남자라는 기준에 근거하여 출세하고 명예를 얻기 위해 수많은 아버지들이 얼마나 힘들어하고 괴로워하는가.

태어날 때부터 자기 밥그릇이 어느정도 정해져 있는데도 무리하게 성공에 집착하다보니 자기도 속이고 남도 속이는 어려운 투쟁을 하고 있는게 이 시대 남성의 자화상이 아닐까? 이제 성공에 대한 가치관을 바꾸어야 할 시대에 와 있는 것 같다. 자신의 신념과 가치관대로 정직하게 살아 보려고 애를 썼지만 잘되지 않고 낙오자가 되어도 나는 최선을 다했다고 어깨를 펴는 남자, 출세하려고 비굴하게 강한 자에게 아부하지 않고 당당하게 자기 일에 심취하는 남자에게 위로와 격려를 보내야 한다. 우리를 미치게 하고 가슴치도록 힘들게 만든 성공해야 한다는 쇠사슬을 과감하게 벗어 던져보자. 진정한 남자의 성공은 출세에 있지 않고 정직함에 있다고 힘껏 외쳐보자.

조선조 실학자 연암 박지원은 연행燕行 길에서 처음 요동벌을 대면하고는 느닷없이 외친다. “참 좋는 울음터로다. 가히 한번 울만하구나.” 한 점의 산도 없이 1200리나 펼쳐진 벌판을 보고 통곡하기 좋은 곳이라니.

우물 안 당쟁에서 헤어나지 못하는 고국에 대한 분노요, 지평선을 향해 말달리던 조상의 땅을 청 황제의 칠순잔치 축객으로나 밟아야 하는 울분이었다.

이렇듯 선각자들의 눈물은 애국애족하는 눈물이지만 보통 남자들의 눈물은 양심에서 우러나는 희노애락의 버무림이 아닐까?

남자는 울지 않는다.! 좁은 땅 덩어리에 힘겹게 삶을 영위하고 있는 사내들에게 어찌 눈물이 없고 생의 비애가 없겠는가. 울면서 태어나 투덜대며 인생을 살다가 마지막에 울면서 죽는게 인생이 아니더냐. 사회 초년병부터 일자리 걱정에다. 부모곁을 떠나 새로운 둥지를 틀드라도 가장의 책임과 자녀교육문제로 바둥거리고 장년이 되어서는 연로하신 부모문제까지 겹치면 그야말로 맥가이버나 다름없는 생활을 해야 한다. 직장에서는 후배들에게 치받치고 상사의 눈치보기 바쁘고 승진에서 탈락하거나 구조조정으로 한창 나이에 실업자가 되어보라.

나라가 휘청거리다 보니 사오정에다 오륙도는 간큰 남자로 치부되고 여성들의 위세가 등등하니 소주 한두 잔에 신세타령하는 장년들이 기하급수적으로 늘고 있다.

대도시에 살고있는 사람들은 태반이 '과대망상증' 이나 '우울증' 환자들이다.

과대망상증은 이곳의 휘황찬란한 밤의 궁전에서 볼 수 있는 외적 시각적 현상에서, 우울증은 즐비한 고층아파트의 유리창을 차단하고 있는 우중충한 커튼과 인ㅅ의 장막, 홍수처럼 밀려다니는 차들의 경쟁에서 볼 수 있는 내적 심리적 현상이라고 할까. 최첨단 보안장비로 출입이 기계화된 주상복합아파트나 아방궁 평형의 아파트는 몇 단계를 거쳐야 하는 자물쇠 비밀번호로 인간의 목을 죄어온다.

학교에서도 아파트 평수에 따라 학동들의 이합집산이 형성되고 있으니 예삿일이 아니다. 기억력이 흐린 노인네들이 자식집을 방문하기도 어렵고 이미 철저히 차단된 세대와 계층간의 벽은 이 사회 보통 아버지들의 어깨를 쳐지게 하고 있다. 어느 저명인사는 아버지가 되는 네가지 조건으로 첫째 돌쇠가 되어야 하고 둘째 자물쇠가 되어야 하고 셋째 마당쇠가 되어야 하고 넷째 변강쇠(아프지않고 건강해야 한다는 의미)가 되어야 한다고 했다. 그만큼 아버지 되기가 힘들다는 뜻일게다.

한자의 부父는 도끼를 든 모습 또는 손又에 회초리 모양을 들고 있는 형상으로 풀이하기도 한다. 그런면에서 아버지는 법의 질서나 공공의 규율을 지켜가는 존재이기에 아버지의 추락은 남자가 아닌 가족의 위기이기도 하다.

이땅의 남성들이여! 우리모두 삶의 뒤안길에서 더러운 부정과 부패의 범죄행위들을 스스로 고백하고 새로운 마음자세를 가질 때 사회는 한결 밝아질 것이다. 비록 반토막의 인생일지라도 정직하게 살았다는 자부심에 울고 남을 해코지 않고 자신에게 떳떳한 남성상을 이 시대는 요구하고 있다.

외견상 초라하지만 자녀들에게 정직과 진실을 대물림하고 겸손한 삶을 살아가는 아버지의 허탈한 웃음과 눈물에 우리모두는 뜨거운 박수를 보내야 한다.

사회의 관습헌법처럼 가슴치도록 힘들게 하는 '남자는 강해야 한다', '남자는 여자와 다르다', '남자는 울지 않는다' 는 쇠사슬을 벗어 버리자.

'아버지의 기가 살아야 가정이 산다.'

젓가락 문화

장편소설 『대지(The Good Earth)』로 노벨문학상을 탄 펄벅 여사가 1960년 11월 초 한국을 처음 방문했다.

생소한 이국의 처녀지에 대한 호기심은 선진국의 시작에선 모든 게 시기했을 것이다. 경주에서의 일이다. 황혼 무렵 펄벅은 달구지에 볏단을 싣고 가는 농부가 지게에 볏단을 지고 있는 걸 보고 이렇게 말했다고 한다.

"미국의 농부라면 달구지 위에 모든 걸 싣고, 자기도 올라 탔을 것이다. 비록 말 못하는 짐승에게도 고통을 덜어주려는 마음, 한구게서 보고 싶은 건 바로 저런 것이다."

펄벅은 한 초등학교에서 어린 학생이 도시락의 콩자반을 젓가락으로 집는 걸 목격하고선 '저건 서커스' 라며 감탄했다고 한다. 우리에게 수저는 인생의 동반자다. 젓가락은 두 개가 나란히 있어야 제 역할을 한다.

부부가 힘을 합쳐야 가정에 평화가 오고 뜻을 함께해야 재물도 모을 수 있고 출산도 할 수 있듯이 말이다.

젓가락은 한국적 문화다 젓가락 문화는 결국 손놀림의 문화다.

미국 LPG 투어 골프대회에서 한국의 낭자군과 최경주가 상위권에서 자주 쾌거를 이루는 걸 볼 때도 그렇고, 기능 올림픽을 모두 한국의 금메달 잔치로 만들었던 때도 있지 않았던가. 그 뿐인가 단기간에 IT 분야와 조선분야를 세계 톱클라스로 끌어 올린 것도 우리의 두뇌도 우수하지만 섬세한 손재간의 승리로 봐야 할 것이다.

인체에서 가장 많은 뼈가 있는 부위는 단연 손이다. 14개의 손가락 뼈, 5개의 손바닥 뼈, 8개의 팔목뼈로 이뤄져 있어 정밀기계나 다름없다.

18세기 철학자 칸트가 '손은 눈에 보이는 뇌의 일부' 라고 한 것도 그리 과장된 표현은 아니다. 우리 인간이 오복을 꼽을 때 건강한 치아를 한 범주에 넣고 있다. 그만큼 치아의 역할이 일생에 중요한 디딤돌을 하고 있다는 것을 단적으로 말하고 있음이다.

먹는 즐거움과 건강을 지켜주는 치아가 충치나 풍치로 결손되었을 때 보철장치로 복원시켜 주는 게 필자의 직업이다. 인공치 제작이 얼마나 정밀하고 정교했으면 머리카락에 홈 판다는 속설이 생겼을까.

한 예로 음식물을 저작하다가 이물질이 조금만 끼어도 불편하고 안절부저 못하면서 이쑤시개로 후벼판다. 실날 같은 이물질이 끼어도 야단 법석인데 하물며 딱딱한 도자기나, 금속관을 인공적으로 제작하여 구강 내 치아에 장착한다고 가정해 보라. 상하악 치아의 저작상태, 인접치와의 접점상태, 잇몸과 치관 사이의 접합상태, 미관도 발음도 체크해야 하니 손가락 지문도 날아가는 것도 비일비재하다.

치예인의 영혼은 맑아야 한다. 인체의 일부분을 관장하는 직종이라 투철한 사명감과 끝없는 인내심 순백의 정성을 주문하면서도 재물하고는 담을 쌓고 살아야 하니 순일한 마음 자세가 되어 있지 않으면 배겨 내기 힘든 직업이 의료전문기술직이다. 잠시 생명과학자들의 이야기를 들어보자. 사람은 신체 최첨단부 즉, 손가락을 이용한 정교한 작업을 오래하면 두뇌가 발달한다고 한다.

부산 영도에 사는 일급 뇌성마비 장애자 김성곤씨, 10대엔 난 왜 학교에 갈 수 없을까. 절망했고, 20대엔 왜 나는 장애인일까. 30대엔 왜 여자 친구가 없나를 고민하다 40대가 되면서 '아' 이게 인생이구나 깨달았단다. 전국 뇌성마비 환자들 가운데 유일하게 젓가락으로 콩을 집는데 본인의 설명대로 삶은 열정이라며 젓가락을 사용하고부터 머리가 튀어 어깨 너머로 배운 한글로 영혼이 넘치는 시를 쓰고 있다니 참으로 놀랍다.

돌날 우리는 밥그릇, 국그릇과 함께 수저를 처음 갖는다. 앞으로 잘 살라는 부모의 염원이 담긴 선물을 받는 것이다.

이후 성장하면서 우리의 수저도 조금씩 커진다. 혼인할 때 새로운 수저가 생긴다.

예로부터 게으른 자의 욕이 '손가락 하나 까딱하지 않는 놈' 이었다.

반면 '숟가락을 놓다' 는 말을 들을 땐 저세상 사람이 된다.

북한 노동신문에 최근 '식생활에 수저를 이용한 우리 민족의 풍습을 태고에 창조됐다' 며 이걸 통해서도 우리가 얼마나 문명한 민족인지 잘 알 수 있다고 했다.

맞는 말이다. 세계에서 젓가락 사용은 주로 동양권이지만 중국의 젓가락은 굵고 길어 가장 큰 형태를 보이고 일본의 젓가락은 중간

형태의 절충형이라 하겠다.

이에 반하여 한국의 젓가락은 먼저 재질부터가 나무가 아닌 놋쇠다. 물론 요즘은 스테인리스 제품이 대부분이지만 가늘고 무거운 놋쇠 젓가락으로 콩을 집어먹는 것은 세계적으로 한국 사람 밖에 없다는 것은 유명하지만, 더욱 놀라운 기교는 도토리묵을 놋쇠 젓가락으로 잘라서 필요한 힘의 조절로 집어 들고 먹는 것을 보면 가히 신기에 가까운 '묘기 대행진' 감이다.

한때 국민적 영웅으로 칭송받다 몰락한 황우석 박사가 말랑말랑한 인공수정난자를 꺼낼 때 한국인의 섬세한 손재간이 있었기에 가능했다는 말은 의미 심장하다 하겠다.

구한말부터 광복 되던 해까지 한가족 4대의 삶을 그린 펄벅의 살아있는 갈대한 책을 보면 그는 한국을 "고상한 사람들이 사는 보석 같은 나라"라고 찬양했다.

펄벅이 한국여인들이 무채 써는 것과 초등학생들의 젓가락질에 놀랐 듯 한반도엔 우리만의 수저문화가 발달했다. 사람에게는 시각 · 청각 · 미각 · 후각 · 촉감의 오감이 있다. 인간의 오감으로도 도저히 설명되지 않는 예지능력을 육감이라 한다.

인간에게 예지능력이 탁월한 사람은 그의 복福이다. 잘 갈고 닦으면 훌륭한 결과를 가져올 수도 있다.

한석봉 어미가 자식의 공부를 위해 불을 끄고 깜깜한 방에서 떡썰기를 했던 것도 감각의 소산이 아닐까.

앓아야 예뻐진다

이 지구상에 존재하는 삼라만상엔 빛과 그림자가 있게 마련이다. 세상을 아름답게 하는 모든 색채가 빛의 고통에 의해 이루어진다는 사실 얼마나 놀라운 일인가. 봄이 되면 새초롬이 돋아나는 파란 잎새들과 화사하게 피어나는 꽃들을 보고 있으면 어디서 저런 강인한 에너지를 발산할까 궁금할 때가 있다. 사실 그렇다. 눈부신 아름다움뒤에 숨은 탄생의 비밀이 있음을 우리는 모르고 지내왔다.

꽃이란 긴 겨울을 안간힘으로 버텨온 뿌리가 피워올리는 상처의 흔적이라는 것과 다시 한 생애를 살아내기 위한 나무와 풀의 치열한 몸짓들이 내품는 출혈이라고 식물학자들은 정의한다. 깊은 산중에 피는 꽃들이 더욱 아름다운 것은 맨몸으로 설한풍을 이겨 내려고 나름대로 엄청난 산고産苦를 겪은 증거로 봐야 할 것이다.

사람들이 꽃의 축제를 베푸는 것도 한겨울 온갖 시련을 겪은 초목들을 보면서 위안과 활력을 얻기 위함일게다. 이와 비슷한 예로 진주조개의 성장통을 들여다 보면 금방 이해가 간다.

나는 얼마전 지인의 소개로 진주양식장을 찾은 적이 있다.

다도해의 넓은 바다에서 평화롭게 유영하고 있는 양식장을 멀리서 바라보니 가슴마져 확트이고 잔잔하게 일렁이는 물나불은 어딘지 모르게 안온함을 준다. 진주는 바다에 그냥 메달아 두면 안락함에 취해 진주가 되지 못하고 볼품없는 조개로 남는다는 전문가의 말에 서둘러 시술장으로 발길을 옮겼다. 진주씨를 잉태시키는 시술실에 들어서니 벽면에 '정숙' 이라는 큰 글자가 발자국마져 조심스럽게 만든다.

진주의 씨를 심을 조개는 3년생인데 사람으로 치면 꽃다운 나이라고 한다.

건강한 조개는 생식소의 수술이 어려우므로 수술하기 5개월전부터 일부러 죽지 않을 정도의 충격을 주어서 허약한 체질로 만든다는 말에 어안이 벙벙해 진다. 아니나 다를까 바로 옆동에선 노인네들의 방망이질이 요란하다. 수 십명의 노인들이 2년된 종패를 나무방망이로 두둘겨 패서 기진한 상태로 만드느라 야단법석이다.

건강한 조개는 입을 벌리지 않아 애를 먹기 때문에 핵산을 쉽게 주입할려면 노인들의 알맞은 팔힘을 이용해야 적격이란다.

그러나 인간의 허영심을 채우기 위해 조개들에게 잔인한 고통을 주면서까지 아름다운 진주眞珠를 만든다니 아이러니도 보통 아이러니가 아니다.

기진맥진한 조개를 생식소의 벽을 가르고 진주핵이라는 이물질을 집어 넣는다. 이것이 진주조개의 시련과 고통의 시작이다.

수술을 마친 조개는 임산부를 다루듯 보름 동안 요양을 시킨후 채롱에 넣어 바다 뗏목에 매달게 된다.

수술의 자국은 아물었어도 몸 안에 들어온 이물질과의 싸움으로 칼슘 분비물이 생기고 이 분비물이 핵을 서서히 둘러싸게 되면 진주층이 만들어진다.

그런 아픈 시련과 고통을 2년여를 넘겨야 쓸모있는 하나의 진주로 태어난단다. 영롱한 진주는 인어의 눈물방울이라고 예부터 전해온다.

진주 양식을 하는 바다는 깨끗하고 잔잔하면서 영양이 풍부하고 계절에 관계없이 늘 푸른 산 그늘이 드리운 곳이라야 한다.

거센 파도가 몰아칠 때나 지나다니는 배의 기관소리에도 놀라서 분비물이 잠시 멋게 되므로 진주의 면이 고르지 못하고 예쁜 빛깔을 낼수 없다니 가관이다.

진주양식은 사람의 보살피는 정성이 조금만 모자라도 귀찮은 기생물이 잡초처럼 돋아나고 해적생물까지 붙어서 아픈 조개를 더욱 괴롭힌다.

좋은 진주는 구슬모양의 완전한 원형으로 결이 없이 매끈하고 고와야 하며 색깔도 백색 은백색 황색 등 여러 가지이나 핑크빛에 가까울수록 좋고 그것도 바다빛이 안개처럼 은은하게 섞이면 제일 좋다고 한다.

진주층이 눈물처럼 싸일 때마다 아픔을 배우고 그런 아픔을 이겨내는 진주조개가 되어 신비로운 진주빛을 남기나 보다.

나는 진주핵 시술장을 둘러보면서 '모패母貝인 저 진주조개의 상처가 얼마나 고통스러웠을까' 생각해 보았다.

'내가 만일 진주조개라면' '내 몸 속에 타인에 의해 이물질이 들어와 상처를 내었다면 어떻게 할 것인가' 생각하니 미워하고 증오

하면서 절망의 나날을 보낼 것 같아 머리가 복잡해 진다.

이 세상에 상처받지 않고 사는 사람이 몇이나 될까?

청춘이 꽃필때는 만남과 이별을 통해 아픈만큼 성숙해지고, 성인이 되어 사회생활을 하다보면 본이 아니게 오해와 배신으로 가슴아파하는게 한 두 번이겠는가.

이럴 때 진주 조개의 일생을 한 번쯤 음미해 보면서 아픔과 고통을 참고 견디는 의지력을 키워보면 어떨까.

보잘 것 없는 한 개의 종패가 아름다운 진주조개로 태어나듯이 우리 인생도 삶의 고통을 통해 영롱한 보석이 될지 누가 알랴.

누에의 智慧

로댕은 일한다는 것은 인생의 가치이며 인생의 환희이며 인생의 행복이라 했다. 우리가 사는 세상에는 힘들거나 쉽거나 간에 일의 성취와 완성에는 필수적인 힘든 과정이 존재한다는 사실을 우리는 알고 있다. 그러나, 우리 인간은 이 과정을 생략하며 쉽게 모든걸 완성하려 하는 어리석은 짓을 하는 경우가 많다. 비록 노동에는 어려움과 인내와 고통이 따르기는 하나 그것은 오히려 행복과 발전의 근원이 되고 또한 유혹에 대한 방벽이 된다. 근로에 의한 단련은 방종을 제지하고 순결과 견고한 의지력을 키우며 약한 자를 강하게 하고 가난한 자를 부富하게 하며 불행한 자를 행복에 이르게 하는 보물단지다.

동서고금을 막론하고 위대한 인물들은 자기 직업에 충실하고 고통과 인내로서 한 분야를 일궈 최고봉에 올려놓았다는 것을 알아야 한다.

흔히 핏속에 휘발유가 흐르는 사나이로 통하는 포-드 자동차 창업주의 이야기는 무엇을 의미하는가. 휘발유 냄새를 너무 맡다 보니 핏속까지 휘발유가 스며들었다는 이야기 일 게다.

이와는 좀 다른 이야기지만 누에의 태어나는 과정을 살펴봄으로서 우리의 삶에 교훈을 얻게 될 것이다.

잠업하는 농부가 어느날 누에고치를 책상위에 갖다 놓았다. 조금 있으려니까 누에고치가 움직이고 두꺼운 껍질에 조그만 구멍이 뚫리면서 나방이 나오기 시작하는데 그 빠져 나오려고 몸부림치기를 하루종일 하는 것이었다. 진종일 고생하며 나온 나비는 기진맥진하여 책상 위에 누워 버리는게 아닌가. 그러나 몸이 마른 후 퍼득거리며 훨훨 날아가는 것이었다.

농부는 작은 구멍을 빠져 나오려는 누에의 모습이 안스러워 나머지 누에고치를 가위로 잘라 큰 구멍을 내어 주었다. 얼마후 나방은 쉽게 기어나왔으나 날지 못하고 죽고 마는 것이었다. 번데기가 나방이 된다는 것은 죽을 힘을 다해 발버둥치는 동안 몸의 근육이 단련되고 시련 속에서 날개에 체액이 통하여 날아갈 수 있는 힘이 생긴다는 사실을 농부는 깨닫지 못했던 것이다. 이렇듯 한낱 미물에 지나지 않는 누에의 생태지만 인간 역시 성장과정과 직업인으로서의 출세 과정도 큰 차이가 없을 것이다.

현대인에게 있어서 우리가 몸담고 땀흘리는 삶의 현장인 직장은 깊은 애정과 관심은 물론이고 열정을 쏟아야 하는 소중한 인생의 터전이다. 때로는 노동의 보람과 신선한 감격을 안겨주는 곳, 바로 이곳이 삶에의 본원인 직장이다. 선善하고 아름다운 인간 관계를 맺으면서 일의 가치를 추구하며 창의적이고 건전한 사고思考에 의해 부단히 새로움을 창출해 낸다는 것은 얼마나 큰 기쁨인가.

사람은 누구나 습관적으로 몸에 배인 나름대로의 체취를 지닌채 그것을 남에게 풍기며 살아간다. 자신의 체취는 본인은 별로 느끼지 못하지만 후각이 예민한 사람은 그 사람의 직업을 알아 차린다. 그런 의미에서 체취의 본질은 거울을 닮았을까. 거울은 상대방을 담뿍 가슴에 담았다가 되비친다. 체취 또한 그런 원리를 지녔다 해서 체취란 자신보다 타인에게 주는 영향이 더 짙다. 한 직업에 10년이상 종사하고도 직업의 체취가 향기롭게 피어나지 않으면 적성에 맞지 않던가 노력하지 않고 대충대충 살아왔다는 증거이리라.

우리네 삶을 소중하고도 가치있게 보내며 크고 작은 애환이 물레처럼 얽혀서 돌아가고 인간적인 향기가 돋아나는 보람의 장場이 직장이다. 직장에서 화합이 있어야겠으나 그것은 어디까지나 자기가 맡은 일에 최선을 다하고 남을 도우려는 자세가 충만할 때 상하와 동료간에 신뢰가 구축되고 미래를 향해 도전할 수 있는 힘이 생기게 된다.

행복이란 할일이 있다는 것이며 도움을 줄수 있다는 것이며 사랑할 수 있다는 것이리라. 같은 시간 같은 장소에서 3인의 석공石工이 나란히 앉아 일을 하고 있었다.

그중 한 사람은 빵만을 위해 일을 하고 다른 한 사람은 자기의 취미와 소질을 살려가며 생계 유지의 수단으로 일을 하였다. 그리고 또 한 사람은 이와 동시에 사회를 위해 자기 노동력을 봉사하는 자세로 열심히 일을 하고 있었다.

우리는 매일매일의 직장생활에서 세 번째 석공의 자세로 일에서 삶의 의미와 보람을 찾고 기쁨과 즐거움을 체험하며 건전한 양식良識과 올바른 인생관을 가지고 살아갈 때 그 사람은 머지 않는 장래에 모양 반듯한 인생의 자리가 펼쳐질 것이다.

문학 기행

인간은 먼-먼 세월동안 창공을 날으는 꿈을 꾸어 왔다.

산모 양수물 속에서 수개월동안 유영을 하고 태어나서 일까. 비행기도 만들고 행글라이더 타고 하늘을 날면서 미지의 세계를 동경해 왔는지 모른다.

얼마전 을숙도에서 다양한 겨울철새를 보면서 저네들은 영토와 국경을 마음대로 넘나들고 무한대의 자유를 누리고 있구나 생각하니 부럽기 짝이 없었다.

반면에 인간은 자기생활의 테두리안에서 아옹다옹하다 한 번쯤 일탈을 꿈꾸는게 고작이다. 필자 역시 노모가 오랫동안 병석에 계시는 관계로 외국여행은 꿈도 못꾸고 유물답사회나 문학기행을 다니면서 마음의 위안을 삼고 문우들과의 교유를 즐기고 있다.

문학이라는 공통분모를 가지고 하는 여행이라 일반적으로 다니는 산악회 등산이나 관광나들이 와는 달리 번잡하지 않고 자유와 사유思惟를 보장해 주는 점에서 참으로 매력적이다.

차중에서는 문학 담론의 시간을 가지면서 나와는 다른 타장르의 가치관과 색다른 화재를 주고 받으니 이야기가 끝이 없다.

공자孔子는 삼인행 필유아사三人行 必有我師라 했다. 나보다 박식하거나 다양한 사람들의 생활철학을 들으며 스스로의 옷깃을 여밀때가 많다.

현장에서는 지역인사들로부터 고전작품의 배경과 탈고 과정을 설명듣고 소개 받으니 문학과 여행의 묘미를 맛보게 되니 속된말로 꿩먹고 알먹고 식이다.

불혹의 나이에 문학에 입문하고부터 젊어서 하지못한 보상심리인지 동서대 문예창작과를 4년간 다니면서 문학전반에 대한 교육프로그램이 그렇게 즐거울 수가 없었다. 삼복더위나 엄동설한 교실바닥에서 발가락이 시리고 땀띠가 나도 문학의 열정때문인지 힘든줄 모르고 수강했고, 1990년도 月刊에세이에 추천을 받고 지금껏 꾸준히 창작에 매달리고 있으니 지적知的호기심과 사랑이 이런것이구나 싶기도 하다.

늦게배운 도둑이 날새는줄 모른다더니 등단후 10여년간 기승전결도 제대로 갖추지 못한 졸작을 여기저기 발표하고 기행문도 수시로 발표하다 아차 이게 아닌데 동료 문인들이나 독자들에게 죄를 짓는 기분이었다.

벼는 익으면 고개를 숙인다는데 본 바탕이 신통치 못하여 이제는 발 걸음도 더디게 무게있게 걷고 사색과 퇴고를 거듭하여 숙성된 작품을 탈고 할려고해도 머리가 점점 녹이 쓰는가 싶어 안절부절이다.

인생후반부의 문학기행 소회를 함축해보면, 지리적 이동하는 공간 여행에, 역사속으로 들어가 보는 시간 여행, 차중에서 낯선 작가나 선배님들과의 소통으로 인간여행을 하게 되니 결국 나를 찾아나서는 수묵화 여행을 한 것이라고 말하고 싶다. 글을 쓰는 것은 인생의 탑을 쌓는 일일것이다.

저만의 체험과 사물의 방정식을 관찰해 가슴에 새기고 활자로 표출한다.

어느날 영감이 떠올라 기초를 닦고 탑을 쌓아 올릴때 자연이나 사람과의 교감으로 목마름이 해갈되어 튼실한 자기만의 탑을 쌓을 것이다.

내가 걸어온 길에도 올망졸망 탑이 쌓였으나 볼품없고 엉성하여 밑돌부터 허물고 재건축을 할 때도 있고, 그동안 들인 공功이 아까워 여기저기 덧칠할 때도 있다. 한 나라가 제대로 굴러가려면 정신문명과 물질문명이 철로래일처럼 보조를 맞추어야 하나 한국이라는 나라는 무엇이 잘못됐는지 정신문화는 땅바닥이고 물질만능주의가 기승을 부리니 사회가 혼탁해지고 하루도 조용한 날이 없으니 이를 어찌할런지.

다산 정약용 선생의 목민심서나 어부사시를 남긴 윤선도는 유배지에서 자신의 처지를 탓하지 않고 고통과 고독속에서도 붓을 놓지 않고 인류에 남긴 불후의 유산에 머리를 조아리게 된다. 삼국유사를 말년에 찬술한 인각사 일년선사日然禪師의 족적은 말할것도 없고 만해 한용운, 육사, 지용, 청마등이 살다간 고향, 작품무대에서 치열한 문학의 뿌리를 확인했다. 그분들의 문학의 맥을 잇고자 해설자의 말 한마디를 놓칠세라 귀를 쫑긋거리고 스마트폰에 입력하는 후배 문인들의 진지한 모습에 나라의 밝은 미래가 보이는 듯하여 흐뭇하기 그지 없었다. 인간은 태어날때도 이승을 하직할때도 혼자이어서 인지 항상 외롭고 고독속에 일생을 산다고 해도 과언이 아니다.

성장기에는 부모 형제 친구도 있고 결혼과 동시에 일생의 동반자도 있지만 마지막가는 길에는 아무도 동행하지 못하고 쓸쓸히 퇴장할 수밖에 없다.

그래서 일까. 사대육신이 멀쩡할때는 누구와도 관계맺기를 원하고 한 걸음 나아가 이승에 없는 조상과도 관계를 가지기 위해 여행이란 팻말을 들고 강토에 묻혀있는 사死자의 발자취를 찾아다니는지 모른다.

그곳에 가면 비록 살가운 대화는 없을지라도 시공을 초월하여 무언의 대화는 가능하기 때문이다.

문학기행을 통해 내안에 마법사처럼 도사리고 있는 마음속 알갱이들을 끄집어 내 생활의 활력소를 만들어 창작으로 이어지리라 기대하면서 인생후반부의 갈길을 더듬어 본다.

감사함을 통하여 마음의 부자가 될 수 있다

'나는 세 가지 하늘의 은혜를 입고 태어났다네. 가난 속에 태어났기 때문에 부지런히 일하지 않고서는 잘살 수 없다는 진리를 깨달았다네. 또 약골로 태어난 덕분에 건강의 소중함도 일찍이 깨달아 몸을 아끼고 건강에 힘써 지금 아흔이 넘었어도 30대의 건강으로 겨울철 냉수마찰을 한다네.

세 번째 국민학교 4학년을 중퇴했기 때문에 항상 이 세상 모든 사람을 나의 스승으로 받들어 배우는데 노력하여 많은 지식과 상식을 얻었다네. 이러한 불행한 환경이 나를 이만큼 성장시켜주기 위해 하늘이 준 시련이라고 생각되어 늘 감사하고 있다네.'

이 말은 일본의 세계적인 부호이자 사업가이며 '내셔날' 상표의 창업자인 마쓰시타 고노스케가 아흔넷의 나이로 운명하기 전에 "회장님은 어떻게하여 이처럼 크게 성공하셨습니까?" 하고 묻는 한 기자의 질문에 대한 답변이다. 나는 이 답변의 글을 읽으며 저 자신의 삶을 곰곰이 생각해 보았다. 그동안 제 삶에서 가장 결핍된 것은 감사하는 마음이었다. 지금 내 영혼이 이렇게 빈곤한 까닭은 작은 일에 감사할 줄 몰랐기 때문이었을 것 같다. 감사할 줄 몰랐기 때문에 항상 부족하고 채워지지 않아 고달팠고, 가난하게 태어난 결핍의식은 베풀줄 모르는 속 좁은 인간이 되었지 싶다.

'감사할 줄 알면 항상 풍요로워지고, 감사할 줄 모르면 항상 빈곤해 진다.'는 평범한 진리를 지천명의 나이에 깨닫게 되었으니 나는 참으로 어리석은 인간인가 보다. 작은 것에 감사하라!

이 말은 고등학교 때 담임선생님한테 자주 들었지만, 별로 느끼지 못하고 반평생을 살고 나서야 진정한 의미를 깨닫게 된 것은 최근의 일이다.

얼마 전, 뒤늦게 철이 들었다고 할까 감사해야 할 일들을 하나하나 되짚어 보다가 감사할 일이 너무 많은 데 놀랐다. 피죽도 배불리 못 먹는 소작농에게 흰 쌀밥을 먹게 해준 것과 기차와 버스를 타고 여행을 할 수 있겠끔 국력을 키워준 모든 분들께 감사할 따름이다.

초등학교 저학년 때 저수지에 빠져 허우적대던 나를 살려준 집안 형님들과 20대에 출근버스가 병원을 덮쳐 건물 속에 매몰되어 한 시간 여만에 구출되어 지금 이 순간 살아 있다는 사실 그 자체가 꿈인지 생시인지 아득하기 만하다. 피붙이 하나없는 대처에서 꼬맹이가 홀로 설 수 있게 도와준 모든 분께 감사하고 가랑잎처럼 굴러다닌 총각에게 배필을 맞아 단란한 가정을 이룬 것에도 감사하고 또 감사한다.

국가와 부모를 선택해서 태어날 수 없었음에도 불구하고 지금과 같은 소득 2만 달러 국가에서 옛날 임금님 수라상 같은 외식도 할 수 있고 자가용을 몰고 가고 싶은 데 갈 수 있는 것에 감사한다.

두 아들을 열심히 키워 한양으로 유학 보낸 기념으로 울릉도로 가족여행을 가서 가랑비 맞으며 성인봉을 오른 감회와 물오징어 네 마리와 소주 한잔의 기쁨을 무엇에 비할까. 그러나 무엇보다도 감사한 것은 다람쥐 쳇바퀴 돌 듯하는 평범한 일상을 이순의 문턱까지 지치지 않고 건강하게 살아온 일이다. 남들처럼 번듯한 해외여행 한 번 하지 못하고 밋밋한 일상 속에서 자잘한 일들을 아내와 오순도순 속삭임으로 풀어가는 것도 기쁨이다. 펑펑 쏟아지던 첫눈, 동네 모퉁이에 있는 통닭집에서 양념통닭 한 마리를 사들고 집을 향해 걸어갈 때 생긋이 웃어주던 초승달, 신문지 한 장에 펼쳐논 통닭을 맛있게 먹던 가족들…….

가방끈이 짧아 册을 벗으로 사귀었더니 불혹의 나이에 문학이란 아리따운 여인을 소개받아 사랑을 속삭이고, 선비들과 교유하고 있으니 이 또한 어찌 고맙지 않으리. 선량들의 시도 때도 없는 난장판에다 권력자들의 뇌물타령 속에서도 나라가 망하지 않고 온전히 버텨온 것에도 감사할 따름이다.

감사는 작은 물방울이 모여 내를 이루고 강을 만들고 바다가 되는 이치와 같다. 한 번 감사하고 말면 더 이상 감사할 일이 생기지 않지만, 자꾸 감사하는 마음을 가지면 좋은 일이 생길 터이고, 사랑하는 사람을 볼 때마다 예쁜 구석을 찾아낼 수 있듯이 감사할 일은 마음먹기에 달려 있을 것이다.

감사할 일이 많다는 것은 그만큼 사랑이 충만하다는 것을 의미함이다.

내 삶이 감사로 충만하기 위해서는 남의 것을 들려다보지 않아야 한다. 남의 콩이 더 커 보이기 때문에 남의 것을 의식하고 들여다보면 적은 것에 감사하는 마음이 없어진다. 진정 감사하는 마음을 지니기 위해서는 내게 주어진 것만으로 감사할 수 있어야 한다.

시냇물은 울퉁불퉁한 돌이 있을 때 노래하며 흐른다. 우리 삶도 고통의 돌이 있어야 새로운 삶의 가치를 음미할 수 있을 것이다.

나는 이제 큰일보다는 작은 일에, 평온한 일보다, 고민과 고통스러운 일에 감사할 줄 아는 인간이 되고 싶고, 그리하여 내 인생도 물질을 통하여 부유해지는 게 아니라 감사함을 통하여 마음의 부자가 되기를 기원해 본다.

5
千里길도 한 걸음부터

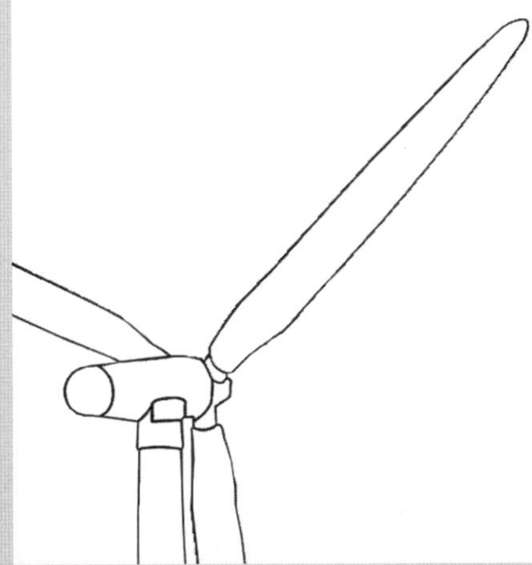

結婚과 人生

그 누가 '연애는 행복한 오해요, 결혼은 참혹한 이해' 라 했던가.

삶과 유리된 사랑의 공허를 메우기 위해 사랑과 삶의 화해를 시도했던 낭만적 결혼 각본은 우리 모두를 몽유병자로 만든 채 백기를 들라 한다.

결혼이란 고통스럽긴해도 겸손한 마음으로 지켜가되 결혼이 영원한 행복을 보장해 주리라는 환상을 버리고 평범한 삶의 한 부분임을 자각하고 책임있는 성인으로 만들어주기 위한 제도임을 받아드리면 어떨까. 젊은 남녀가 만나 서로 사랑하고 부모 형제 친지등의 축복을 받으며 부부로서 한 가정을 이룬다는 것은 참으로 성스럽고 아름다운 일이다. 하지만 그 하나 속에는 여전히 각각 고유하고 독특한 개성을 가진 두 인격체가 포함되어 있다는것도 명심해야 하리라.

부부의 인연은 솔로몬의 독백처럼 애정이 있으면 소식素食일지라도, 맛있고 애정이 없으면 고량진미膏粱珍味라도 맛이 없다고 했듯이 부부는 꾸준히 이해와 양보로서 애정의 탑을 쌓아가야 할 것이다.

구약 창세기의 기록에 보면 여자의 탄생이 남자의 갈빗대요 그 갈빗대가 남자와 하나가 되어 합치는 과정이라 했다. 그래서 부부는 일심동체라 했고 부부의 금슬은 악기에서 흘러나오는 운율처럼 감미롭고 행복한 것으로 되어있다. 행복한 부부는 이해의 눈과 용서의 눈을 가지고 있어야 한다. 그 눈은 상대방의 단점에는 자동으로 닫히고 장점만을 향해 열려야 하리라.

그래서, "제 눈에 안경이다" 라는 말을 한다. 부부 사이에 이해와 용서 없이는 하루도 살아가기 힘든 만큼 사람은 누구나 다 흠이 많고 부족함 투성이다.

잉꼬부부들은 남이야 뭐라고 하든 내 남편 내 아내가 그저 최고이며 예쁘게만 보기 때문이다.

세상에서 가장 아름다운 화음이 있다면 그것은 남녀의 사랑의 화음일 것이다. 성이 다르고, 기질·성격·기호·교육·가족배경 및 출신 성분의 차이, 서로가 너무나 다름에도 불구하고 부부 화음의 극치를 이룬다면 그것은 기적이라 할 수 밖에 없다.

미국의 저명한 정신의학자가 쓴 화성에서 온 남자, 금성에서 온 여자를 보면 서로다른 외계에서 살던 男과 女가 한 우주에서 평화롭게 살려면 다른 세계의 차이점과 장단점을 서로 인정하고 조화를 이루려는 노력이 필요 하다는 걸 역설하고 있다.

가령 生(날 생)를 한번 보자. 牛(소 우)에 一(날 일)이니 소가 외나무 다리를 건너고 있는 꼴이다.

그만큼 인생살이가 육중한 소가 외나무 다리를 아슬아슬하게 건널만큼 힘들다는걸 말해주고 있다.

행복한 결혼생활을 할려면 부모의 재력, 본인의 학벌, 사회적 지위를 떠나 서로 보통사람으로 만났다고 생각하는게 제일 중요하다.

연애할 때는 상대방의 보이지않는 부분에 대한 신비감과 결혼에 대한 장미빛 환상이 있다. 그러나, 신혼의 꿀맛같은 시간이 지나고 본격적으로 일상의 생활로 접어들면 배우자의 단점들이 양파껍질 벗겨지듯 고스란히 속내를 드러낸다.

양파의 둥근 모습안에는 여러층의 각질과 고약한 냄새가 난다는 걸 인정하지 않고 성격이 맞느니 안맞느니 티격태격하다 한 가정을 파멸의 구렁텅이로 만드는 현실을 어떻게 해석해야 옳을까.

이 세상에는 완벽한 사람은 아무도 없으므로 그저 당신옆에 있는 그대로 사랑하면서 업보를 키우지 않는게 인간의 도리가 아닐까.

부부의 진정한 의미는 무엇일까?

부족한 반쪽을 채워주는 존재. 나의 한쪽을 허물어 베풀고도 즐겁고 진실한 사랑. 상대는 호수이고 나는 그 호수를 아름답게 하는 연꽃쯤으로 생각하면 어떨까.

우리네 궁중음악인 민족적 시나위도 각 악기가 서로 다른 자유분망한 선율로 연주하면서 궁극적으로는 오묘한 음악적 조화를 이루며 흘러가고 있음에 놀라지 않는 사람은 없을 것이다.

남편과 아내도 독창이 아닌 이중창으로 노래를 불러야 훌륭한 하모니를 이룰수 있다.

독창은 혼자 자기 마음대로 노래를 불러도 괜찬지만 합창이나 이중창은 조화를 이루어야 서로 아름답게 어울려 하나의 생명과 미를 창조할 수 있을 것이다.

조화는 너도 살고 나도 사는 긍정의 원리이며 부모 형제 동기간의 화합의 원리이며 우주 대자연의 섭리이리라.

세상에서 가장 위대한 힘

파랑새를 찾아 떠난 치르치르와 미치르가 결국 자신들이 떠난 집에 돌아와서야 파랑새를 만난 것처럼 우리가 찾고자 하는 행복은 내 곁에 있는 당신, 그리고 내 안에 있는 가족에게서 찾아지는 것이리라.

십수 년 전 대구 지하철 참화를 지켜본 국민들은 크나큰 슬픔과 황당한 사고에 할말을 잊었다.

숨이 끊어지는 처절한 순간에도 딸이 휴대폰으로 엄마를 찾고, 어린 삼남매의 장래를 시모님께 부탁하는 절규의 소리는 많은 사람들을 울리고 말았다.

배꼽에 탯줄을 매단채 세상의 광명을 한아름 안은 간난아기를 보라.

'국화빵' 분신 같은 새 생명을 얻고 아비·어비가 된 감격!

울면서 태어나 투덜대며 살아가다 후회로써 마감하는, 우리의 삶 자체가 고난이다.

낙담의 순간에 희망의 햇빛을 심상心想에 비추어, 틈만 나면 탈출을 시도하다 전쟁같은 일상에 버젓이 복귀하겠끔 자석의 힘이 되는 이는 누구던가.

그 이름만으로도 고맙고 가슴벅찬 '가족'을 향해 절절한 마음을 새털만큼이라도 토로했던 적이 있었던가.

우리는 가족이란 단어의 어원을 쉽게 망각하고 사는것 같다. 가족family이란 단어는 아버지, 어머니, 나는 당신을 사랑합니다father and mother, I love you의 각 단어의 첫 글자를 합성한 것인데도 말이다.

가출하여 방황하다 끝내는 가족의 품으로 돌아오는 청소년을 보라. 장미빛으로 보이던 다른 세계도 아웅다웅하는 가정보다 못하다는걸 느꼈기 때문이리라.

우리가 살고 있는 세계는 늘 새로운 발견들로 넘쳐난다. 인간은 우주공간의 행성들을 속속들이 탐사해 왔다. 바다 밑을 거닐었고 내연內燃 엔진을 발명했고, 자동차 비행기, 기차, 태양열을 이용해 전기도 만들어냈다.

현대산업사회의 꽃이라는 우주로켓을 발사하여 달나라의 운석을 채취해오는 쾌거를 이루었다.

그러나 아무리 과학의 힘이 위대해도 한 생명이 태어나는 걸 바라보는 것보다 더 큰 기적은 없을 것이다. 이가 하나도 남지 않는 할머니의 따뜻한 손길이 우는 아이를 달래어 꿈나라로 보내는 힘은 무엇인가.

지난 세기가 그랬던 것처럼, 천심天心을 잃고 섬뜩할 정도로 무지한채 새로운 밀레니엄으로 접어든 현실이 슬프다.

우리는 여전히 서로를 적대시 하고 이라크 전쟁처럼 미사일로 공격하고, 천안함 폭침과 연평도 사태를 보듯이 동족을 향해 방아쇠를 당기며, 상처를 입히고 파괴하는 무수한 방법들을 고안해 내고

있다

하지만 그 어떤 것도 잠자는 아빠의 얼굴을 톡톡 두드리는 아이의 떨리는 손가락 힘에 견줄수 없다. 엄마 품에서 맡았던 달콤한 냄새의 기억을 파괴할 폭탄은 없다.

이 세상에서 가족은 이성의 마지막 보루이다. 가족이 없다면 우리는 뿔뿔이 흩어진 채 아픈 영혼이 쉴 시간도 없을 것이다.

어머니의 사랑, 할아버지의 자부심, 깔깔대는 아이의 웃음 아버지의 가족 사랑은 강철보다도, 콘크리트 보다도 강하다. 가족의 사랑은 바람과 같다.

본능적이고 꾸밈이 없으며 부서질 듯 연약하지만 아름답고 때로는 서로에게 화를 내더라도 결코 멈출 수 없는 사랑. 그것은 우리 모두의 숨결이며, 세상에서 가장 위대한 힘이다.

가족 생활의 부조화와 남루함은 동시에 가족의 구성원이자 진실하고 고결함이기도 하고, 기쁨과 슬픔을 공유할 수 있기 때문이리라.

바로 거짓없는 원형질이 가족이라는 이름으로 한데 묶어준다.

삶은 완벽한게 아니다. 고자질하는 누이, 짖궂은 오빠, 고약한 술 냄새와 담배 냄새를 풍기는 아버지, 남은 음식을 먹어치우는 엄마, 구릿한 냄새를 풍기는 할아버지 할머니, 거실바닥에 널부러진 양말 짝과 신문지들.

삶은 어차피 남루하고 소박한 경험이다.

눈을 감고 가슴에 손을 얹어보라. 진실하고 거짓없는 가족애가 심장의 고동 소리로 들릴 것이다.

부모의 죽음이 임박했을 때에만 가장 거룩하고 아름다운 노래 가족 모두의 심장이 뛰는 소리를 간절히 듣고 싶어한다. 하지만 중년이 되어 부모에게 효도해야지 할때는 이미 부모는 이 세상에 안계신다.

때늦은 후회보다 살아생전 그때그때 효도하는 길을 찾는게 최선의 방법이다.

가족과 함께하는 삶이란 얼마나 달콤하고 소중한가! 얼마나 은혜로운가!

우리 모두는 언젠가 삶의 무대에서 퇴장당해 벌레들의 먹이가 될 것이다.

그것이 인간의 궁극적인 운명이다.

성공한 인생인지 아닌지를 판단하는 기준은 재물과 권세를 이 세상에 얼마나 남겼는지가 아니라 가족과 얼마나 평화롭게 살았으며 이웃과 사회를 위해 많은 사랑을 베풀었는가에 있을 것이다.

사랑할 용기가 있는 사람은 자기 자식이던 남의 자식이던 똑같이 사랑하고 내부모 남의 부모도 똑같이 공경할 수 있는 마음 가짐일 것이다.

가족의 사랑은 우리를 상상할 수 없을 정도로 강하게 만드는 묘약이다.

인연의 고리

한 생명이 세상에 태어나서 삶을 마감할 때까지 만남의 연속에서 살고 무수한 인연을 맺으면서 살아갑니다.

부모 형제간의 인연, 부부의 인연, 일가친척간의 인연, 친구·사제·연인과의 인연 등.

그렇게 사람들은 갖가지의 인연으로 얽혀져 있다. 서로 유기적인 연결 고리를 갖고 살아간다. 그것은 때때로 인생이란 긴 여정에서 펼쳐지는 도로에 그려진 차선, 갓길이나 샛길일 수도 있다. 어차피 가야 할 길이고 만나야 할 몫의 사람들이 만날 수 있는 길이다. 그 길위에서 우리는 어떤 모습, 어떤 자세, 어떤 표정을 연출하면서 살아갈까? 모를 일이다. 나 또한 오늘이란 시점의 길 위에서 어떤 차선을 가고 있는지조차도 전혀 모를 일이다.

잘 만난 인연은 선연이요 잘못 만난 인연은 악연이라 한다.

씨앗을 뿌리면 싹이 터서 작물이 되고 묘목으로 자라듯이 부모 자식이 되고 부부가 되는 것도 씨앗과 뿌리의 인연이겠지요.

농부는 농사지어 수확하게 되면 우선 내년 농사에 쓸 실한 종자부터 골라 놓는다.

봄이 되면 그 씨앗은 땅에 뿌려지고 수분, 공기, 온도 등 외부조건들이 순조롭게 되면 싹이 트고 꽃이 피어 훌륭한 열매를 맺는다.

사람 사는 일 또한 이와 같은 이치다. 현실에 발 딛고서서 행복의 씨앗인 선인善因을 심으며 살아야 하는 것이 우리들 삶이다. 삶이 아무리 버겁고 고달프더라도 그 안에는 행복이 깃들어 있다. 진실한 삶의 자세로 현실에 바르게 설 때 지난 죄업은 소멸되고 좋은 인연이 찾아드는게 인간의 섭리 이리라.

인연이란 사람에 국한되지 않는다. 해마다 강원도 양양의 남대천으로 연어 떼가 올라온다는 뉴스를 접할 때마다 인연이란 과연 이런 것이구나 하는 생각을 떨쳐버릴 수 없다. 치어로 보낸 물고기는 남대천을 떠나 베링해를 거쳐 북태평양에서 3~4년간 머물다 성어가 되어 남대천으로 되돌아온다고 한다.

장장 1만 ㎞ 이상을 거쳐서 오는 길목에는 자신의 생명을 노리는 곳이 한 두 곳이 아닐게다. 소야 해협에는 연어잡이 선단이 길목을 지키고 바다표범과 대구 등의 천적 때문에 희생자가 많아 회귀율이 1.5% 정도라니 과히 역전의 용사에 비유될까?

남대천으로 올라오는 연어는 단지 자기가 부화되었던 하천이란 인연으로 대를 잇기 위해 모천으로 회귀한다니 신기하기만 하다.

보잘 것 같은 어류계의 신비를 보면서 인간의 본성과 너무 닮은 그들을 우리 환경이 얼마나 보호해 줄까 적이 걱정이 된다.

어쩌면 우리가 명절 때마다 그 숱한 고역을 치르며 고향을 찾는 소이와 북녘에 고향을 두고온 실향민들이 몽매에도 고향을 잊지 못하는 이유와 일맥상통한다고 할까요.

불가佛家에서는 옷깃만 스쳐도 인연이라 하듯이 사회생활에 혈연이 아니면서도 혈연 이상의 교감과 정을 나누고 살아가는 이웃을 볼 적마다 먼 친척보다 가까운 이웃이 낫다는 말이 거저 생긴 말이 아니란걸 알 수 있다.

인연이 깊으면 깊을수록 서로가 함께 하는 시간도 많고 서로 나누는 정분과 감정의 물꼬도 깊고 넓을 것이다.

시대의 변천인지 많은 축하객 앞에서 부부로 한평생 해후할 것을 약속해 놓고도 성격이 맞느니 안맞느니 하면서 인연의 고리를 삭둑 자르고 돌아서는 악연들.

자신들이 뿌린 씨앗의 인연은 어쩌려고 업보를 키우는지 모를 일이다.

'콩 심은데 콩 나고 팥 심은데 팥 난다' 고 하는 속담처럼 한치도 속일 수 없는 것이 인과의 이치이다. 나의 업에 따라 올 것이 왔다가 인연이 다하면 떠나가는 것, 이것이 인생이며 돈도 사랑도 명예도 모두가 그러하리라.

인간은 어느 누구도 이 세상을 혼자서는 살아갈 수가 없다. 아무리 뛰어난 재능과 똑똑한 머리를 가졌다 해도 그 재능만으로는 사회생활이 성립되지 않는 것이 현대사회의 구조이다. 알게 모르게 크고작게 남의 능력에 기대서 우리는 살아가고 있다.

크게는 둥근지구 속에 피부색깔과 외양은 달라도 지구족이라는 이유만으로 교역과 교감을 나누며 살고 있고, 국가라는 큰 틀 속에서도 행정조직과 고향 까마귀는 물론이고 동일직종에 종사한다는 이유만으로 오손도손 인연의 고리로 연결하고 있다.

이렇듯 한 인간이 세상을 살아가기 위해서는 자의든 타의든 서로 유기적인 만남에서 이루어지고 이해관계가 얽혀있기에 좋은 만남 좋은 인연으로 승화시키기 위하여는 겸양의 미덕으로 서로를 배려하는 마음의 자세가 필요하리라 보며 그래야만 밝은 사회 건강한 사회가 되리라 확신합니다.

君子와 연꽃

한국인의 정서 속에 자리잡고 있는 군자의 이데아는 학식과 덕망이 높고 탁한 세파에 물들지 않는 고매한 인격자를 군자로 칭송하고 있다. 그래서 옛 선비들은 정치나 세정에 시달려 방황하다가 온갖 것 다 떨쳐버리고 낙향하거나 산속에 은둔하여 많은 시조 작품을 남기며 문인화 산수화 등을 남기기도 하였다.

오늘날 우리들은 복잡한 도심 속의 카페나 노상의 포장마차에서 새활의 푸념이나 조잡한 대화만을 하고 있으나 옛 선비들은 산 좋고 물 좋고 정자 높은 곳에서 풍월을 읊거나 격조 높은 시조를 짓고 산수화를 그리는 풍만한 생활의 여운을 나타내기도 하였다.

또한 우리 조상들은 수려한 강산에 서식하고 있는 고고하고 품격 있는 식물을 골라 군자라 칭하고 인간과 비교하는 멋도 지녔었다. 문인묵객들은 흔히 매화, 난초, 국화 그리고 대나무를 사군자라 일컬으며 이를 즐겨 글이나 그림의 소재로 삼았다.

일반적으로 매화는 추위를 이기고 홀로 피어나는 꽃이요. 난초는 아무도 보는 이 없는 깊은 골짜기에 있어도 변함없이 그 향기를 내뿜으며 부드러운 가운데 굳셈을 지니고 있다. 국화 또한 차가운 서리가 내리는 계절에 꽃을 피우되 바람이 불어도 쉽게 잎이 지지 않으며 대나무는 뿌리가 굳고 본성이 올바르며 속이 비어 있고 마디가 곧은 것이 바로 이들의 덕성인 것으로 풀이 된다. 그리고 사람들은 매화, 난초, 국화, 대나무의 이러한 덕성과 품격을 배워야 한다. 해서 이들을 군자로까지 높여 놓은 것이다. 그러나 나는 이 사군자에 보태어 소나무와 연꽃을 군자의 서열에 올리고 싶다. 불가의 윤회설을 믿는다면 진정나는 한 그루의 소나무로 태어나고 싶거늘 내가 굳이 소나무가 되고 싶은 뜻은 그의 아름다움은 경박하지 않으며 화사하지도 않고 시끄럽고 속되지도 아니하고 자질구레한 기교가 없이 지극히 단순하고 꾸밈없이 사계절을 가까이서 엄마처럼 이웃처럼 허물없이 대할 수 있어서 일게다.

오솔길을 타박타박 사색에 잠기면 솔잎 사이를 지나는 솔바람 소리는 내 마음의 때를 씻겨 주어 순화의 차원으로 이끄는 종교적인 음율로 매료시키며 더더욱 아무 잡목이 살 수 없는 허여멀건 척박한 마사토의 산봉오리에 꿋꿋하게 버티고 서 있는 소나무가 되고 싶을 뿐이다.

한국인의 의식 구조는 소나무와 같이 단순과 소박의 미를 숭상해왔다. 그래서 흰옷을 좋아했고 백의민족이라고까지 불러지게 된 것이리라.

속요의 한 구절을 보면 '나물 먹고 물 마시고 팔을 베고 누웠으니 대장부 살림살이가 이만하면 만족하리.' 라 하였으니 그 생활상의 단순하고 소박함을 엿볼 수 있지 않은가.

송나라 때의 도학자 주돈이(周敦頤 1017~1073)는 또 유독, 연蓮의 덕성을 기려 그것을 세속에 물들지 않는 군자의 고결함과 연결시키고 애련설이라는 제목의 글가지 남기기도 하였다. 그에 의하면 연은 흙탕물 속에서 자리되 더러움에 물들지 아니하고 맑은 물에 씻어 놓아도 요염을 뽐내지 아니하며 대나무와 같이 가운데가 텅 비었으되 밖은 곧 바르며 뻗거나 가지치지 아니하며 멀수록 그 향이 더욱 맑으며 곧고 깔끔하여 멀리에서나 볼 것이지 함부로 더럽힐 수 있는 대상은 아니라는 것이다. 주돈이의 애련설을 나는 문학공부를 하면서 처음으로 읽었으나 실상 나는 어렸을 적부터 연꽃과는 친한 사이였다. 불교신자인 어머니는 음력 5월 단오절이 되면 창포에 머리를 감으시고 경대 앞에서 참빗으로 머리올을 차곡차곡 얼레짓을 하시면 그날은 곧바로 대흥사의 고찰을 찾아가시는 날이였다. 그때마다 나는 신바람이 나서 어머니를 따라나섰고 연못에 우거진 연잎에 물방울을 튕기면 은구슬이 되어 댕그르르 연꽃 속으로 굴러 들어가는 것을 보고 재미가 나서 마침내는 베중우의 허리춤을 풀고 왕잠지를 꺼내어 연잎을 겨냥하여 오줌을 누면서 오줌이 연잎에 되도록 많이 고이도록 나름대로 호스의 방향과 압력을 조정하려고 움질거리기도 하였다. 그러다가 소년의 얼마되지 않은 오줌을 지탱하지 못하고 그만 기웃하고 옆으로 기울어 연꽃에 애서 쏘아 담은 오줌을 몽땅 연못에 쏟아 버리고 말면 사타구니 사이의 긴장이 일시에 풀리고 마는 것 같은 느낌을 받곤 하였다. 그러고도 직성이 덜 풀리면 길가에서 기다란 막대기 하나를 골라들고 연잎 둘레를 돌아다니면서 연잎 위에 올라 앉은 청개구리 새끼를 쫓아내곤 하였다. 산골에 감이 노오랗게 익어갈 무렵이면 골짜기 연꽃 밭에는 물뿌리개를 거꾸로 치켜 세워 놓은 것 같은 모양의 연밥이 여물어 갔다.

후덕한 연꽃 주인에게 연밥 몇 송이를 얻게 되면 그 속에서 덜 여문 대추알만한 열매를 한 알씩 뽑아내어 그 부드러운 껍질을 벗기고 하얀 알맹이를 톡톡 씹어 먹기도 하였다.

저녁상엔 어머니가 왜간장에 약간 적셔 조려내시는 연뿌리 반찬이 밥상에 오르게 된다.

구멍이 숭숭 뚫린 둥글납작한 연뿌리 토막의 모양도 재미있거니와 잘라서 먹을 때 거미줄 같은 것이 꽤 길게 늘어나는 것이 또한 신기하였고 사각사각 입에 씹히는 소리도 유쾌하였다. 이렇게 어렸을 적 고향의 대흥사 골짝 연못에서부터 나와 인연을 맺은 연은 아직도 내 곁을 떠나지 않고 군자의 서열에 올리게 될 줄이야.

연잎과 비단치마가 한가지 색이로다
꽃 불그레 얼굴 불그레 마주보고 피어 있어
연못 속에 썩여 들어 꽃인지 얼굴인지 본간키 어렵더니
노래 듣고 비로소 사람오는 줄 알았다네

이 詩에는 색깔이 있고 노래가 있고 유쾌한 어우러짐이 있다. 내화, 난초, 국화, 대나무의 군자다운 품격 소나무, 잣나무의 기상과 절개를 요즘 사람들에게서는 찾기가 어렵다.

연못 물이 흐려도 그 잎에 그 꽃이 흙탕물 한방울 적시지 아니하고 곱고 붉게 어우러져 피었다가 함께 시들어 가는 연의 덕성을 몸에 지닌 사람은 더더구나 찾기 어려우니 안타까운 일이로다. 그런데 요즘 세상 온통 흙탕물이고 사람들 저마다 앞다투어 거적 둘러쓰고 그 물 속으로 뛰어드니 이를 어쩌랴.

돌石이 된 여인

사랑은 아름답다. 차마 이루어 질 수 없었기에 더욱 아름다운 사랑이 있다.

그 애절함이 곱게 승화되어 천년의 세월을 엮어 내는 곳이 있다.

금가루처럼 따스한 햇살이 내려 앉아 졸고 있는 부석사, 스님도 사람도 인기척이 끊어진 마당에는 오색 낙엽이 그림처럼 깔려 늦가을 여우비에 촉촉이 젖어든다. 무량수전, 안양문, 응향각들이 마치 그리움에 지친 듯 해쓱한 얼굴로 나를 반기고, 호젓하고도 스산스러운 희한한 아름다움은 말로 표현하기 어렵다. 나는 무량수전 배흘림기둥에 기대서서 사무치는 고마움으로 의상과 '선묘善妙'의 사랑이야기를 듣고 있다.

선묘는 의상이 당나라에 유학할 때 하숙한 불교신도 집안의 무남독녀다.

종남산 지엄스님 밑에서 화엄경에 몰두하고 있는 신라 청년 의상, 그의 빼어난 외모와 인품에 반해 은근히 사모하게 된다.

소세나 식사시간 오가는 길에 유혹도 해 보았지만, 불법을 공부하기 위해 온 스님의 굳은 마음은 끄덕도 하지 않았다.

그래도 선묘는 사모하는 마음을 단념치 못하다, 그만 상사병에 걸려 자리에 누우니 부모님들의 애간장을 헤아릴 길 없었다.

쇠잔한 몸으로 꿈속을 헤메다 세속의 남녀 사랑으론 도저히 이룰 수 없는 출가자의 사랑임을 깨닫고 그제야 마음을 돌렸다.

의상을 스승으로 삼아 몸과 마음을 다 해 불심을 닦을 것을 맹세하고 제자가 된다. 스님이 당나라에 머문 10년간 일구월심으로 지극한 공양을 하여, 화엄사상을 완성하는 데 숨은 내조자가 되었다.

드디어 의상이 신라로 귀국하는 날, 밤새워 정성스레 만든 법복과 일용품이든 상자를 전하려 달려갔으나, 그만 한발 늦어 배는 이미 포구를 떠나고 있었다.

어쩔줄 몰라하던 그녀는 간절한 기도로서 상자를 바다에 던져 배에 이르게 하고, 자신도 몸을 던져 멀고도 험한 신라까지의 뱃길을 온전히 지켜주었다.

의상을 향한 염원은 신라에 와서도 이어졌다. 국가의 안녕을 위해 군사적인 위치에 절을 세우라는 왕명을 받은 의상이 부석사 터를 찾았을 때, 500명의 소승잡배들이 먼저 자리를 잡고 있었다.

쉽사리 물러나지 않는 그들에게 선묘가 직경 5m나 되는 대반석으로 변하여 공중으로 날아오르니, 모두 혼비백산하여 달아났다. 그 자리에 절을 짓고, 화엄경을 강의하게 되자, 전국의 수많은 사람들이 찾아들어 불법을 널리 펼치시니, 의상 스님은 곧 해동화엄의 초조初祖가 되었다.

이 선묘 설화는 사실 여부를 떠나 사람이면 누구나 가짐직한 애틋

한 감정을 구도자세로 전환시키고, 나아가 헌신적 자세로 불법의 홍포를 돕는 지고한 행동으로 승화시킨 이상형을 보여준다.

공중으로 떠도는 돌 즉 부석浮石이 있다해서 이름 이어진 절 부석사, 건축가들이 선정한 아름다운 고 건축물 1위로 선정되면서 문화재에 대한 관심과 한 번쯤 가보고 싶은 곳이었다.

'봉화산 부석사' 현판을 단 일주문을 지나, 천왕문, 종각류를 거쳐 안양루로 구품九品의 세상을 향한 길 끝엔 단아한 무량수전이 나그네를 반긴다.

기둥 높이와 굵기, 사뿐히 고개든 지붕 추녀의 곡선, 간결하면서도 역학적이며 기능에 충실한 주심포의 아름다움, 문창살 하나, 문지방 하나에도 나타나 있는 비례의 상쾌함이 이를 데가 없다.

멀찍이서 바라봐도 가까이서 쓰다듬어 봐도 무량수전은 의젓하고도 너그러운 자태이며 근시안적인 신경질이나 거드름을 피우지 않는다.

무량수전 앞 안양문에 올라 앉아 먼 산을 바라보면 산 뒤에 또 산, 그 뒤에 산마루, 눈길이 가는 데 까지 그림보다 더 곱게 펼쳐진 능선들이 모두 이 무량수전을 향해 마련된 듯 싶어진다.

창건 이후 사람들은 선묘의 이야기에 감복하여 이를 구현한 석용을 만들었다고 한다. 무량수전 본종의 대좌 밑에 머리를 두고, 굽이를 틀고 틀어 그 꼬리가 무량수전 앞 석등 아래까지 이르는 큰 용을 조성해 묻었단다.

최근에 확인된 바 용의 길이가 무려 14미터나 되며, 임진왜란 당시 잘렸던 허리까지 발견했다고 한다.

돌로 만들었을지언정, 몸이 동강났을지언정 한 여인의 염원은 아직도 살아있는 용처럼 면면히 이어져 오는 것 같다. 정토세계인 무량수전의 앞 마당, 천년의 용이 묻혀있기에 나는 결코 무심히 걸음을 뗄 수 없었다.

대웅전 부처님도 여느 사찰과 달리 정면이 아닌 좌향으로 배치되어 있고 뒤란에는 선묘각과 돌로 화안 부석浮石이 호위를 하고 있다.

화엄종찰로 우뚝 선 부석사, 만일 선묘가 없었더라면 이 자리에 절이 세워졌을까? 마냥 머물고 싶고 바라만 보고 싶은 명당터에 이국의 낭자가 얼마나 사무치도록 정인을 연모했으면 화엄이 되었을까를 생각하니 매마른 가슴에 파문이 인다.

평화의 聖地

그곳은 도시속의 외진 섬이었다.

어디서 흘러 왔는지 푸르고, 싱그러운 영혼 들이 고요히 잠들고 있는곳 소란스러운 바깥의 20세기 소음과는 거리가 먼 절해의 고도孤島였다. 울창한 숲으로 차단된 섬 안에는 머나먼 조국을 떠나 인류의 평화를 위해 포연속을 헤메다 장렬히 전사한 꽃다운 젊은 병사들의 넋이 쉬고 있다.

세계에서 유일하게 조성된 유엔기념 묘지, 반세기전 한국 동란에 참전하여 장렬히 희생된 유엔장병들의 유해遺骸기 안치된 곳이다.

6·25 동란 직후에는 16개국 11,000여 명의 영령을 봉안 했지만 그동안 고인의 조국에서 부모들이 자식의 유해를 찾아가고 이젠 2,300여기의 묘가 남아 있다.

야트막한 둔턱에 조성된 세계 각국의 젊은 원혼들의 비석에 무릎을 꿇으니 부모들의 애끊은 사연들이 줄줄이 흘러나와 숙연해진다.

우리에게 낯익은 초승달과 별로 상징되는 터키 묘역과 붉은 십자성의 나라 뉴질랜드 묘역을 거니는데 유별나게 탈색된 사진 한 장이 손짓을 한다.

가까이서 살펴보니 고인의 약력밑에 중년부부와 앳되 보이는 청년이 순하게 웃고 있다. 전쟁터로 떠나는 아들과 부모가 기념으로 찍은 사진같은데 어떻게 여기에 있을까 궁금증이 일었다.

마침 곁을 지나는 관리소 아저씨께 물으니 몇 년전 부모님이 다녀가며 붙여놓았단다. 나 역시 자식을 군문에 보냈던터이라 가슴이 찡하고 공연히 눈시울이 적셔진다. 이역만리 전쟁터에 훌쩍 보내고 오지않은 자식을 애타게 기다리다 사망통지서를 받았으니 얼마나 절망했을까. 부모는 돌아가시면 마음에 묻고 자식을 앞세우면 가슴에 피멍으로 남는다는 말이 동서양이 무에 다를까. 자식의 무덤 앞을 차마 돌아설 수 없어 너무 외롭지 말라고, 서러워 말라고, 비석을 얼싸안고 단장의 눈물을 뿌렸으리라.

벼르고 벼르던 탐방이라 유물관과 묘역을 한 시간여를 둘러보다 만국기가 펄럭이는 상징구역에 들어서니, 지구촌 평화애호가들의 사랑이 뭉클하게 다가온다.

영국 885, 캐나다 378, 호주 281, 미국 36, 지난 월드컵 경기 때 이 나라에 축구신화를 남긴 히딩크의 조국, 네덜란드 묘역에도 117의 유해가 있다.

서울의 상암경기장에서 우리와 멋진 3~4위전 플레이를 펼쳤던 터키도 462분의 젊은이를 이곳에 잠재웠다.

승자와 패자가 정답게 어깨동무를 하고 '우리는 영원한 형제'라며 세계만방에 우정을 과시한 것도 젊은 천사들이 뿌린 피의 대가라 생각하니 정수리가 찡해진다.

유물관에 전시된 6·25 동란때의 최초의 유엔기와 맥아더 원수의 인천상륙작전의 사진 각국 병사의 분전과 압록강에 태극기를 꽂는 병사들의 모습에 이데올로기의 산물이 저런 것인가 새삼 되새겨보게 된다. 한편으론 전쟁의 와중에 겪고 있는 민초들의 고통과 보모잃은 아이들의 처참한 모습을 보니 전쟁의 참혹함에 새삼 치를 떨었다.

국민학교 저학년 때 국군아저씨에게 교실를 내어주고 바닷가 모래사장이나 뒷동산에 올라가 야외학습을 하면서 마냥 좋아만 했었다.

철이들고부터 그때가 중공군과 북한군들이 물밀듯이 치고 내려와 나라가 풍전등화같은 신세라는 걸 알게 되었다.

성년이 되어서는 경북 칠곡 왜관방아선이 쳐지고 최후의 낙동강 교두보에서 피아간 치열한 전쟁의 와중이란걸 알게 되었고 군대간 집안 형님들의 전사 통지서를 받고 전쟁의 무서움과 이 세상에 전쟁을 다시 얼어나지 않기를 두 손 모아 빌었다.

세계 최초로 조성된 유엔깃발하의 평화공원에 잠들고 있는 무명용사들 아세아 반도의 조그만 나라를 침략자로 부터 지키기 위해 참전한 우방국들의 천사들, 그들은 진정 평화와 자유를 사랑한 거룩한 휴머니스트였다. 하지만 안타깝고 통탄한 것은 무명묘역에 묻힌 유족없는 묘지, 청춘의 꽃을 피우지 못하고 이역의 하늘아래 산화한 그들을 어느구나 '보상할 것인가. 누군가 반도의 북녘 땅은 국군의 피로, 남녘 땅은 인민군의 피로 물든 나라라고 탄색했다.

세계사에 어느나라치고 동족간 이념분쟁으로 물고 뜯고 죽이고 또 죽이는 참혹한 전쟁을 3년간이나 치른 나라는 없을 것이다.

그때 그 상처 원한의 골과 멍에가 아직도 우리의 가슴에 시퍼렇게 살아 있으니 이 일을 어찌하란 말인가.

거제 포로 수용소

영화 빠삐용! 자신의 인생을 낭비했다는 지극히 모호한 죄명으로 주인공은 절해고도의 감옥에 갇힌다. 햇빛 한 줄기 들어오지 않는 독방에 갇혀 바퀴벌레를 잡아 먹으며 연명한다. 어둠속에서 팔굽혀 펴기 운동을 하며 자신을 단련시켜 끝끝내 제도에 굴복하지 않고 목숨을 담보로 탈옥에 성공한다.

빠삐용 가슴에는 나비 문양이 새겨져 있다. 그만큼 자유의 열망이 처절했기에 나비처럼 훨훨 날고 싶었는지 모른다.

자유는 빵보다 소중하다, 독일의 베를린 장벽에서 체코의 프라하에서 자유를 향한 민중의 절규는 세계인을 놀라게 했다.

인간의 본성과 야성은 아무리 좋은 옷과 맛있는 음식을 주어도 신체적 자유가 제한 받으면 참지 못하고 생명의 위협속에서도 총칼앞에 과감히 저항하는 세포인자를 가지고 있는것 같다.

여기 반세기전 이념분쟁의 희생양이 되어 폭풍의 언덕처럼 수 년을 지낸 현장이 있다. 이름하여 전쟁포로 수용소.

일제 36년간의 억압속에 해방을 맞아 좋아하기도 잠시 미,소 강대국의 이데올로기 싸움에 좁은 땅덩어리는 두 쪽으로 갈라지고 만다.

남한의 지도자들이 우왕좌왕하는 사이 북한 괴뢰집단은 중공과 소련의 사주를 받아 기습적으로 남한을 침공하여 불과 몇 달사이 남한 땅덩어리가 쑥대밭이 되었다. 전쟁의 와중에 피아간에 포로가 되어 북으로 남으로 끌려가 수용소생활을 하게되나 남한에 억류된 포로들은 제네바 협정에 따라 그나마 인간적 대우를 받았다. 처음엔 대전에 수용소를 세웠다가 부산으로 옮기고 전쟁이 장기화되고 맥아더 장군의 인천상륙작전과 중공군의 가세로 전쟁포로가 기하급수적으로 늘어나 부득불 거제도에 수용소를 설치한 배경이다. 북한 괴뢰군과 중공군이 낙동강까지 쳐 내려와 나라가 풍전등화 같은 아슬한 순간에 맥아더 장군의 인천상륙작전이 성공하여 이 나라를 적화에서 구할 수 있었던 것은 천하가 다아는 사실인데 일부 남한의 회색분자들이 6·25는 북침이라고 주장하니 잠자던 개도 웃을 일이다.

녹슨 철조망 속으로 국방색 군용막사 후미진 곳곳에 피로 쓴 낙서의 흔적이 난수표처럼 어지럽고 지붕에 붉은 깃발이 나부끼는 상상을 하였다.

예상과는 달리 시내 중심가에 위치해 있는데다 금강원 동물원처럼 산비탈에 타원형으로 그때 그현장을 최신영상그래픽으로 형상화한데 새삼 놀랐다. 어린이 교육용뿐만 아니라 세계인들을 위한 관광코스로 손색이 없을 정도로 탱크와 야포, 북한군 최초의 기습장면과 친공 반공 포로들의 난투장 장면, 각 장치물에 대한 해설문은 관광객의 이해를 돕기에 충분했다.

특히 중앙 상단에 위치한 수용소 전면사진은 대형유리로 바깥을 보는 것처럼 착각할 정도로 입체적 영상그래픽은 가히 압권이었다. 그러나 슬픈 역사의 상흔이 정물화로 여기저기 부동의 자세로 숨을 쉬고 있어도 젊은 연인이나 학동들은 희희낙락 조잘거리며 먼 피안의 세계로 치부하는 모습에 진한 아쉬움을 느꼈다.

거제도에 수용된 북한군과 중공군포로들은 인도주의자인 연합군의 후한 대접에 친공포로와 반공포로로 갈라져 수용소내에서 암투를 시작하게 된다. 공산주의 아래 생활하다 자유민주주의를 동경한 포로들이 하루가 다르게 늘어나자 김일성 괴뢰집단은 수용소를 장악하기위해 사상이 투철한 장교 몇 명을 위장 침투시켜 폭동을 계획한다.그 좁은 공간속에서 자유를 향한 혈투가 반공포로와 친공포로간에 사흘이 멀다하고 터지니 여간골치 거리가 아니었을 게다.

알 수 없는 인연으로 한 민족으로 살고 있었던 이 땅의 선량한 민중들은 사상의 노예가 된 북의 광신도 몇 명 때문에 피의 희생양이 된 얄궂은 운명을 어쩌란 말인가. 곡괭이와 낫으로 서로 죽이고 죽이니 유엔군 지휘부와 자유당 정부는 여간 난감한 일이 아니였나 보다. 더욱이 프렌시스 도드준장(수용소 소장) 인질사건은 공산주의자들의 간악한 흉폭성을 간파못한 수용소 관리자들의 순진성은 두고두고 웃음거리가 되었다. 1951년 7월에 시작된 휴전회담을 근 2년간 끌어오면서 회담의 핵심이었던 포로교환문제가 한국민의 의사와 관계없이 강대국의 이해관계로 결말이 나자 이승만 대통령은 국민들의 의사를 받들어 반공포로 27,000명을 석방하고 만다. 유엔군이 관장하고 있던 포로들을 석방하니 세계가 경악하고 미군은 한국민을 달래기 위해 휴전이후 전쟁피해복구 원조는 물론이고 국가안

전 보장문제도 책임지겠다고 약속을 하고 휴전회담을 마무리 지었다. 이승만은 장기집권으로 말로는 비참했지만 건국의 초석과 휴전회담은 국민들의 뜻을 받들고 세계정세의 흐름을 정확히 궤뚫어 보는 안목과 결단력은 높이 평가되어야 한다.

오십 년의 세월이 흐른 지금 반공포로들은 어디서 무얼하고 살고 있을까. 몸도 마음도 피눈물로 단련된 그들 앞에 두려운게 있을 수 없고 오직 자유를 가슴에 새기며 훌륭히 잘 살고 있으리라 확신한다. 조국의 분단과 6·25전란은 유엔군의 사상자도 수만명을 넘었지만 한국인의 입장에선 역사상 그 유례를 찾아 볼 수 없는 민족의 비극으로 수백만명의 이산가족과 희생자가 발생하였고, 전쟁의 와중에 피아간에 생지옥과 같은 포로생활을 한 동포들의 한 맺힌 사연을 어느 누가 알아주랴. 민족의 비극과 전쟁의 아픈 상처를 간직한 거제포로수용소 비록 현학적으로 박제되고 포장되었지만, 그 역사적 의미와 가치를 재 조명하고자 건립한 유적관, 많은 사람들이 찾아보고 전쟁의 비극이 이 땅에 다시는 일어나지않게 몸과 마음을 가다듬어야 하리라.

고독한 이방지대

이곳은 인간의 원초적인 모습이 그대로 표출되는 곳.

부자나 가난뱅이 황제나 천민도 같은 대접을 받고 모든게 평등만이 존재한다.

태고의 산고를 스스로 겪어야 하고, 타인의 예고없는 침범이나 간섭 통제등은 받을 이유가 없다.

그러나 한정된 공간이지만 사유와 즐거움을 함께 가질수 있는 특권은 있다.

소유권은 직위고하를 막론하고 선先 점유자의 배려와 의향에 따를 뿐이다.

후임자는 '피카소' 의 추상화같은 얼굴이 될런지는 모르지만 소유할 시간을 갖기 위해서는 인내로써 기다려야 한다.

권력이나 금력, 그 어떠한 것에도 흔들이지 않고 인류가 존재할 당시부터 내려온 관습헌법이요 철칙이다.

사람의 몸은 아직까지 어떤 좋은 기계보다 에너지 대사의 효율성이 높다고 한다. 우리가 섭취하는 음식물에서 탄수화물 단백질 지방등을 분해해 에너지를 얻고 남은 찌꺼기는 소변 대변으로 배출시킨다.

이처럼 인체에서 처리하는 화학공장에서는 생산과 소비가 엄격히 균형을 이루어야 한다. 질소, 인산, 요소비료등이 생산되기 전에는 시골에서 농작물 퇴비로 요긴하게 쓰인 적이 있다.

자연친화적인 비료의 대표적인 예가 동물들의 대사작용을 거친뒤 배설되는 분뇨라고 과학자들도 인정한다.

우리네 선대들도 인분이야말로 가장 훌륭한 비료라는 것을 알고 있었는지 어린이들이 바깥에서 함부로 배설을 못하도록 엄포를 놓기도 했다.

나라가 잘살아서인지 식생활의 서구화로 변덕스럽다는 '변' 자 성에다, 비굴하다는 '비' 자를 붙이고 뭇 사람들을 괴롭히고 있다.

현대사회가 안고 있는 가장 풀기 힘든 문제가 인간이 쓰고 남은 열량과 쓰레기 배출이다.

양귀비나 절세미인도 다녀가는 곳이지만 과거나 현재, 처리과정이 문명의 척도로 재단되다보니 각국에서는 공중화장실 치장에 열을 올리고 야단이다.

또한 인간이 가는 곳마다 동행을 해야하니 하늘을 나는 비행기나 우주선에도 자리를 마련해야 하니 호사를 누린다고 할까.

시골 영감이 비행중 급한김에 여자화장실에 들어가 볼일을 보고 비데기 버턴을 잘못 눌러 거시기가 집게에 잡혀 혼비백산 했다는 일화는 두고두고 이야기거리다.

우주선에서 소변을 버리면 그 즉시 수천개의 작은 얼음 알갱이로 변하고 빛이 반사되면 우주선 주변은 현란한 '빛의 축제' 가 벌어진단다.

미 항공우주국(NASA) 우주인들은 너나할것없이 이를 우주의 아름다운 장면중 하나로 꼽고 있음은 희안한 일이다.

오줌의 알갱이가 얼마나 황홀하였던지 1962년 머쿠리 7호에 탑승한 스콧카펜터는 사진을 찍고 구경하느라 대기권에서 타죽을 뻔한 위기를 넘긴 것을 보면 우리 인체의 배설물은 신통하기도 하다.

김천 직지사에 가면 한적한 곳에 해우실解憂室이라는 조그만 팻말이 보인다.

말 그대로 근심을 푸는 곳이다.

인간의 원초적인 신진대사의 처리장으로 창세이래로 인간과 동고동락한다고할까. 과학문명의 진화에 따라 그 장치물도 실내까지 파고들어 이름도 화장실이라는 작명으로 탈바꿈 하여 사랑을 받고 있다.

그 뿐인가 고급 아파트에는 이태리제 바닥에다 원통에는 금박을 입히고 좌변기 앞에는 향수는 기본이다.

신문, 잡지, 만화책, 심지어는 메모지에 금전계산기까지 비치되어 하루의 일과를 준비한다. 젊어 한때 담배를 피워본 적이 있다. 담배 연기가 내 몸안을 한 바퀴 돌고 허파와 심장의 내부까지 쓰다듬은 다음, 날숨과 함께 빠져나가는 이 뿌연 기체를 보고 신기해 한 적이 있었다.

한 모금의 담배 연기가 몸속을 휘젓어 허공으로 날아가듯, 우리가 먹는 음식도 몸 안 장기를 돌고돌아 바깥으로 배출되는 찌꺼기가 대장암은 물론 기생충 편충등을 체크한다니 소홀히 할 수가 없다.

해방 직후 세대들은 알고 있지만 학교에서 일 년에 한 번씩 집단으로 구충제를 먹인적이 있었다. 논밭 구석진 곳에 변을 보고 회충의 숫자를 확인하느라 법석을 떨었고, 자기 뱃속에서 나온 징그러운 회충을 보고 이런것이 몸 속에 살고 있었다는게 믿어지지 않았다.

현대의학에서는 건강의 3대 요소로 삼쾌三快운동을 들고 있다.

즉, 잘먹고, 잘자고 시원하게 배설하는걸 말하고 있슴이다.

우리의 몸은 창조주의 걸작품이지만 사용하기에 따라 변비, 설사 온갖 성인병에 시달린다. 더욱이 한국인들은 몸에 좋다는건 무엇이던 먹어치우는 잡식성이라 대사장애로 고약한 냄새를 풍겨도 곱게 받아주고 위로해주니 얼마나 고마운 존재인가. 지금도 병원에서 맹장 위장등에 고장이 나서 수술후 가스가 나와야 음식을 섭취할 수 있으니 가스 소리에 시술한 의사나 주위에 모인 사람들이 박수를 치며 '부라보' 하고 웃음을 날리는 것은 한국만의 특이한 풍속도다.

6
된장은 묵을 수록 진미가 있다

情과 눈물

정주고 눈물주고 남는게 무엇이란 말이 있다.

그만큼 정이란 아무런 보상도 없이 마냥주고 베푸는 진솔한 마음의 흐름이다.

아무리 사회가 메말라가고 살벌한 세상이라지만 그래도 인간관계를 따뜻하게 융화시켜주고 살맛나게 하는건 정이다. 지적, 합리적으로는 해결의 방안이 요원한 듯한 것도 인간적인 정으로 용이하게 난제의 실마리를 풀어낼 수 있으니 정의 속성이 갖는 마력이다. 은근한 듯 온유하며 주는 것만으로도 기쁜 것이기에 진정한 정이란 나누는 것만으로도 감사와 행복을 느끼게 된다.

정이란 주기 위해 따뜻한 마음에서 아름답게 생성되는 것이리라.

부모의 정, 부부의 정, 친구간의 우정.

나는 이것을 인간의 3대 정이라 생각한다. 부모의 정은 인간사에서 가장 위대하고 아름답다. 부부의 정은 '칼로 물 베기' 라하여 고운 정 미운 정이 얽혀 있다. 우정은 관포지교管鮑之交라하여 그 정의

情誼를 높이 우러러 보아오지 않는가. 이런 숭고한 정에는 한결 같이 보상 심리도 반대 급부도 전제되지 않으므로 영원히 인간적인 향기를 간직한다.

계모 밑에 자란 자식은 배불리 먹어도 살이 찌는 법이 없고, 남자가 심은 난초는 자라기는 하되 꽃다움이 없다는 것은 인생살이에 정(情)이 얼마나 중요한가를 말해주고 있다.

정처럼 포근한 느낌을 주는 말이 어디 있을까? 정은 그 자체가 따뜻하고 편안하다. 항상 주기 위해서 그리움이 샘물처럼 우리의 가슴에서 솟아오르는 것이 아니랴!

상대방을 위하고 베푸는 마음에서 생성되기에 그것은 얼마나 은근하고 끈끈한 것이랴! 그러나 정이 잘못되면 인간관계는 송두리째 흔들린다. 그 속성상 끊고 맺는 것에는 여리기에 상처는 쉬 치유될 수 없다.

옛말에 여자의 한은 오뉴월에 서리내린다는 말이 있듯이 정에도 옥玉 석石을 가리는 장치가 있으면 얼마나 좋을까?

정을 주고 눈물을 나누며.

'정이 많은 사람은 눈물이 많다' 고 한다. 진정한 눈물은 동정,연민, 그리움 같은 것도 정에서 비롯되기에 공감에서 올 수 있는 이타利他의 진솔한 표현이기도 하다.

이런 때 표출되는 정의 흐름은 어떤 모습일까. 여름날 이른 새벽 여명의 호수에 은빛수면 위로 은밀하게 피워오르는 물보라의 아름다움이다. 그 호수 위에 한나절 졸음에 겨운 실바람이 스치고 간 수면 아래 아름답게 비쳐진 미루나무 잎사귀의 잔잔한 파문이라고 할까.

눈물은 맑고 깨끗하고 순수하다. 깊디깊은 가슴 골짜기를 거쳐온 감로수요 순수한 영혼의 산물이기 때문이다.

생활 속에서 우리는 눈물의 다양한 의미에 접하게 된다. 설움이나 슬픔이야 당연히 눈물을 수반하지만 그렇지 않을 때도 눈시울이 붉어질 때가 많다.

희노애락의 버무림이 삶의 맛이고 보면 눈물이란 삶의 애환을 먹고 피어나는꽃이 아닌가 싶다. 즐거움에는 환희의 눈물, 이별과 고통 뒤에는 비애의 눈물이 따른다. 한限과 회오에는 회한의 눈물, 용서와 사랑에는 자비의 눈물이 같이 한다. 오욕과 칠정에 사로잡혀 우리의 감정이 격앙이라도 될라치면 눈물은 어김없이 우리의 가슴이며 눈시울을 적시게 된다.

아름다운 눈물이 그리운 시절.

소중한 것이 급격히 사라지는 세태를 맞고 있다. 인간의 가장 원초적인 삶의 향기가 하나 둘 자취를 감추고 물질적 가치와 쾌락이 최선의 선택으로 등장하고 있다. 물질과 이기가 횡행하는 곳에 눈물은 차라리 감상적 사치가 될지는 모른다. 저마다 소중한 것이 사라진 빈 가슴에는 삶의 공허와 삭막함이 가득하다. 소중한 것이 존재하지 않을 우려의 시대가 도래할지 모른다, 가치 해체의 시대가 손짓하며 다가오기 때문이다. 소중한 것이 소중할 때 인생은 행복하다. 끊임없이 밀려드는 물질적 욕구와 쾌락에 어찌할 수도 없이 소중한 것은 서서히 침몰하면서 우리의 가슴에 간직하고 싶었던 아름다운 심성도 부질없는 사치가 되었는지?

귀중한 것이 귀중할 때 우리의 인생은 아름답다. 거기에는 선한 것에 대한 눈물, 올곧은 것에 대한 눈물, 진실한 것에 대한 눈물이 우리의 심연에 소중하게 간직되어 있었다.

그리하여 마음의 청.탁淸濁을 가려 오염을 씻어 내리기도 하고 진.선.미眞善美에 대한 정감을 풍부하게도 하였다.

눈물은 타인에 대한 공감의 표시이며 삶의 이면에 깊숙이 자리한 마음의 표출히다.

아름다운 눈물이란 감동과 진실에서 나오며 순수한 마음을 가진 자만이 오래 음미할 수 있는 고매한 것인지 모른다.

물질 지상주의에서 오는 쾌락과 기술문명의 편의는 우리 삶의 세태를 척박하게 침식하고 있다. 두루마리 말리듯 일순에 지나버린 젊음을 추억할 겨를 없이 지워지려는 아름다운 옛정이 애잔하여 슬퍼진다.

이제 미혹의 세파에서 질화로에 담긴 재를 조심스레 다독이며 남은 정의 불씨나마 소중히 간직해야 할 것이다. 진정한 마음으로 정을 나누며 감동이 넘치는 뜨거운 눈물이 있을 때 우리는 살아가는 의미를 공유할 수 있을 것이며 삭막한 인간사회의 모닥불 같으 온기가 피어나리라.

눈을 뜨고 자는 물고기

바람을 마시고 사는 물고기가 있다. 그는 바람이 없으면 존재 의미가 사라져 버리지만 바람을 맞으며 살아가는 물고기는 우리들에게 명상의 소재를 끝없이 제공해 준다.

처마 끝에 매달린 풍경風磬. '뎅그렁 딩그렁 딩그렁 뎅그렁.'

풍경은 듣는 이의 가슴속에서 울면 같이 울어주고, 듣는 이가 가슴속 가락을 놓으면 같이 노래해 준다.

산중의 종소리와 법당의 목탁소리는 풍경과 함께 명리名利를 탐하는 우매한 인간들에게 새로운 삶의 이정里程를 세우기 위해 마음을 가다듬어 보는 소리로 들린다.

인연의 고리를 풀지 못하고 윤회를 끊지 못해 몸부림 치고 절규하는 또 하나의 아름다운 삶의 진실이 삭막한 광야에 마치 어머니 젖가슴 같은 품속은 어디쯤 있을까?

우리 집에는 얼마전 걸어둔 조그만 풍경이 거실 분위기를 한결 밝게 하고 있다.

비록 얇은 동판의 물체지만 쨍그릉 쨍그릉 쨍그르릉거리는 소리는 뭔가 모르게 정감이 가고 둔탁해진 머리를 맑게 하는 것 같다.

청상清孀에 혼자되어 두 자식을 위해 수절하며 살아온 팔순 노모의 불심을 배려해 다솔사多率寺에서 사온 풍경이다.

가까이 보기는 처음이다. 작은 종처럼 생겼다. 골목을 누비는 두부 장수의 종과 비슷한데, 가운데 추를 늘이고 그 밑에 양은으로 붕어 모양을 만들어 달았다. 꼭대기에는 늘인 철사줄이 굽어 있어 소리의 음질을 조절하는가 싶다. 손잡이 철사줄을 흔들어 본다. 붕어가 잠을 자는지 기척이 없다. 물고기는 잘 때도 눈을 뜨고 자기 때문에 수향자는 늘 깨어 있어야 한다는 뜻에서 물고기의 형상을 만들어 처마 끝에 매달아 놓았다는 설이 있다. 바다에서 그물로 고기를 건져내듯이 고통의 바다에서 괴로워하는 중생들을 불도의 그물로 구제하라는 뜻에서라고도 한다.

내가 처음 들은 풍경소리는 불국사가 아닌가 한다. 솔방울이 굴러가는 것을 보고도 웃던 시절, 수학여행으로 집을 멀리 떠나와서 뒤척이던 밤인데, 들렸다 말다 하는 소리가 있었다. 밤이 깊어 갈수록 가까이 들리는 이상한 소리 때문에 무서워 친구 품속을 비집고 들던 기억은 지금도 웃음이 절로 난다.

풍경소리와는 다르지만 가슴을 적시는 애잔한 소리가 있다. 지금은 듣기가 어렵지만 농경사회 때 산골마을 초동草童이나 산사山寺의 젊은 사미승이 부는 대금소리이다.

대나무 마디마디에서 흘러나오는 소리는 우리의 가슴속을 뼈 시리도록 울리는 비장한 소리요, 우주를 뚫는 곡선의 소리가 아닌가.

하늘 끝까지 이어지는 그 산조의 가락은 인간이 만든, 최초의 신의 소리라 여겨진다.

어느 해인가 사자평 고사리 분교에 들렸을 때이다.

하늘 아래 최고 높은 해발 1,000m가 넘는 미니학교에 걸려 있는 앙징스런 조그만 종에서 기억 저편의 아련한 소리가 들려오고 있었다.

땡땡땡은 시작 종이고 땡땡은 끝 종이다. 종소리와 더불어 교정은 조용해졌다가 시끄러워지고 마치 혈관에 피돌기 하듯 일과를 이끌어 갔다.

그때도 나는 종소리가 좋았다.

월요일 조회시간을 알리는 소리는 땡땡땡을 반복해서 울리고 기운찼었다.

마이크와 차임벨은 물론 시계도 귀한 시절이라 학교에서 나는 종소리로 주민들도 시간을 잴 수 있었다.

토요일 종례시간의 마지막 종소리의 여운餘韻은 말줄임 만큼이나 파장을 일으키며 조무래기들의 왁자지껄한 함성과 묘한 조화를 이루었다.

종소리를 잊고 산 지 사십 년이 넘었다. 그래도 기억 어느 부분에 입력된 소리들이 있어 되살려 보는데 아무래도 그 소리들은 과거의 소리들인지 오늘 들은 풍경소리처럼 살아있는 소리는 아닌 것 같다. 벽시계에서 들리는 뻐꾹새 울음소리는 아지랑이 피어오르는 한적한 논두렁에서 들어야 제격이고, 물소리 바람소리는 방안에서가 아니라 깊은 산속에서 들을 때 감흥이 난다.

살아있는 소리가 듣고 싶다. 계곡을 휘젓는 바람소리도 좋고 물소리, 새소리, 산짐승 소리는 더욱 아련하다. 어린아이처럼 자란 보리밭 이랑에서 삘삘 삐리 삘 버들피리소리는 꿈속의 소리로 남아 있으니 이를 어쩔거나. 두 물체 이상이 서로 부딪칠 때 나는 음향이 소리라고 한다면, 풍경소리나 종소리, 징소리는 이 세상 소리가 아닌 것 같다. 음색이나 음질이 신비하고 소리의 진동이 유별나다. 풍경은 깊은 산사나 누각에서 정적을 가르기 위해 매달아 준다지만, 나는 도시 복판에서 고요와 마음의 평화를 위해 듣는다.

쇠붙이와 쇠붙이 사이로 바람이 자나가면 그윽한 소리가 나는 것처럼, 사람과 사람 사이에도 바람 같은 기류가 흐르면 저토록 맑은 소리를 낼 수 있을까.

자본주의의 병폐인 약육강식의 논리 속에 유전무죄有錢無罪무전유죄無錢有罪란 신조어가 난무하는 잡음 때문에 무딜대로 무뎌진 내 귓속을 세척하고 고운 소리 맑은 소리를 가려 들으라고 어느 보이지 않는 손이 풍경을 우리 집에 걸어 두었나 보다.

문명 속의 고아들

신神은 농원을 만들고 악마는 도시를 만들었다는 선지자의 잠언서, 이 말은 산업화의 폐해가 극성을 부릴 무렵 봉건주의적 낭만을 아쉬워 하는 사람들이 고안해낸 말로 일면 수긍이 간다.

인간은 본래 사회적 동물이므로, 인구의 증가는 사회의 발달을 가져오고, 문명과 문화의 발달을 야기하였다. 사람들은 생활에 필요하다고 생각되는 것을 발명하고 일상에 이용해 왔으며 그같은 필요에 충족을 위해서 도시를 형성하였다.

그러나 그것은 많은 경우에 더 큰 부작용을 낳았다. 이제 우리는 고스란히 그 폐해를 당하고 있는 셈이다.현재로서 도시화는 하나의 기정 사실로 받아져야 하며 문제는 엄청난 도시화로 자칫 상실되기 쉬운 개인의 가치를 보호하기 위해서 어떻게 지혜와 노력을 모으느냐이다. 한 예로 자연의 색인 초록은 극히 제한되게 드러나는 반면 도시는 온통 칙칙한 콘크리트의 회색과 오염의 황갈색으로 채색되어 있는 인상이다. 도시는 수많은 사람들이 모여 끊임없이 무언가를 만들고 변화시키는 공간이다. 그래서 긴장과 활력이 넘쳐나고 유무형의 거래가 이루어지면 사람들의 삶은 끊임없이 뒤섞는 속성을 가지고 있다.

현대 문명의 집결지인 도시의 다양한 풍경들, 즉 도시문화의 소프트웨어라고 할 수 있는 영화, 재즈, 록, 패션, 잡지, 광고, 핸드폰, 사진, 멀티미디어등이 눈과 귀를 혼란스럽게 한다. 반면에 하드웨어인 고층 빌딩, 아파트 호텔, 모텔 카페, 백화점, 공장, 자동차, 지하철, 노래방 ,찜질방이 뒤섞여 있다. 그래서 도시는 인간생활을 윤택하게 하는 화려한 장밋빛으로 우리에게 다가온 것처럼 보였다. 그러나 이미 실험은 끝났다. 20세기 가장 현란한 도시 뉴욕은 거대한 규모와 복잡성 때문에 통치 불능이라는 평을 들었으며 머지않아 멸망하리라는 예언이 19세기부터 있었다.

특히 문제가 되는 것은 인간성이 점점 몰락해가고 짐승화 되어가는 게 큰 문제이다. 인면수심人面獸心이란 말이 있다. 멀쩡하게 인두겁을 쓰고 속으로는 짐승 같은 생각을 가지고 있다는 뜻인데 짐승이 들으면 모욕감을 느낄 것이다.

사회적으로 존경받은 교수가 역시 사회적으로 나무랄 데 없는 인생을 산 부친을 살해한 사건은 당시의 충격에 비해서는 우리 마음에서 너무 쉽게 흐지부지 되가는 것 같다.

인간의 인간다움은 나쁜 마음을 품지 않는 데 있는 게 아니라 수시로 동하는 나쁜 마음을 반성하고 다스리고 승화시킬 수 있는 것이고, 그리하여 마침내는 샘물처럼 곱고 착한 마음만 우러나기를 바라는 소망과 이상을 갖는 데 있을 것이다.

인간도 일회용 연장으로 전락해 버린 요즘이다.

민속박물관에 가 보면 우리 조상들이 쓰다 남겨놓은 연장과 생활에 이용되던 그릇들이 진열되어 있다. 자식들 마음에 한구석도 차지 못하는 늙은 부모는 이가 빠진 사기그릇만도 못한 것이다. 문명의 산물은 편리해지고 물량은 수요를 웃돌아 삶이 풍요로우나 늙은 부모는 설 자리가 없다.

자식 공부시켜 훌륭한 사람만들려는 부모는 뼈빠지게 일만하다 구부러진 호미처럼 등굽는 나이가 되면 폐기처분 되는 일회용 연장으로 전락해 버리는 게 요즘 세태다. 대중목욕탕에서 몸 한 번 닦는데 수건을 넉 장이나 쓰는 중학생, 자장면 먹고난 입 닦는데 티슈를 펑펑 써대는 어린자녀들 공중전화박스가 재떨이로 변하고 부모같은 어른에게 담뱃불을 청하는 몰염치는 무엇을 의미하는가.

인생이 연하게 하늘대는 갈대처럼 가볍다면야 엄청난 삶의 무게가 주어질리 있으랴. 세상에 널린 모든 상품이 제각각의 값을 지니듯 인간의 삶도 자기 값이 있게 마련이다. 자신의 참모습을 본 사람이 과연 이 세상에 몇이나 될까? 아무도 없을 것이다. 물론 거울도 있고 사진기도 있어서 거울에 자신의 모습을 비춰보거나 사진에 담아 두기도 하지만, 어떨 때는 그것이 진정 자신의 모습일까 하고 의심이 들기도 한다. 세상에는 남이야 어떻게 생각하든 제잘난 맛에 살아가는 사람들이 의외로 많다. 그들은 자신의 말과 행동이 남에게 어떻게 투영되든 전혀 상관치 않는다. 대단한 용기다.

그러나 그것은 오만이다. 사람이 절해의 무인도에서 혼자 산다면 모르되, 어울려 살아가야 한다면, 타인의 인식과 사고思考에도 일정한 관심과 배려를 해야 되지 않을까? 그러나 아직 우리에게도 희망은 있고 싹이트는 징후가 곳곳에서 감지되고 있으니 반가울 따름이다. 수학방정식처럼 얕은 지식으로 똘똘뭉친 비인간적인 인재보다 智·德·体를 고루갖춘 인재를 지향하는 민족사관학교 최재명 교장이나, 자연속에서 흙과 씨름하며 삼재사상을 몸소 체험시키며 정신과 육체를 건전하게 키우는 대안학교같은 존재는 우리모두 박수를 치고 힘을 모아야 하리라 본다. 사람살이는 서로 얽혀 있다. 마치 거미줄처럼 사람과 사람, 사람과 자연, 사람과 시간, 사람과 공간이 이어져 있다. 단절이란 아예 불가능한 개념이다. 그러므로 나 아닌 다른 존재가 있다는 것을 의식하지 않고 산다면 그 삶은 바른 삶이 아니다. 자기만을 위한 삶은 더불어 살아가는 삶의 얼개가 끊어져 나아가면서 모래알처럼 제각기 흩어질뿐이다.

인간관계의 끈끈한 정도, 애틋한 연민도, 의연한 책임주체도, 희망찬 미래도 없다. 자기만은 재력과 권력도 있고 똑똑해서 조금도 손해보는 일없이 잘 살아간다고 믿고 있지만 그러한 무관심의 종국은 자기 파멸일 수밖에 없을 것이다.

한반도의 히말라야

여린 잎새들이 배냇짓을 하는 육월의 지리산은 눈이 시리다.

산자락마다 능선마다 호국의 영령들이 피울음을 우는 달이 육월이건만, 지리산은 또다른 민족사의 비극으로 가슴속에 멍에로 남아 있다.

한반도의 히말라야라고 명명한 산꾼들이 아니더라도 해발 1500m가 넘는 산군山群들이 무리를 이루고 있는 높고 깊은 골짜기에서 우러나는 헌걸찬 기세와 울울한 지기는 어딘가 모르게 시퍼런 칼날같다. 너무나 잘알려진 노고단과, 벽소령, 반야봉, 도장골을 찾아 조금만 정신을 놓아도 어느새 황홀한 수령속으로 빠져드는 기분은 무엇 때문일까? 어느 시조인은 '한반도에 지리산이 없다면 얼마나 적막할 것인가' 라고 했다. 시인이 아니더라도 지리산을 빼고 어떻게 산을 얘기하고 무엇으로 산사람들의 가슴을 채울 수 있을 것인가. 기골차게 뻗은 능선마다 반란의 피바람을 실어다 나른 산줄기마다 민족사의 소용돌이 때문에 심한 가슴앓이를 하는 산이 지리산이다.

지모地母의 산 방장산을 등정하기 위해 법계사에 다다른 시간이 햇살이 정수리를 비켜서는 오후 2시였다. 배에서는 꼬르륵 소리가 나는데 천왕봉이 머리위에서 빨리 오라고 손짓한다. 시간에 쫓겨 숨도 제대로 쉬지않고 3시간을 강행군 하는데 법계사 코 앞에서 가슴이 빠개지는 통증 때문에 풀섶에 주저앉고 말았다.

전문산악인도 힘들어하는 표고 1915m 천왕봉을 햇병아리가 겁도 없이 덤벼드니 하늘이 노랗게 맴을 돌수밖에야 외톨이로 간 산행인지라 가슴에서 치받쳐온 부정맥을 움켜쥐고 한참을 누워있으니 지리산의 정기가 흔들어 눈을 뜨니 시야에는 출렁이는 흰 우유잔처럼 안개가 가득하다. 주위를 살펴보니 도시의 칙칙한 색감대신 초록빛 하늘에 눈이 부시다 신神은 곡선을 사랑하고, 인간은 직선을 애호한다. 지리산 태산봉에 서서 아래를 조망하니 어루숭어루숭 산맥이 달리고, 멀리 가까이 졸고있는 아득한 산들의 능산은 하나로 농축되어 환상의 선을 만든다. 산이 많은 이 곡선의 땅에 삶의 터전을 이룬 이 민족에게는 선線의 미학이 생활속에 깊이 스며있다.

팔랑개비처럼 돌아가는 상모의 아름다움은 88올림픽을 통하여 세계를 놀라게 했다. 기와지붕, 버선코, 한복소매, 장독, 낫, 호미, 태극선등은 우리 선조들이 곡선의 아름다움을 잘 살려 자연의 선과 멋진 조화를 이루고 있다.

내가 지리산을 찾게된 동기는 책을 통해서였다. 조정래의 태백산맥, 박경리씨의 토지와 이태씨의 남부군을 읽으면서였다.

일찍이 그의 옷자락 한번 스친 적 없고, 먼발치에서라도 그를 눈여겨본 적 없었으나 내 작은삼촌이 빨치산에 부역했다는 죄목으로 한창나이에 흔적없이 사라진 미스터리를 문학인의 시각에서 조명해보고 싶은 욕심도 한 몫을 했다.

지리산은 중생대 '쥬라' 기紀의 대지각 변동과 제3기 단층작용에 의해 형성된 만년장기 산괴로써 편마암과 화강암이 와층으로 형성되어 지질구조가 복잡하여 써리봉, 연하봉, 칠선봉, 남부능선을 빼고는 산 전체가 토심이 깊고 위험해 원시림으로 뒤덮여 있다. 지리산의 수목은 하나같이 칼칼하고 드세다. 역사에 파묻힌 이데올로기의 진한 액체를 빨아들여서인지 왠만한 골에는 사람의 범접을 불러할 뿐더러 지난 여름에는 마음의 준비없이 찾았던 행락객 수십명을 개울속에 수장하는 비원의 산이 지리산이다. 해방된 나라에서 한 핏줄 조상의 땅에서 우리는 많은 피를 흘렸다. 남부군 총사령관 이현상이 자살했다고 하고 사살되었다고 하는 산봉우리에는 저녁 안개 같은 구름이 무상한 분위기를 만들고 백양나무 푸른 잎새는 세월을 삼키고 하늘을 이고 있을 뿐이다. 쫒기던 빨치산이나 쫒던 토벌군이나 똑같은 민족이었음에 우리의 비극이 있는 것이다. 이념이 뭔지 모르는 많은 사람들이 어쩔 수 없는 상황에 밀려 서로 총질을 하고 싸우면서 더러는 친구에게 더러는 형제들끼리 총부리를 들이댄 비극의 역사를 산은 말없이 싸안고 있다. 자신의 이데올로기를 피로써 주장했던 사람도 마지막 죽어가는 마당에서 한 말은 너나없이 공산주의도 민주주의도 아닌 '어머니' 였다고 하니 그들의 피맺힌 절규가 시공을 초월하여 메아리로 돌아오는듯 하다. 그러나 얄궂은 역사의 수레바퀴는 세월속에 점점 퇴색되어가고 만인을 평등하게 잘살게 한다는 마르크스주의도 자본주의의 풍요한 물질앞에서 힘없이 무너지고 말았다. 불과 30여년만에 지리산의 비극도 언제 그랬느냐는 듯이 주말이면 등산객과 관광객이 숨은 비경을 찾아 인생을 즐기고 있다. 나 역시 별볼이 없는 속물인지 서리봉의 진달래와 세석쩔쭉, 노고단의 원추리 군락과 장터목 운해에 넋이 빠지고 살아천년 죽어천년이라는 고사목에 사진찍기가 바쁘다. 그의 가슴과 오지랖은 얼마나 넓은지 세월속에 파묻힌 생령生靈들의 애달픈 사연과 넋을 보듬고 자기보다 적거나 볼품없는 친구도 다독이고 무수한 날짐승과 산짐승도 품에 안고 모성의 힘을 유감없이 발휘하며 함께 살아가는 모습이 숭고하기 이를 데 없다.

국민의 놀이 고스톱

인생살이에 새옹지塞翁之馬란 말이 있다.

좋은 일에 마가 끼인다는 말로써 길흉화복吉凶禍福은 항상 바뀌어 미리 헤아릴 수가 없다는 뜻일게다.

우리네 조상들은 아무리 기쁜 일이 있어도 드러내 놓고 좋아하지 않았고 슬픔도 속으로 울었다는 말은 의미심장하다 하겠다.

세월은 변하여 희노애락을 겉으로 표현해야 병에 걸리지 않는다는 괴상한 논거로 기존 질서를 허물고 있으니 이 일을 어쩌란 말인가.

아버님 똥 잡수세요. 똥 새내기 며늘아기가 하늘 같은 시아버님 보고 똥 먹으라고 대놓고 성화다.

시아버지도 며늘아기를 보고 그래 똥 먹어야겠제 맞장구친다. 이렇듯 국민의 놀이 고습톱이란 게 상하 위계질서를 흐트리고 가족문화를 선도한다. 그 뿐인가. 외상을 할라치면 새까만 며느리가 오고가는 현찰 속에 싹트는 우정이라며 애교를 부린다.

'고스톱이야말로 신이 만든 놀이다.' 고 어느 누가 말했던가. 고스톱이 전국민에게 인기를 끄는 것은 아무래도 화투 한 목과 신문 한 장만 있으면 아무 때나, 놀이가 가능하기 때문일게다. 또 워낙 재미있는데다 걸리는 시간도 짧으며, 너나 없이 '날' 수 있는 가능성의 게임이기 때문이다.

통계에 의하면 전국민의 85%가 고스톱을 친다고 하니 과히 한국의 놀이 문화임에 틀림없는 모양이다.

고스톱은 다른 놀이와 확실히 다르다. 놀이를 하기 전에 세부 규칙을 합의한다는 점도 그렇고, 승자의 의지에 따라 마감Stop과 계속Go이 결정되는 이른바 개발성이 크다는 점이 더욱 그렇다.

하수와 고수를 떠나 로또 복권처럼 대박이라 부름직한 대형사로를 누구나 칠 수 있고, '한판'에 대한 스릴과 기대치가 어느 놀이보다 높다. 이것이 고스톱이 가진 장점이자 뭇사람들이 빠져드는 소이다.

사람의 본성을 알려면 화투를 쳐보라는 말이 있다. 교양과 지성으로 감춰둔 내면의 치부가 적나라하게 드러난다. 손익계산에 따르다 보니 야누스의 가면을 쓰고 적과 동지가 일순간에 바뀌어 묘한 뉘앙스를 풍긴다.

알다시피 고스톱은 화투놀이의 하나다. 포르투갈의 '카르타'가 일본에 전해져 변형되면서 우리나라에 들어왔다.

화투는 우리나라에 들어오자마자 기존의 놀이인 골패나 투전을 밀어내고 일반적인 놀이가 되어었고 '섰다' '도리 짓고 땡' '육백' '나이롱뻥' 같이 다양한 놀이로 퍼졌다.

꾼이 아닌 사람들끼리는 그저 푼돈내기 민화투를 즐기거나 심심

풀이로 재수떼기를 했지만 화투놀이는 가히 망국적인 놀이로 비난받을 만큼 성장했다.

마누라 바람나기를 바라면 춤을 가르치고 자식 병신 만들려면 오토바이를 사주라는 말이 유행하더니 근년에 와서는 집안이 망하는데는 화투에 미치는 게 제일 빠르다는 말이 유행이다.

선비들의 눈총을 받으면서도 급속도로 발전한 게 고스톱이고 요즘은 한술 더 떠서 치매예방에 좋다고 권하는 의사들도 있다니 웃어야 할지 울어야 할지. 본디 화투는 20끗이니 열 끗이니 다섯 끗이니 하는 위계를 지닌 놀이인데, 고스톱은 이를 '위상적' 놀이로 바뀐 것이라 할 수 있다.

광으로 3점을 나거나 졸병으로 3점을 나거나 마친가지다. 오히려 피박을 세게 쳐서 약자의 위상을 높여주는 보상심리다.

고스톱은 '시대의 거울' 이기도 하다. 유신공화국 때는 '박정희 고스톱' 이 인기를 끌었다. 그들 마음대로 규칙을 바꿀 수 있는 특원이 주어진다는 점에서 유신독재를 빗대었다. 80년 신군부가 정권을 찬탈하자 '전두환 고스톱' 이 생겼고, 최규하 대통령이 꼭두각시가 되자 '최규화 고스톱' 이 나왔다. 선先은 아무리 패가 좋아도 무조건 죽어야 한다는 것이 '최규하 고스톱' 이며 판을 싹쓸이한 이는 상대편 패 중 자신이 원하는 것을 무엇이던 빼앗아가는게 '전두환 고스톱' 이었다.

물 태우 고스톱과 'DJ 고스톱' 현철이게 물어보라는 '영삼 고스톱' 도 유행했다. 이처럼 고스톱은 세대를 반영하는 담론의 구실을 했고, 민중들의 이야기를 통해 질곡의 현대사를 풍자했던 것이다.

좁은 땅덩어리에 외세의 침탈을 자주 당하고 놀이 문화에 둔감

했던 민족에게 어쩌면 고스톱이 우리에게 딱 맞는 놀이 문화인지 모르겠다.

아무리 시대가 변한다 해도 한가지 분명한 건 오늘은 물론 내일, 그 다음 다음 내일에도 고스톱은 여전히 우리 곁에 살아 있을 것만 같다.

굴아벌도의 비밀

– 반구대 암각화

고래가 육지에 올라왔다.

그것도 어린이들을 무등태우고 말이다. 굴아벌의 아이들은 따스한 봄날 동네앞을 흐르는 강가에 뗏목을 타고 놀았다. 뗏목은 서서히 하류로 떠내려 갔으나 아이들은 재잘거리며 평화롭게 놀고 있었다. 시간이 흘러 배도 고프고 사냥나간 부모들이 보고싶어 사방을 두리번거리니, 너무도 큰 바다에 자기들이 나와 있는게 아닌가.

무습증에 서로 부둥켜 안고 울고 있는데 갑자기 뗏목이 요동치는 바람에 바다에 빠지고 말았다. 한참 후 정신을 차리니 동무들은 큰 널빤지에 셋이 따로따로 올라타 있는게 아닌가.

그 널빤지는 엄마등처럼 너무 따뜻하고 포근하여 그만 사르르 꿈나라로 가고 말았다. 주위의 웅성거림에 잠에서 깨어나니 동네 어른들과 부모들이 강가에서 횃불을 들고 아우성인데 널빤지가 강가에 슬거머니 닿더니 아이들 셋을 내려놓고 떠나버리는게 아닌가. 나중에 안 일이지만 아이들이 떠내려간 곳은 장생포앞 바다였고 널빤지는 대왕고래 였단다. 이 이야기는 굴아벌에 구전口傳되어 오는 전설이다.

나는 간혹 유물답사회를 따라다니기도 하지만 어떤때는 길을 가다가 유적지 팻말만 보여도 답사해 보는 버릇 때문에 아내로부터 자주 눈총을 받기도 한다.

실비가 추적추적 오는 날 딱히 갈때도 없고 해서 언양 반구대를 찾았다.

좁은 도로를 조심조심 미로를 헤집고 들어가니 제법 큰 계곡이 나타나고 우리나라에 하나뿐인 거대한 암각화가 강물에 종아리를 적시고 있다.

다행이 늦가을 갈수기라 바위 병풍의 암각화를 보기위해 가까이 다가가니 선사시대 조상들의 생활상이 고스란히 숨쉬고 있었다.

거대한 바위에 새겨진 암각화는 장엄미가 느껴지고 바다에 서식하는 고래와 똑같은 그림을 보면서 이곳이 장생포 앞바다의 고래 밀식지와 연결되었지 않나 하는 상상을 해보았다.

언양 반구대 암각화는 우리나라에서 가장 오래된 바위 그림이다. 오래 됐을 뿐만 아니라 선사시대 미술의 백미로 손꼽힌다.

시공時空을 건너뛰어 올라가면 그때는 문자가 미쳐 생기지 못한 청동기시대라라 사람들은 자연을 그대로 모방하거나 어떤 표시나 기호를 썼으리라. 물이 풍부하였으니 고기잡이 길에서 넓고 단단한 바위를 발견하자 마을 회의를 열어 촌장이 의견을 수렴해 그 시대 생활상을 암벽에 새기기로 결의했을 것 같다.

거대한 바위에 수 년을 걸려 후세에 남기고 싶은 언어를 바위면에 새기고 쪼았을 선조들의 모습이 아른거린다.

유목민 시절이라 지식이 없었을 터인데도 암벽에 마음을 담느라 석수장들과 부락민들이 혼연일체가 되어 갈고 쪼고 바위면과 씨름했으리라.

제일 먼저 고래 잡는 법을 가르치고 싶었던가 보다.

장난감같은 포경선에다 작살법까지 설명하고 있으니 신기하기만 하다.

크고 작은 고래뿐만 아니라, 호랑이 사슴 같은 짐승의 포획방법도 일러두었다.

일상의 먹거리를 수렵에 의존하던 당시로는 고래잡이 방법만 알게 해서는 마음이 놓이지 않았던 모양이다.

종족보전을 위해 생존방식을 한가지라도 더 전해 주기 위한 투철한 열정이 곳곳에 베어 있다.

문자가 발달한 오늘날에도 이처럼 마음을 담아 다양한 문양과 이야기를 전하기는 쉽지 않다.

거대한 바위면 암각화에서 조상들의 사상과 미술적 감각까지 천착했으니 참으로 놀라울 따름이다.

더욱이 알 수 없는 동물의 형상과 추상적인 문양까지 새겨 놓은 걸 보면, 선조들의 정신세계가 단순하지 않았음을 유추해 볼 수 있다.

반구대 암벽에 새겨진 조상들의 숨겨진 뜻의 편지야 말로 후손들이 두고두고 연구하고 받들어야 할 소중한 보물이기도 하다.

조상들의 분수를 아는 먹거리 사냥과는 달리 산업사회 인간들의 탐욕에 의해 귀신고래 참고래 돌고래 혹등고래 범고래등이 멸종되고, 연안의 물고기들이 저인망 그물로 포획되어 씨가 마르고 있다니 후손들은 무얼먹고 사는지 걱정이 태산이다.

포유동물중에 인간은 유난히 현재의 삶과 미래 후손들의 삶까지 걱정하고 있음은 만물의 영장이 틀림 없는가 보다. 그래서인지 현 세기와 다음세기를 연구하는 내노라 하는 세계 과학자들이 지구생물의 멸망에 대비해 현 인류의 생활상을 온갖 기록과 함께 타임캡슐로 달나라에 가져가 보관할려고 준비중이란다.

현존하는 인류가 괴질이나 어떤 재앙이 닥쳐 멸망하고, 다른 종족이 나타나 캡슐속의 도구와 편지를 본다면 얼마나 신기해 할까.

우리 후손들이 굴아벌(반구대의 옛이름)의 암각화를 보고 조상들의 삶의 편린들을 유추해보는 것과 무에 다를까.

오이소 보이소 사이소

사라호 태풍이 온 나라를 쑥대밭으로 만들던 그때 한 무리의 막돌은 자갈마당에 널부러져 상처투성이인 몸을 뒤척이고 있었다.

산골에서 떠내려온 푸석돌은 황토물에 이리치이고 저리치이느라 혼절한 상태로 바람 부는대로 파도 치는대로 맡기면서 고단한 육신을 달래고 있는데 매질이 고운 차돌이 안스러운듯 쳐다본다.

구덕산 돌이 홍수에 떠밀려 보수천을 따라 흘러내리고 용두산 복병산의 막돌이 빗물에 흩허흘러 자갈치에 모여 넓은 자갈밭을 형성했었다.

그런데 참 알 수 없는 일은 세월이 흐르는 동안 언제부터인지 모르게 막돌의 뾰족한 모서리들이 조금씩 닳아 없어지니 이웃돌들과 부딪쳐도 전처럼 아프거나 분한 것도 없어지는게 아닌가. 옆의 친구들은 언제부터 정착했는지 몸매도 늘씬하고 반들반들한 이마며 통통한 허리가 마음씨 좋은 동네 아낙처럼 생겨서인지 서로 데굴데굴 자그락자그락 거리며 해맑게 웃고 있다.

파도에 시달리며 다듬어진 자갈들은 온갖 풍상을 헤치며 흘러온 부산 사람의 모습을 닮았다. 한국전의 풍란속에 함경, 평안, 황해도에서도 오고, 강원, 충청, 전라도에서도 오고, 만주나 일본땅을 떠돌다 해방된 조국에서 잘 살아보자고 두주먹 불끈 쥐고 모인 사람들이다.

우리는 어렵게 살았지만 자식들은 풍요롭게 살기를 바라며, 자식들 교육을 위해 정든 고향 땅을 뒤로 하고 흘러든 사람들이었다.

그들 하나하나가 모두 단단한 자갈이었다, 바람에 부서지고 풍낭에 마모되어 둥그스름한 야문 돌들이 자갈치 아지매다.

필자 역시 나라가 온통 데모물결로 출렁이던 육공년대 가난한 시골이 싫다며 150리를 걸어걸어 부산에 정착한 이방인이었다.유난히 배앓이를 자주했던 풋내기 머슴애는 저녁이면 한기도 달랠겸 단단한 차돌을 여러개 불에 데워 보듬고 잤던 기억이 꿈결같다. 재미있고 먹을 것이 넘쳐나는 세상이다. 그것을 다 누려보기도 전에 새로운 그 무엇에 의해 그것은 또 곧 폐기처분된다.

그러나 이런 시대가 오기까지 선대들은 갖은 신고辛苦를 겪으면서 살아왔다.

생애에서 제일 센 힘은 바닥을 칠 때 나온다. 새벽 어판장 어선에서 막 쏟아낸 고기들이 파닥파닥 바닥을치고 있다. 도다리, 광어, 우럭들도 바다가 저세상이었다가 호흡이 곤란한 육지의 바닥에 내평겨치니 마지막 생을 마감하는 그 처절한 육탁을 우리는 어떻게 볼 것인가.

살아간다는 것은 물 흐르듯이, 가는 세월 속에서 눈물과 고통으로 오가는 빛과 어둠 속을 왕래하며, 그 세월 속에 모가난 돌이 깍이고 꺽이어 각이 없이 매질이 고운 차돌이 되는 것과 같은 것이다.

자갈치시장의 유래는 한국 전쟁시 피난 내려온 사람들이 자갈마당을 밟을때 나는 소리를 흉내내어 붙여진 이름 이라고도 한다.

자갈치시장은 삶의 충전소와 같은 곳이다. 하는 일이 꼬이고 앞길이 막막할 때 나는 자갈치에 간다. 함지박 위에 세월을 동여멘 아낙들의 부릅뜬 두 눈을 보며 나는 부끄러워진다. 헤머를 들고 장애물을 헤치며 가는 자갈치의 바쁜 걸음 앞에 고개가 숙여지고 괄괄거리는 요란한 소음속에 파닥이는 생선의 몸부림을 보며 나는 새로운 용기를 얻는다.

자갈치는 인간의 속살이다. 파시波市의 비릿한 내음에 젖어서 인지 평소에는 순한 양처럼 지내다 이해관계가 상충하면 무서운 야수로 변하는 인간의 원초적인 본능을 드러내 시장바닥이 아수라장이 될 때도 간혹있다.

'찌푸린 하늘에다 쌍욕을 토해내고 찢어진 천막을 손질' 하며 검은 구름에 가려지고 바람에 날아갈 수도 있었으나 누구에겐지 모르게 종주먹으로 삿대질을 해대며 다시 벌떡 일어나게 하는것이 자갈치 사람들의 기질이다.

자갈치는 해방을 전후해 노점이 들어서면서 시장이 형성된 곳이다. 해방전까지 일본인들이 쥐고 있던 자갈치 일대의 상권은 해방후 귀환동포들의 몫이 되었고 전쟁후에는 맨주먹으로 피난 내려온 팔도 사람들의 삶터가 되었다.

자갈치가 지금의 모습으로 그럴듯한 시장의 모습을 갖춘 것도 대략 이때즘이다.

부산은 전쟁에 내몰린 팔도 사람들의 최종 귀착지였고, 산복도로에 새집같은 거처를 두고 막장과도 같은 위기 상황에 처한 사람들의 생활터전이고 생명줄이었다. 부산 사람들의 기질은 뱃고동처럼 우렁차고 화통하다. 쑥덕거림 같은 뒤수작이 없고 도전적이고 직선적이며 박력과 의리가 있다.

척박한 풍토에서 지지고 볶고 담금질된 성깔과 생명력은 이렇게 해서 형성되었기에 나라의 위기에 분연히 일어서 4.19와 부마 민주항쟁을 일으킨것 같다.

그러나 세월의 풍상風霜은 현대화란 미명아래 많은걸 변화시키고 있다.

자갈마당은 매립되어 현대식 7층 건물으로 태어났고 옥상의 하늘공원 전망대에 설치된 망원경으로 바라보는 또 다른 풍경을 선사한다. 자갈치 시장의 가장 큰 매력은 신선한 생선을 보다 싼 가격에 살수 있고 맛볼수 있다는데 있겠다.

오이소 보이소 사이소 현대적 노스탤지어는 반평생 비릿내만 맡아온 유랑민은 뒷전으로 밀려나고 고기 고 자도 모르고 고기 배때지도 못 갈라본 졸부들이 우리 자갈치를 떡 주무르듯 주무르는 이상한 세상으로 변했다고 시인 서갑제는 한탄한다.

이렇듯 시대의 변천사는 유독 자갈치시장만의 문제는 아니다. 자본주의의 병폐인 양육강식의 논리는 소시민들의 어깨를 쳐지게 하고 뒷전으로 밀어냈다.

어쩌랴 우리들 고유의 유전자는 문명의 미명아래 파괴되고 인생도 흐르고 강물도 흐르고 사랑과 청춘도 흘러가듯이 자갈치 문화도 변하여 새로운 먹거리 새로운 볼거리를 첨삭하여 부산의 자랑을 뛰어넘어 세계적 명소로 다시 태어났으면 하는 바램이다.

古稀頌

인생의 나이테는 무엇을 의미하는가?

흔히들 人生七十古來稀라고 일컫는 이유는 무엇일까. 두보杜甫의 시 '곡강曲江' 에 나오는 말로 사람의 나이 일흔은 예로부터 드문 일이라는 말에서 유래되었으나 인간수명 100세를 거론하는 현시대에는 70세를 인생 이모작으로 바라보는 의술의 진보는 어디까지 진화될까.

필자역시 해방전에 산간지방 소작농의 외아들로 태어나 말라버린 어미의 젖꼭지를 물고 칭얼대던 모습은 바로 조선의 역사였지 싶다.

세살 때 아버지를 여의고 큰 아버지로부터 동몽선습 천자문 명심보감을 배우다 초등학교 3학년에 바로 편입해서 4년만에 졸업을 하게 된다.

품행방정 학업우수로 교육감상을 탄 꼬맹이 자존심이 발동했던지 열네살 때 150리를 걸어걸어 대도시로 당찬걸음을 옮겼으니 가관이었다.

혼자힘으로 사각모을 쓰지 않으면 고향을 찾지 않겠다는 숙맹이 사내는 인생의 절반을 배움을 찾아 헤맨것 같다. 나이를 먹는 것은 인간이 겪는 가장 낯선 경험이다. 아무도 거역할 수 없다는 점에서 전인류가 공유할 한 가지 공통점이라는 것은 명백하기 때문이다.한 인간의 전 생애를 꿈의 시대, 방랑의 시대, 도전의 시대, 정착의 시대, 그리고 추억의 시대로 나눌 때 소위 인생의 가장 큰 맛을 어느 때 찾아보게 되는 것일까.

돌잔치는 무언가 생동감이 있으며 기대와 환희에 부풀은 마음에 아이가 부모의 바램에 어긋남이 없이 거목巨木이 되기를 기원하는 자리다.

이와 대비되는 칠순 잔치는 세상의 모든 풍파를 견디며 살아온 날들을 축하하고 여생을 건강하게 맞이하라는 뜻이 아닐까.

예부터 아버지가 돌아가시면 상주는 대나무 지팡이를 짚었다, 자식을 뒷바라지하느라 속이 비어버렸기 때문이고, 어머니가 돌아가신 뒤엔 상주는 오동나무 지팡이를 짚었는데 자식들이 애를 태워 속이 누릿한 재가 되었으니 상주는 죄인임을 지팡이로 고백하는 것이 아닌가 한다.

오늘 하루도 속절없이 지나간다. 찬란하게 동녘으로부터 떠오른 해가 서쪽으로 넘어가며 오렌지빛 노을을 뿜어내는 일몰은 황혼의 만찬인가.

창가에 무심코 팔장을 낀 채 저무는 햇살을 바라보니 붉게 물든 도시는 한순간에 하나 둘 또 다른 사연의 등불을 밝히고 있다. 새해를 맞이하는 창조의 아침도 좋지만 하루를 마감하는 노을을 보며 신비한 우주 만물의 섭리에 감탄하는 것은 아마도 연륜 탓인가 보다.

가끔 여행을 하다보면 휘돌아 흐르는 강물에 그림자를 드리우고 절벽위에 서있는 정자를 보면 선대들의 유유자적함과 낭만을 엿볼 수 있고 동네 입구에 우람하게 서 있는 느티나무는 아름답다 못해 처연함을 느낀다.

수 백년을 온갖 풍상을 견디며 마을의 안녕과 질서 평화를 묵묵히 지켜온 큰 어르신인가 싶어서다. 인생도 일출과 일몰로 이어지는 하루살이에 비유함이 참으로 일리가 있다고 생각한다. 백색과 흑색의 교차에는 생산과 소멸이 함께 이루어 질테고, 잉태와 해산의 고통과 기쁨이 일출에 녹아드는 새댁이 엄마가 되었다는 환희의 기쁨이 아닐까. 퇴근길 서녁에 순간순간 변하는 저녁노을 보며 문득 나의 인생을 떠올려 본다. 단내 나는 세상에 살아남기 위해 담쟁이 덩굴처럼 죽기로 기어오르고 매달렸더니 내 영역이 한 뼘씩 넓어지는 기쁨으로 살아온 반세기였다. 달팽이는 한 몸에 암수가 함께 있다고 한다. 결혼이라는 굴레속에 한 몸이 된지가 40여년째다. 기쁨도 슬픔도 함께한 세월만큼 아내의 근심도 내근심이 되어 땅이 꺼진다. 자기인생 담보로 100수를 바라보는 홀시모 돌보느라 부부간의 오롯한 삶 누리지 못하고 쭈그러진 자기인생 보상하라니 이 일을 어쩌랴.

이것이 해방전후 세대들의 부모에게 효도하는 마지막 원죄源罪일 것 같다.

부부란 무엇이냐, 청춘남녀가 인연으로 만나 평생을 해후한다는 것은 결코 간단한 문제가 아닐것이다. 출신배경과 성장환경이 다른 두 사람이 아무리 사랑으로 엮었다 해도 일심동체가 되기까지 희노애락의 버무림이 한 두가지 이겠는가.

거기다 후진국을 겨우면한 나라살림과 빠듯한 가계사정에도 자녀 대학보내느라 노후준비는 소주점에다 몸도 여기저기 삐그득 거리고 삶의 의욕마저 점점 엷어지는 실버세대가 되면 인간의 3대 욕망도 사그라 들고 영육이 점점 왜소해 짐을 어느누가 막을소냐. 「남을 알려는 것은 지智이고 자신을 알려는 것은 명明이라」는 노자의 등불 같은 말씀이 고희가 되어서야 슬금슬금 뇌리를 스치니 이를 어쩔거나. 누구에게나 어둠을 벗겨 내며 떠오르는 밝고 빛나는 따스한 아침 해와 같은 학창시절이 동트는 여명이라면, 한낮 중천의 해는 패기왕성한 청춘의 때요, 서쪽으로 기울어지는 해는 중년의 때라면, 저녁노을 지는 초저녁은 초로初老의 장년이요, 해 저문 어두운 저녁은 한 인생의 삶을 마감해 가는 종장의 자리라 여겨진다. 사실 일생을 양파껍질처럼 벗겨보면 똑같은 각질뿐인데 나태함이 두렵기 때문에 분주하게 살아온게 아닐까.

정신없이 뜀박질하느라 어느날 뒤돌아보니 내속에 있어야 할 자아自我가 없음을 알았을때 해무처럼 밀려오는 이 상실감을 어쩌랴.

고희古稀에 접어든 나의 노을은 어떤 모습일까. 눈이 부시도록 아름다운 석양일까 아니면 우중충한 잿빛일까. 아무리 생각해도 빛바랜 갈색의 잎사귀나 폭우가 지나간 대지에 나타나 엉금엉금 기어가는 거북이 등짝이지 싶어 쓴 웃음이 난다.

7

반환점을 돌아나온 인생의 뒤란에서

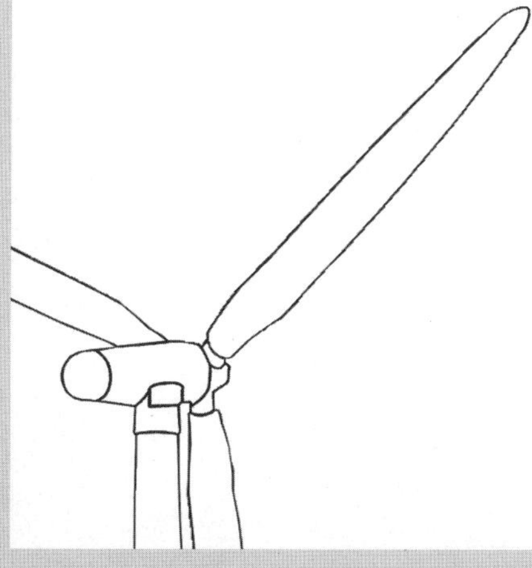

삶의 자장가

글을 쓴다는 것은 사람에게 주어진 가장 큰 은총인지 모른다.

쓰고 싶을때가 있다. 인생사 고비마다 희노애락의 버무림을 글로서 남겨 두고두고 음미하고픈 사연이 한 두가지이겠는가.

그러나 막상 펜을 들면 마음먹은대로 안되는게 글쓰기요 보통사람들의 고민이다.

한 편의 수필은 마음의 표현인 동시에 언어로써 마음을 나타내는 한 폭의 필화筆畵이다. 엇갈린 미혹도 선명한 깨달음도 기쁘게 하는 선행도 심기를 괴롭히는 악행도 모두가 마음에서 비롯된다. 더러운 마음으로 보면 세상은 온통 더럽게 보이고 깨끗한 마음으로 보면 세상 만사 또한 깨끗하게 보인다. 사실 나는 한 줄의 글을 쓰기 위해 뼈를 깎는 아픔이나 피를 말리는 불면의 밤을 수없이 겪고 있다.

어쩌면 그대는 정월 대보름날 하늘에 띄워보낸 지연紙鳶의 영혼인지 풀어도 풀어도 끝이 없더니 종당엔 파지가 되어 피멍울이 되고 마는구나.

그렇다고 누군가가 내 작품을 기다리는 것도 아니고 글을 쓰지 않는다고 비난하는 것도 아니다. 마치 진흙에 빠진 자동차 바퀴처럼 허공에 맴을 돈다.

사람은 태어나면서부터 끈(탯줄)을 달고 태어나서 생을 마감할 때까지 크고 작은 인연으로 만나고 헤어진다.

지금 내가 사는 오늘이나 앞으로 살아야 할 내일로 연결하여 끌어주는 '수필' 창작도 보이지 않는 인연의 끈이 아닐까 생각해 본다,

누군가 수필을 햅쌀로 만든 밥이라고 일컬었다. 나는 그 밥을 맛있게 만들 수 없어 고심했다. 살아온 인생이 곧 밥물일진데, 숙련된 주부처럼 밥을 아니, 작품을 쓰지 못하는 내 아둔함이 답답하여 머리를 쥐어 박을때도 있다.

원고지를 앞에 놓고 펜을 든다는 것은 하나의 의식儀式이다.

에세이란 내가 나에게 전하는 메시지이고 나와의 대화다. 은밀할 수도 웅변적일 수도 있고 자장가일 수도 있기에 그 순간만은 아무도 나를 방해할 수 없다.

작가들은 언어의 광맥을 캐고 다듬는 연금술사들이기에 한 편의 잘다듬어진 수필은 인생의 깊은 단맛이 우러나 생활의 윤활유 구실을 하게 된다.

수필은 신神에 바치는 노래라는 말이 있다.

전문기술직에 종사하는 나에게 문학이란 연인이 없었다면 이순耳順의 문턱까지 온전히 살아설까 의구심이 생긴다.

에오라지 일에 미쳐 지나온 갈피마다 장인匠人의 기질이 몸에 베어 있으면서도 당신앞에 서면 순일한 양이되어 또다른 정염을 불태우니 말이다.

보릿고개에 허덕이던 우리에게 의식주 해결과 함께 여가를 누릴 수 있는 문화수준에 이르렀다.

아리스토텔레스는 문학을 시학으로 보고, 문학도 듣는 예술에서 보는 예술로 발전하고 읽혀져야하며 미술을 보는 예술에서 만지는 감지 예술로 되어야 한다고 갈파하고있다. 예술작품 한 편으로 인간의 마음을 흔들어 놓기도 하고, 바꾸기도 하는 묘한 성분을 가지고 있는게 문학작품이다.

예술의 바탕이 문학이다. 문학에 색칠한 것이 미술이 되고 문학에 악보를 달면 음악이 그리고 문학에 율등이나 리듬을 겸하면 무용이 되고, 문학에 대사를 연결하면 연극이 되듯 문학이 바탕이 되어 예술이 피어난다고 해도 과언이 아니다.

문학은 한마디로 언어예술이지만 팀구성, 보편성, 개성, 계몽성, 윤리성을 시대상으로 비춰 주기 때문에 인생의 참모습이고, 승화된 인간의 이상이며, 인간의 보배로운 창조이기에 영원한 기록으로 남는다.

아득히 반짝이던 고운님으로 사모하다 만학도晩學徒로써 당신과의 조우는 어쩌면 내 일생에 큰 전환점을 준 일대사건인 동시에 불가사의한 운명이었는지 모른다.

그대는 나에게 정녕 무엇이기에 이리도 마음 통째로 흔들어대는 상사병인가 아니면 처음부터 잘못든 미로의 종착점인가.

나는 글을 쓰기 시작하면서 커다란 시각변화를 느끼곤 한다. 내 앞에 전개되는 어떤 상황이나 사물을 보면 쉽게 지나칠 것을 색다른 의미로 볼 수 있는 눈이 생겼다.눈에 비치는 파시즘들이 내 심안에 들어오면 숱한 글씨앗들로 꿈틀거리는게 신기하기도 하지만 나이를 초월하여 배움의 힘이 무섭다는걸 새삼 느낀다.

수필은 신神에 바치는 고해성사라는 말이 있다.

잡문수필은 누구나 쓸 수 있되 문학 수필은 아무나 쓸 수 없으며 어느 누구를 위한 글이 아니라 모두를 위한 글이여야 한다. 자기의 모든 것을 허위없이 토로하고 내 보이는 가식의 옷을 벗어버려야 한다. 신과 만나는 엄숙한 순간이기에 나는, 가능한 한 진실하고자 한다. 쓴다는 것이 얼마나 고귀한가를, 또한 얼마나 행복한가를 일깨워 주는 시간이다.

내 핏속엔 내 가슴속엔 사유상思惟像을 만든 석굴암과 불국사를 설계하고 에밀레종을 만든 장인들의 피가 흐르고 숨결이 스며 있는지 모를 일이다.

나는 생명의 실타래를 갖고 있다. 작품하나하나가 창작이고 잉태되어 태어나기에 영원히 이어나갈 실타래를 풀어 내면서 또 다른 생명의 탄생을 위하여 손에서 펜을 놓지 않으리라.

자화상

어느 누가 내사전엔 불가능은 없다고 했던가.

세상에 불가능한게 왜 없겠냐마는 그는 그만큼 인생을 옹골차게 살고 싶다고 자신에게 침을 놓는 주술이었다. 평생을 낯선 이국에 정박한 한 척의 배처럼 모진 풍파를 홀로 견뎌냈다. 기댈 언덕도 마음부릴 온기도 없는 무인도에서 지병처럼 키우며 살아갔다.

어쩌면 외로움도 사치인 그런 나날속에 눈물마저 말라 오로지 두 발 딛고 서 있기만 바랐다. 지성知性의 표상인 까만 사각모.

꿈과 이상을 키울 수 있는 길목인 학사모를 쓰기 위해 이땅의 젊은이들이 많은 걸 희생하며 밤이 하얗게 새도록 얼마나 책과 씨름을 했을까.

그러나, 학사모를 쓸수 있는 사람도 한정되어 있으니 더욱 동경의 대상이 된다. 새까만 졸업가운 뒤에는 교도소의 담벽보다 높은 학자금을 파란 지폐로 첩첩히 쌓아올려야 하는 어려움 때문에 수많은 젊은이들이 피눈물을 흘리며 돌아설 수밖에 없을 것이다.

하늘보다 파란 가슴을 보듬고 밤하늘의 별처럼 반짝이는 사각모를 쳐다보며 반평생을 살아온 한 중년의 인생 노정을 아는가.

배움이 응어리가 되어 쭉정이뿐인 가슴을 태질하며 살아온 한 사내의 연륜속엔 피골이 상접한 아프리카의 기아처럼 일제 36년간의 세월도 그렇게 참담할 수밖에 없었다. 해방동이인 나의 어린시절도 할퀴고 빼앗긴 선대先代의 피폐한 그늘 때문에 영양실조로 뼈만 앙상히 드러낸 채 어머니의 등에 업혀 칭얼대던 모습은 바로 조선의 역사였다. 시대의 유산은 한낱 등겨로 남아 40~50년대 우리 민초들의 생활상은 보릿고개 넘기기가 죽기보다 힘들었다는 말 그대로 빈 쭉정이였다.

빨갱이共匪가 두 눈을 부라리며 밤과 낮을 바꿔가며 살아온 여울목터엔 가난의 무게가 켜켜이 쌓여가고 소작농의 피해가 어찌 일제시대에만 있었겠는가.

해방 후도 척박한 산간 지방의 농민들은 외손 바닥만한 뙈기밭일망정 올곧은 곡식밭 하나를 가지기 위해 무진 애를 썼다.

농부는 염천 뙤약볕 아래서도 쉬지 않고 잡초를 뽑고 겨울 찬이슬 맞으면서도 자갈을 쳐네고 객토를 치고 토양을 가꾸며 살아가는 게 농부의 일생이었다.

6.25 사변을 겪고나자 어느새 어깨에는 깔바지개가 달랑 걸머져 있었다. 무룡산에 올라가 고사목이나 송충이 먹은 소나무 갈비쌈松林落葉을 해오는 게 일과였다. 그때 나이 예닐곱 이었다. 걸음마적에 아버지를 여위고 편모슬하의 궁색한 세간 때문에 적령기를 이태나 넘겨 소학교에 입학하여 월반을 두 번씩이나 하며 4년만에 졸업을 하게 된다. 6학년때는 전교아동장(그 당시는 어린이 회장을 아동장이라

불렀다)으로 피선되어 빨강과 황금색 세줄로 자수刺繡 놓은 훈장을 이름표 위에 자랑스럽게 달고 다니면서 선생님들과 면민들의 사랑을 듬뿍 받았었다.

졸업때는 전체 수석으로 학업우수 품행방정으로 도지사 상과 교육감상을 받는다.

찢어지는 가난 때문에 상급학년 진학을 포기하고 한학자漢學者인 큰아버지로부터 천자문과 동몽선습, 명심보감을 배우면서 자아가 발달하니 희망이 없는 시골이 싫어지고 꿈을 펼 수 있는 대처를 동경하게 된다. 한창 감수성 물씬하고 꿈이 가슴 속에서 보글보글 끓어야 했을 청소년 시절을 헐벗고 궁색하게 살았다. 땔감하랴 소풀먹이랴 마음놓고 실컷 책도 보고 공부가 하고 싶어 먼 산을 쳐다보며 사내의 피눈물을 뿌린지가 한두번이 였던가. 어느 해인가 봄바람이 감미롭고 찔래꽃들이 유난히 곱던시절 싸리울을 몰래 등지고 개나리 봇짐하나 달랑 허리에 메고 신개척지로 당찬 발걸음을 옮겼다. 50여년 전 부산 돌아보면 순전히 이끼 낀 전설 속의 거리로밖에 기억하고 싶지 않다. 넓은 낙동강을 조그만 귀웅배로 건너던 시절 이니까.

목구멍이 포도청이라 청운의 꿈은 산산조각이 나고 인생의 밑바닥을 전전하다 숙식도 제공되고 공부도 할 수 있는 치과병원에 정착하게 된다.

악바라지 바지개출신이라 요령도 피울 줄 모르고 하루 24시간이 모자라게 열심히 일한결과 의술도 배우고 어느 정도 저축이 되니 배움의 갈증이 열병이 되어 몸살을 하는게 아닌가. 중학검정을 거쳐 드디어 청년은 나이 18살에 꿈에 그리던 까만 교복에 하얀 목칼라를 입는 고등학생이 된다. 세상은 내것이다 불행은 비켜서라.

주술을 외우듯이 그 길고도 긴 세월을 주경야독으로 대망의 졸업장을 쥐게된다.

비록 인생을 거꾸로 살아가지만 젊은이는 치과의사가 되는 꿈을 키우며 의학공부에 몰두한다. 그러나, 세상을 살아가는데 한 인간의 진로는 본의아니게 엉뚱한 방향으로 꺾여버리는 수가 있다. 의사가 되겠다는 일념으로 미친 듯이 질주하던 청년은 5·16의 총성에 그만 주저앉고 만다. 1963년까지 있던 의사검정시험 제도가 5·16 군사혁명과 동시에 폐지되고 대신 의료기사법이 새로 탄생됐기 때문이다.

실의에 빠져있던 청년은 마음을 돌려 선진 의료기술을 연마하며 이 분야의 1인자가 되는 야망을 불태우며 자격증에 눈을 돌린다. 부모의 뒷받침없이 쥐꼬리 봉급과 부랄 두쪽으로 대학치기공과를 어떻게 다니랴 난감했다. 천행인지 천운인지 전문대학 수준의 국가자격 검정고시가 2년 기한 한시적으로 시행되는게 아닌가 한사람의 훌륭한 사회인이 되지 않으면 고향을 찾지 않겠다던 당돌한 개쪼와리(가출) 인생….

뜻이 있는 곳에 길이 있다는 말이 있듯이 1년동안 눈꺼풀을 치켜세우며 날이 하얗게 샐때까지 책과 씨름한 결과 전국 최연소로 대한민국 치과기공사 면허 28호를 취득하게 된다. 인간이 변화하는 환경조건에 살아남기 위해서는 이것저것 닥치는 대로 했던 지난 날이었다. 그 어렵던 날들은 지금까지도 내 삶의 마디마디에 걸려있어 불쑥불쑥 나를 잠깨워 놓곤 하지만 상처라는 것은 시간이 지나면 희미해 지는법…….

당시엔 그렇게 고통스러웠던 일들도 마치 무리지어 피어있는 안개꽃을 한참 들여다 보고 있으면 일어나는 착시현상처럼 기억에서 가물가물 희미해져서 고통인지 즐거움인지 모호해지기 일쑤인 것이다. 지금 돌이켜보면 그런 와중에서도 용케 책을 놓지 않고 배움의 이음새를 헝클이지 않을 수 있었다는 사실만이라도 천만다행이요, 감사할 일이라 생각이 든다. 젊은이는 꿈과 이상을 크게 가져라 했던가, 면허증보다 한 분야의 장르를 추구하는 뛰어난 장인이 되겠다는 일념으로 선진의술과 기술연마에 몰입하다 1976년 사단법인 부산시 치과기공사회 총무이사를 맡고부터 사회에 눈을 돌리게 되고 그 뒤 학술이사 감사 부회장(세번) 대의원 의장 부산시총의료기사연합회 부회장 구정자문위원, 방위협의회 정화위원 육성회회장 전문대학 임상실습 외래교수를 역임하며 학회지와 치과기보 치과의사 신문에 두루뭉수리 졸작을 수십차례 투고하게 된다.

식자문과 논설문에 어느 정도 자신이 생기게 되면서 문학에 눈을 뜨게 되어 본격적으로 문학공부를 하고 싶은 욕망 때문에 불혹의 나이에 1987년 동서대교육원 문예창작과에 입학하여 체계적으로 4년간 공부를 하게 된다.

바쁜 일과에 중년의 나이로 학업을 병행할려니 여간 힘이 들지 않았고 더욱이 일주일마다 주는 창작 과제물 때문에 수없이 곤욕을 치루기 일쑤였다.

그러나, 자기 전공분야가 아닌 타분야에 대한 지知적 호기심과 생경한 문학용어, 문장, 작문법에 대한 교수님의 해설, 고전 문학과의 만남과 특히 우리문단 거목들의 발자취와 작품에 대한 끈기와 의지력에 큰 감명을 받는다. 또한 젊은 학과 급우들과의 소설, 詩, 수필

등에 대한 발표, 토론, 교수님의 최종강평 등을 듣노라면 수업시간이 그렇게 즐거울 수가 없었다. 나이를 초월하여 내면세계를 살찌우겠다는 인간의 소박한 진리 앞에 새삼 감사하는 사이 4년이란 짧고도 긴 시간이 흘러 학사모를 쓰고 수료식을 하게 되었다. 꿈에 그리던 학사모와 졸업가운을 입고 기념사진을 찍으면서도 가슴뿌듯함에 앞서 거꾸로 살아온 한 사내의 인생항로가 이제사 물살 잔잔한 항구에 정박하는가 하니 뼈시리도록 몸부림친 자국자국이 선연한 그리움이 되어 다가온다.

진리의 길

'중생이 앓으니 내가 앓는다. 중생의 병이 나으면 나도 나으리라.'

젊은 시절 어느날 몸을 많이 상하여 한 한의원을 찾아가 불안한 마음으로 진찰대에 누워 보니 머리맡에 위의 글귀가 붙어 있었다. 뒤에 알아보니 '유마경維摩經' 에 나오는 법어로 그냥 부처님 말씀으로 들어 무방할 말이었다. 나는 허깨비 불자지만 山을 좋아하다보니 산문山門을 즐겨 찾는다.

우리 삶에 대한 반성적 언어의 장이라 할 문학에 입문하고부터 불교의 자성적 탐구의 교리에 덕을 입을 대목이 많을 듯 싶어 이런저런 불서들을 기웃거려 보았다.

소학교 시절 소풍길부터 나이를 한참 먹은 뒷날의 산행까지 절간을 찾을 때면 으레 법당 뒷벽쯤에서 한 사람이 소를 찾아 끌고 오는 열 장면의 선화禪畵를 보게 되곤 했다. 하지만 그 그림들(십우도 혹은 심우도) 역시 내용을 잘몰라 궁금증을 품고 살아왔다. 어머님이 즐겨읽는 불경의 현묘한 선담들이 그러했듯 나는 그 생생한 삶의 움직임과 지혜의 힘을 볼 수가 없었다. 그런데 그 고졸스러운 붙박이 그림들이 마침내 내 마음 속에 조금씩 움직임을 시작했다. '심우도' 는 북송 말기 곽암사원 스님이 사람과 친근하고 근기根氣가 굳센 '소' 에 의탁하여 자성을 탐구하고 마음의 깨달음을 구하는 수행과정을 말함이다. 목동이 소를 먹여 기르는 열 장의 그림으로 표현하고 단계마다 뜻과 값을 드러낼 송시頌詩를 지어 붙여 설명한 선록禪錄이라 했다. 열 가지 단계는 처음 사람이 자신의 본면목의 비유인 '소' 를 찾아나선 대尋牛서부터 발자취見跡와 소를 발견見牛하고, 그를 붙잡아得牛 잘 먹여 길러牧牛 집으로 타고 돌아와騎牛歸家서, 이제는 소를 얻어온 사실조차 잊어버리는忘牛存人단계를 거쳐 종래는 사람도 소도 사라지고 없는 큰 융화의 경계에 이르게 된다는 이야기다.

소는 도가에서는 유유 자적을 상징하고 유가에서는 義를, 불가에서는 '인간의본래자리' 곧 본성을 의미한다. 수행을 통해 본성을 깨달아 가는 과정을 비유한 심우도가 이같은 의미를 대표적으로 보여준다. 그만큼 소는 다른 어떤 동물보다도 불자와 친숙하다.

불교의 성지聖地라 하는 인도에서는 소를 여늬 동물보다 신성시 하며 어머니에 비유해 절대 도살을 법으로 금지하고 있다.

고려 때의 보조 국사 지눌은 호를 牧牛子라 하였는데 '소를 기르는 사람' 곧 참마음을 다스리는 사람이라는 뜻이다.

만해 선생이 아호를 牧夫라 한것도 비슷한 의미이고, 만년의 서울 자택을 심우장이라 함도 '본성을 찾아 전념하는 집(산장)' 또는 '불교의 진리를 깨우치기 위해 공부하는 집' 이라는 의미가 담겨있다.

심우도는 동자와 소를 등장시켜 참된 수행을 통한 깨달음의 과정을 묘사한 그림으로 이때 소는 인간의 진면목인 불성을 의미하기도 한다. '마음心을 빼앗기면 눈은 아무것도 볼 수 없다'는 영국 속담이 있다. 마음이 모든 것의 근본이 된다는 의미일테니 선지자들은 자신을 다스릴 줄 알아야 성공할 수 있다고 했다.

인간의 행복과 불행도 마음먹기에 달려 있다고 했듯이 마음이 물질이 아니더라도 물처럼 흐르기 때문이리라.

마음이 조용해져야 편안할 수 있고, 편안한 뒤에야 사고思考할 수 있고, 사고할 수 있어야 터득할 수 있게 되는 것이다.

자주 수염을 깎아야 하듯 마음도 매일 다듬지 않으면 안된다.

우리가 한번 반성하고 좋은 뜻을 가졌다고 해서 깨끗한 마음이 항상 유지되는 것은 결코 아니기 때문이다.

석가가 영산에서 설법을 할 때 말없이 연꽃을 들어 대중에게 물어보았더니 가섭만이 뜻을 알아차리고 미소를 지었다는 것이 염화시중拈華示衆의 이야기다. 염화시중이 말하고자 하는 의미는 가장 숭고한 정신은 이심전심으로 통할 수 있다는 것이다.

마음이 지순하면 눈에 보이지 않는 것도 느낄 수 있고 마음이 옳지 못하면 쇠 녹이 쇠를 먹어버리는 것처럼 자신을 먹어버린다.

수 천 수만 마디의 말을 담은 미소가 있다. 원효와 이상의 대선각자가 있어 그런지 좁은 땅덩어리에 어디를 가나 명당터엔 으레 사찰이 고즈넉하게 좌정하고 있다. 목우도 뿐만 아니라 주련의 글귀도 난해하기는 마찬가지지만 대웅전 부처님만은 한없이 자애롭기만 하다. 영겁의 시간 저편에서 현세의 우리에게로 왔기 때문인지 중생을 위한 자비로움은 보일 듯 말 듯한 입가에 머문 미소는 참으로 아득하기만 하다.

허수아비

누군가가 그리워질 때가 있다 가슴속에 휑한 그리움만 남기고 떠난 물상이 그리워질 때가 있다. 서걱거리는 바람 소리가 유난히도 크게 들릴 때면 생각이 더 나는 그림자들……. 지금은 먼 옛날의 잔영이 되어 그리움만 더해가는 그들을 생각한다.

쭉정이 흩날리는 맨땅에 홀로 서서 지는 해를 망연히 바라보는 남루한 차림의 그대는 누구인가.

추수가 끝난 시골길을 가다보면 허수아비가 보인다. 떨어진 누더기 옷을 걸친 채 두팔을 벌리고 쓸쓸히 서 있다. 구멍난 모자 하나 얹고 있는 허수아비가 안스러워 보인다. 나는 허수아비를 볼라치면 내 유년의 삽화를 보는 것 같아 가슴이 시리다. 자기가 거두워들일 낟알 하나 없는 것이 허수아비의 삶이다. 지난 여름 내내 불볕 뙤약볕에서부터 가을 추수가 끝나기까지 허수아비는 사람들의 양식을 지키기 위해 무료봉사를 하고 있다. 허수아비는 자기의 댓가를 바라고 서 있는 것은 더욱 아니며 오직 주인을 위해서이다.

새떼가 나타나면 두눈을 부라리며 팔을 벌려 휘휘 내젓기도 한다.

바람이 불면 창떨어진 모자를 부여잡고 외줄을 흔들며 안간힘을 쓴다. 몸뚱이 팔 다리에 피를 끓게 하던 새떼들. 이 논두렁에서 저 논두렁에 걸쳐있는 새끼줄에 음표처럼 앉아 재잘되던 새떼들은 어디가고 스산한 바람만 들판을 휩쓸고 있다.

추수가 끝난 황량한 들판에 외롭게 서 있는 허수아비. 인생도 어쩌면 새파에 치이고 할퀴다 보면 종당엔 허수아비 신세와 다를건 무엇인가. 나 역시 가울이 깊어가는 막다른 골목에서 허수아비처럼 서 있다. 가난한 영혼은 빗물에 고여 썩고, 글밭에 심상은 고갈되어 도심 한복판 콘크리트 바닥에 나뒹군다. 무엇하나 제대로 된 작품하나 건져내지 못하고 삶에 짓눌리고 물질문명의 노예가 되어 허덕이는 신세. 아니 거두어 들일 영혼이 있다 해도 내 그릇이 작아 힘에 부친다.

해방전후의 허수아비들은 가난했던가 봐. 찬서리에 오들오들 떨고 있는게 안스러워 내가 입던 헌옷가지를 걸쳐주면 어머니는 호통을 치셨다. 기워서 입을 옷을 어디다 갖다주느냐고 불호령이었지만 어린마음에 핑개를 대어 새옷을 입고 싶었을 게다. 그에 비하면 요즘의 허수아비는 카우보이 모자에다 무명바지 저고리에 권총까지 차고 있으니 호사를 누린다고 할까.

허수아비의 말년은 고독하다.

벼가 무르익을때는 주인으로부터 후한 대접과 사랑을 받지만 추수가 끝나면 십자가에 못 박힌 예수처럼 허수아비도 논 가운데 막대기에 매달린채 서서히 말라간다. 출렁이던 나락 물결과 발목을 감쌌던 봇물들은 다 빠져 나가고 쭉정이 흩날리는 맨땅에 홀로서서

버려진 신세를 한탄한다. 넓은 들판에 쓸쓸히 서 있는 허수아비는 비옷입고 논길을 걸어가던 아버님 같기도 하고 5일장날 나무짐지고 터벅터벅 걸어가던 이웃집 할아버지 같기도 하여 괜히 콧잔등이 찡해지기도 한다. 허수아비를 탐색하다보니 윤재근님의 참새의 꿈 詩 한 편이 생각난다.

참새의 꿈 이야기

꿈속에서 참새는 인간에게 행복을 아느냐고 묻는다.
왜 행복을 모르겠느냐고 인간들이 삿대질을 한다.
그렇다면 불행하지 않겠다고 참새가 말한다.
그러자 인간들이 모두 불행한 일이 많다고 아우성이다.
행복을 안다면서 왜 불행하냐고 참새가 반문한다.
행복이 오지 않는다고 인간들이 투정한다.
행복은 얻는 것이 아니고 줍는 것도 아니다.
살 수 있거나 훔칠 수도 없고 뺏을 수도 없다.
행복은 밖에 있지 않는 까닭이다.
그렇다면 어디 있느냐고 인간들이 묻는다.
욕심 밖에 있다고 짹짹 거린다.

빈 들녘에는 머지않아 성성한 눈발이 날릴 것이다. 허수아비 삶까지 감싸 앉으면서 말이다. 나의 영혼에도 함박눈이 내렸으면 좋겠다. 메마르고 가파른 삶을 조금이라도 따스하게 감싸안아 주었으면 좋겠다. 비록 허수아비처럼 초라한 삶들이지만 서로가 서로를 감싸안고 보다 넉넉한 인정이 가득 넘쳐나는 그런 세상을 꿈꾸어 본다.

이브의 배꼽

'무無로 부터의 창조, 그녀의 배 속에는 무엇이 들어있나? 붉은 양모 속에 쥐 죽은 듯 있는, 긴긴 탯줄을 가진 한 생명. 살이 배배 꼬인, 모든 연결 고리를 거슬러 올라가는 신비한 줄.' 제임스 조이스의 '율리시즈'의 한 대목이다. 우리 몸의 가장 중심에 위치한 배꼽. 조이스의 표현을 빌어 굳이 분석하자면, 탯줄의 흔적인 배꼽은 확실히 우리의 몸뚱아리는 과거, 가까이는 우리의 어머니들에서 멀게는 유인원 조상들에게까지 이어져 있음을 나타낸다. 하지만 다시 생각하면 배꼽은 과거와는 독립된 존재임을 역설한다. 모체에서 떨어져 나온, 새로운 세상에 진입했다는, 삶의 과정에서 일종의 루비콘강을 건넜다는 증명서와 같다. 어미의 몸 안에 바다가 있다는 말이 있다. 상상력이 풍부한 시인들은 바다에서 어머니를 본다.

한자의 바다 해海자에는 어머니를 뜻하는 모母자가 들어있기 때문이다.

그런데 놀라운 것은 과학자들도 20억년 전 최초의 생명 세포를 태어나게 한것은 태고의 바다라고 주장한다. 이유는 바닷물과 어머니의 자궁 속 양수의 성분이 비슷하고 거기에서 생명의 기적들이 생겨났기 때문이란다. 해수海水와 양수羊水의 미네랄 화학기호를 들여다보면 겨자씨만한 태아胎兒가 되어 모체의 자궁속 바다를 유영하는 모습과 흡사하다니 신기하기만하다. 신화의 관점으로 보면 우리는 동굴속의 곰이였지만 생물학적 관점으로 보면 바다에 떠 있는 작은 미생물이었고, 한국인이기 이전에 먼저 원숭이와 도롱뇽 또는 바다의 물고기였는지도 모른다. 이 세상에서 지고지순한 사랑의 표상인 어머니. 평생을 함께 동고동낙해야 할 동반자. 그 중간에 끼인 허수아비 사내는 누구인가. 한 시간전에 조반을 들고 먹을 것을 찾아 두리번 거리고 말을 시작하면 30분이고 한 시간이고 폭포수처럼 쏟아내는 90줄의 노모앞에 자식들은 망연자실한다. 의사의 진단에 치매의 일종이라는 말에 아내는 내 복이 개떡이냐는 자탄에 남편은 할말을 잊는다. 운명의 여신은 이렇게 두 여인에게 질기고도 긴 인연의 고리를 엮어 놓았을까. 인간의 뇌세포는 40대를 정점으로 해마다 조금씩 죽어가다 90대가 되면 60% 정도의 세포가 사멸되고 건강한 세포는 얼마되지 않으니 어린애가 되는건 기정사실이라니 허무한 생각이 든다. 해방되든해 3살 9살 두 자식을 엉겁결에 물려받은 29살 청상이 된 여인은 물도 말라버린 거북등 논바닥이었다. 비록 소작농을 일구며 꿈을 키우던 남편이 나라를 휩쓴 호열자의 병마에 속절없이 스러지고 수 십년을 가시밭길로 살았다. 세월이 흘러 세살 외아들이 성장하면서 꿈이요 희망이요 환생한 남편이었을게다. 어느날 애지중지하던 아들이 참한 처녀를 색시로 맞이하니 기쁨반 질투반 묘한 세월이 흐르다. 떡뚜거비 같은 손주를 안겨들이니 빈 젖을 빨리며 날이면 날마다 입이 다물어지지 않았다. 연년생인 작은 애가 형아 엄마는 할머니라고 앙탈을 부리며 제어미 근처도 못오게하니 애정결핍증이 생길까봐 큰애다루기가 가시밭길이었다. 반면에 목석같은 신랑을 둔 여인은 사랑스런 품안의 첫 아가를 시어머니에게 내어주고도 모든게 복인양 살든 아내는 세월의 이랑이 이마를 덮고 머리에 서리가 내린 중늙은이로 변해 내 인생을 변상하라니 이 일을 어찌할꼬. 반 평생을 홀어머니 봉양한다는 핑계로 그 흔한 외국여행 한 번 못해준게 마음의 병이되어 이순耳順의 사내는 가슴으로 울면서 세상을 터벅터벅 걷고 있다.

우리의 삶이 자동차 타이어처럼 스페어가 있는 것이라면 별 문제가 없겠지만, 강물이 흘러가면 또 다시 그 자리로 되돌아갈 수 없는 것처럼 삶 또한 재방송이란 있을 수 없는게 인생이 아니던가. 훗날 자신의 묘비명에 '최선을 다했노라' 고 자신있게 새겨넣을 수 있는 사람이 이 세상에 얼마나 될까. 파란 나이에 청상이 되어 두 자식을 위해 일생을 송두리째 희생하고 졸수卒手를 넘겨 병석에 계신 노모와 37년을 한 남성을 위해 몸과 마음을 바쳐 한없는 사랑을 선사한 초노의 여인앞에 한 남자가 해줄게 무엇인가. 두 번의 심장수술과 무릎수술을 받고도 아내의 텃밭을 정성스레 가꾸고, 지아비에대한 사랑의 얼레를 쉼없이 돌리고 있는 아내가 고맙고 미안할 뿐이다.

무덤덤한 세월의 씨앗은 가슴깊이 쌓여가고 있은데 두 여인은 어쩌자고 기대고 바라보며 한 울안에서 무한한 사랑을 주고 있을까. 미어지고 애련한 가슴을 어쩌지 못해 비라도 부슬부슬 오는날 술이라도 한잔 걸치면 애꿎은 지하주차장 차속에서 음악을 틀어놓고 눈물반 콧물반이 되어 인생의 조각보에 넋두리를 하는 사내는 진정 미치광이란 말인가. 나는 달이고 싶다. 조금씩 감추고, 조금씩 변하고 있고, 보이는 부분만 보기 때문이다. 달이 흐르듯 사람 또한 시간의 수레바퀴위에서 쉼없이 흘러간다. 젊었을 때는 모든 게 장미빛이요. 하고 싶고 이루고 싶은 꿈들이 미리내를 이루었다. 세월이 흘러 육신의 허망처럼 조금씩 사그라드는 빛의 명암은 억만 년 사라져간 퇴적한 용암처럼 어디에 쌓여있을까. 세월의 뒤안길에 꿈을 이루지 못했지만 아직 뿌린씨앗은 거두고 할 일이 남아 있기에 용기를 가지고 한 여인을 사랑하리라.

백 미러

--시야가 확트인 도로에 가지각색의 차량들이 질주한다.

액셀레이터를 힘차게 밟아보니 차는 가속도가 붙어 광풍처럼 내달리고, 차 속에 있는 나는 가만히있는데 나의 심장 혈관은 열이올라 같이 달린다.

내 허파속까지 들려오는 속도 투우처럼 씩씩거린다. 복닥대는 시내에서 맴을 돌다 뻥 뚫린 고속도로에 나오니 신이 난 걸까.

내가 몰고 가는 애마는 기계로 돌아가는데 창밖의 나무들도 덩달아 휘파람을 불어대고 차속에 있는 나는 자동차와 관계없이 혼자서 달려가는 것 같다.

도시 사람들은 녹색이 부족한 탓인지 감성마져도 콘크리터처럼 굳어가고 너도 나도 허겁지겁 사는 모습을 보면 조갈증 환자처럼 보인다.

나폴레옹이 넘었다는 앞프스 정상에 가면 'Stop, Think Go' 라는 세문장이 크게 새겨져 있다 한다. 가던 걸음을 멈추고 자신을 뒤돌아

본 뒤 진행하라는 뜻이라고 한다. 기계문명의 상징인 자동차 길에도 이와 같은 뜻을 갖은 세 가지 신호등이 있다. 적색에는 멈추고stop, 황색에는 기다렸다가think, 청색이 켜지면 출발go하라는 그것이다. 어찌 이것이 교통질서에만 부합되는 신호이랴. 세월의 뒤안길에 희노애락을 버무리며 살아온 인생의 길에서도 적용되는 삶의 순환이기도 한 것을…….

아무리 바쁜 세상이라 하더라도 가끔은 오던 길을 멈추고 자신을 뒤돌아보는 적색신호 앞에 멈춰서 다음 신호를 기다리는 것이 인생의 순리가 아닐까.

자동차는 문명의 꽃이라고도 하고 문명의 이기利器라고도 한다.

미국속담에 '자동차는 인간의 생명을 연장시켜 준다'는 말이 있다. 모터카의 스피드가 인간의 시간을 절약시켜 준다는데서 쓰인 이 속담은 시간을 절약한만큼 생명이 연장된다는 예찬론이다.

실용성을 중시하는 미국적 사고라 할 수 있을 이런 생각은 역으로 자동차는 인간의 생명을 단축시킬 수도 있다는 이치를 성립시킨다.

특히 자동차 사고 세계 1위인 한국적 풍토와 100년의 역사를 자랑하는 토요타 자동차의 엄청난 리콜사태를 지켜보면서 기계문명의 편리함에 앞서 생명을 저당해야 하는 아이러니는 어떻게 설명할까.

나역시 문명의 꽃 때문에 한창나이에 요단강을 건널뻔 했다. 모터카의 스피드에 매료되 겁도 없이 질주를 거듭하다 울산 오복재 커브길에서 다이빙을 하고 말았다.

다행히 나무에 걸려 화를 면하고 부터는 승용차에 대해 겸손한 마음으로 사랑과 정성으로 대했더니 30여년간 무사고로 보답하는 무생물이 신기하기만 하다.

고속도로는 속도감과 훤히 보이는 시야의 장점도 있지만, 순간적으로 모든 사물이 휙휙 지나가는 단조로움 때문에 삭막함을 주지만 국도와 시골길은 지루함을 느끼지 못하고 모롱이를 지나면 어떤 새로운 풍경이 나타날까 설레임과 즐거움이 있어 좋다. 고속도로에서 100~120k로 달리다 도심으로 진입하면 숨이 막힌다.

서로 빨리 갈려고 클랙슨을 울려대며 질주하느라 정신이 없다.

쫒는 자와 쫒기는 자, 추격하고 추월하느라 달아오른 도시의 공기는 후덥지근하고 매케하다.

자동차를 운전해 본 경험이 있는 사람들은 백-미러의 중요성을 절감할 것이다.

백-미러와 룸-미러를 자주보고 옆차와 뒷차의 흐름을 살펴 봄으로서 안전하게 운행 할 수 있을 것이다.

그렇지 않고 미러를 통해 뒤도 돌아보지 않고 앞만보고 내달린다면 운행의 안전성도 문제지만 자동차 문명의 이단지로 남에게 피해도 주고 눈살 찌푸리는 행동도 하게 될 것이다.

자동차 2000만 시대 문명의 꽃으로 발전할까 아니면 괴물로 둔갑하여 불행의 씨앗이 될까.

우리모두 애지중지하는 애마를 운전할 때 뒤도 돌아보고 안전거리도 확보하고 서로 양보하면서 아름다운 문명의 이기利器를 즐겨보는 시대가 도래하기를 고대하면서…….

우리의 인생도 물불가리지 않고 앞으로만 질주할 것이 아니라 띄엄띄엄 순간순간 뒤돌아 보며 반성도하고 더불어 살아가는 미덕도 기르면 얼마나 살맛나는 세상이 될까 생각해 본다.

人体의 반란

얼마전 담낭결석으로 인한 급성간염과 황달로 1개월여동안 고생을 한적이 있다.

쓸개란 놈이 여러 차례 상태가 안좋다고 칭얼대기에 바쁘다는 핑계로 퇴박만 주고 모른 척했더니 염천에 반란을 일으켜 기어이 주인을 수술대 위에 눕히고 말았다. 그때서야 정신이 번쩍들어 미안하다고 사과하는사이 스르르 꿈나라로 가서 몇 시간을 자고 났더니 쓸개가 가녀린 몸매에 콩알만한 돌을 다섯 개나 달고 목이 잘려 시술대에 널부러져 있는게 아닌가. 평소 건강하다는 자신있다고 자부하던 몸이련만 어느날 갑자기 위급한 순간을 맞으니 인간이 이렇게 허약한 존재가 되는구나 실감하였다. 육체란 것은 우주 만물이 동원되어져서야 지탱되는 것이듯 일상의 삶은 지상의 수많은 동행자의 협력 덕이라는 것을 새삼 깨달았다.

사람은 수명도 재운도 행복도 미리 엿볼 수 없는 미답未踏의 세계속에 사는데 무엇인가 늘 부족한 환경조건을 탓하면서 많이 가지려고 욕심을 부리다 괴로움을 자초하는 경우가 허다하다. 병상에 누워 생각하니 행복, 성공, 사랑, 삶에서 최고의 가치를 가지고 있는 것들도 생명과 건강이라는 단어 앞에서는 한낱 사치에 불과하다는 걸 느꼈다. 배는 풍선처럼 불러오는데 소피는 나오지 않고 지독한 통증에 시달리던 어느날 시원하게 소변을 볼 수 있다는 사실자체도 얼마나 축복인지 모르고 살아왔다. 사람들은 자기가 아끼는 자동차나 보석 가전제품, 휴대폰 등을 면포로 닦고 광도 내고 애지중지 하면서, 자기와 평생을 동고동낙해야 할 인체의 장기는 함부로 다룬다. 흡연과 과도한 음주, 도심의 탁한 공기와 매연으로 내분비 장기들이 숨이 막혀 허덕이는데 주인은 모르쇠로 일관하고, 쉽게 할수 있는 유산소 운동이나 자연속의 청정공기는 멀리하고 있으니 인체의 내장이 찌들고 망가지고 있다. 어린애가 태어날때는 몸과 마음이 맑고 순수하다. 청소년기를 거쳐 장년이 되면 순환기계통에 골이 패이고 찌꺼기가 쌓여 신진대사가 원활치 못하다. 어느날 갑자기 성인병에 걸려 허덕인다.

신神은 인간의 오만과 독선을 미리 예견했는지 생生의 마디마디에 고통을 주어 겸손과 배려로 서로 잘 어울려 살라는 경고음을 보내는 것 같다.

늘 밝음만 있는 세상은 존재의 의미를 잃게되고 즐거움과 고통, 어두움과 평화를 동시에 느끼게 함으로써 삶의 새로운 가치를 추구하라는 숨은 뜻이 있는 것 같다. 나 역시 담낭과 간에 탈이나고서야 뒤늦게 간염에 좋다는 다슬기 채집에 열을 올리고 있으니 우습기만 하다.

직립인간으로서 두 다리로 서 있을 수 있다는 사실이 얼마나 소중한지, 병상에 누워서 보는 하늘이 아니라 서서 보는 하늘이 얼마나 화려한지 새삼 놀랐다.

팔 다리에 근력이 떨어져 부대끼면서도 급성간염에는 다슬기가 명약이라 하여 산골을 찾아 물가에 앉아 주령만 멍하니 쳐다보는데 나무껍질 같은 물체가 발밑에 꼼지락 거리는게 아닌가.

자세히 보니 아기 손등만한 뚜꺼비가 빤히 쳐다보기에 엉겁결에 고개를 숙여 눈맞춤을 해보았다. 제딴에는 거대한 형체는 보이지 않고 안광만 보여 친근감을 느꼈든지 한참동안 미동을 않기에 등을 살짝건드리니 그때야 뒤뚱거리며 발길을 옮겨 놓는다.

자연의 일부인 인간과 그속에 기생하는 파충류가 지구상에 공생하기를 바라는 게 창조주의 지혜였을 것같아 입가에 미소가 번진다.

다슬기는 워낙 청렴결백한 미물이라 일급수에만 산다는 말만 믿고 골짜기를 파고드니 몸도 마음도 일급이 되는 기분이다.

사실 나는 시골 출신이면서 생태계를 몰라 사전을 찾아보았다. 다슬기과 고둥어로써 하천이나 연못의 일급수에 사는 심신이 깨끗한 미물로 색상을 황갈색 내지 흑갈색으로 고둥어보다 못하나 삶아 먹는다고 되어 있다.

명경알 처럼 투명한 물밑을 보니 다슬기가 바위에 새까맣게 붙어 있는데 어떤 놈은 잽싸게 미끄럼을 탄다. 사람의 인기척을 감지했다는 증거다.

살금살금 몇 마장을 옮기니 아니나 다를까 물위에 고성능 초단파 안테나를 내어 놓고 먹이를 찾고 있었다. 잽싸게 잡아 손바닥에 놓으니 안테나를 몸 속에 접고 뎅구렁 굴러 물속에 숨고 만다.

작은 생물이지만 위기관리능력이 보통이 아니다. 살겠다고 곤두박질치는 다슬기를 보는 순간 아차 내몸에 좋다고 미물의 생명을 빼앗다니, 마음이 개운치 않아 통속의 올갱이를 물속에 놓아주고 말았다.

빈 손으로 발길을 돌렸지만 어린날 고향에서 함께 어울려 지내던 자연의 생명들, 지금은 추억속에 남아있는 귀한 친구들이라 반갑기만 하였다.

허약한 체질에 좋다는 참개구리 바베큐는 천하일미였고, 수중보를 치고 올라오는 은어의 비상, 널뛰기 시합을 하던 메뚜기, 칠흑같은 공간에 아름다운 황록색 빛의 반딧불이도 개구쟁이들의 다정한 친구들로 교유했기에 내 문학의 모태가 되었는지 모른다.

인간은 삶의 뒤안길에 슬픔과 아픔을 겪어야 성숙해진다는 말이 있듯이 장년의 손재수에 가슴 앓이를 하고, 이순의 문턱에 급성간염과 담낭수술로 철이 드는지 누구에겐지 모르게 미안하고 감사할 뿐이다.

한민족과 律呂思想

너울너울 춤을 춘다. 천天 지地 인人의 조화인지 지구의 에너지가 인체를 관통한다. 두피가 가려워지고 몸이 따뜻해지더니, 개미처럼 작은 벌레가 표피를 기어 다닌다. 몸 전체에 전류가 흐른다.

우리 안에 있는 선한 마음이 기氣훈련과 뇌수련을 통해서 조화로움과 상생을 도모하는 에너지가 발생된다고 힐링소사이트는 전하고 있다.

이 땅에 붙박이로 살고 있는 우리는 누구이며 어디서 흘러와 천년의 세월을 엮어 내는가. 한일 월드컵 때 우리의 붉은 악마들은 기괴하게 생긴 치우천황기를 들고 대한민국을 연호했었다. 원래 하늘과 땅과 사람이 하나의 원형임을 깨닫게 하는 우리의 정신적 뼈대는 최초의 민족국가인 조선의 신선도, 고구려의 조의선인제도 백제의 문무도, 신라의 화랑도로 그 맥을 이어왔다.

한민족 최고의 경전인 천부경은 무엇을 의미하는가. '한단고기'에 따르면『천부경』은 9천 년 전 桓國에서부터 구전되어 오다가, 6

천 년 전 우리 민족 최초의 녹도문자(사슴발자국)으로 기록되어 있다.

율려는 원래 음양, 조화의 체계를 가르키는 말로써 음악에서 쓰는 용어로 알려져 있지만, 그것은 창조의 원음으로써 우주 조화의 근원을 일컫는다고 인류학자들은 정의한다. 우리민족이 일 만년 동안 한 민족의 맥을 이어온 것은 홍익인간 이화세계였다. 인간을 인간답게 만드는 교육이념, 하늘과 자연의 이치에 맞게 통치하는 이념, 세상을 진리화理化世界해서 지식과 현실이 일치하는 세상을 이루는 것이 조선의 역사였다.

이렇듯 동방예의지국이었던 조상의 음득이 동학東學 혁명 이후 외세와 결탁한 권력자들에 의해 율려사상이 단절되고 근래에 와서는 권력모리배들 때문에 국가의 혼란만 가중되고 있으니 참으로 안타까울 따름이다.

국제보건기구WHO에서는 현대인들의 건강의 조건을 '육체적, 정신적, 사회적 건강' 에서 영적인 건강으로 확대했다.

그만큼 사회가 복잡하고 다원화 되었다는 증좌이리라.

나역시 세월의 산물인지 이순耳順의 문턱에서 몸의 여기저기에 파열음을 내더니, 서울역 광장에서 하늘이 노랗게 맴을 돌면서 몸을 패대기 치는 게 아닌가. 몇분 동안 이승과 저승을 오가다 일어나 보니 얼굴과 의복이 피투성이가 되어 난감하기 이를 데 없었다. 백병원에서 한 달 동안 정밀검사를 했는 데 증상은 발견했으나 원인불명으로 무조건 마음을 편하게 가지고 조심하라는게 전부였다. 죽을 때는 죽더라도 살아 있는 동안은 정신건강을 돌봐야 겠다는 생각으로 찾아든게 단학 수련장이었다. 동서양을 막론하고 무병장수의 비결로 머리는 시원하게 하고 배는 따뜻하게 유지해야 한다고 한다.

이를 두고 단학에서는 수승화강水昇火降의 원리라 하여 수기水氣는 머리로 올려 보내고 화기火氣는 복부로 내려 보내는 운동을 반복해 시킨다. 젊어서부터 나는 건강한 육체와 건전한 정신으로 무장하고 있지 않으면 삶의 가치가 있을 수 없다는 다소 오만한 생각을 가지고 살아왔다.

야구 테니스 조기축구를 하면서 건강을 다졌으나 나이가 들고보니 정신적 충만은 고사하고 한국적 모든 병리현상에 심적 갈등만 더해갔다.

단丹이라는 말은 우리조상의 신선도가 20세기에 부활한게 단학이다.

경주에 있는 골굴사에 가면 우리의 국선도國仙徒의 맥을 잇기위해 젊은 스님들과 신선도에 매료된 외국스님들이 소나무 광장에서 너울너울 춤사위로 심신을 단련하면서 정진하고 있다.

단학수련은 호흡을 통하여 인체의 기氣와 우주의 기氣를 융합하여 건강과 심신의 안정을 준다. 혈관을 통해서 영양분이 흐르고, 신경을 통해서 정보가 흐르듯이 원기元氣 정기精氣 진기眞氣가 인체를 지배하는 에너지를 통해서 얻을 수 있다고 일지一指 이승헌 선생은 설파한다.

스트레칭과 호흡의 명상을 통하여 존재의 근원, 하늘과 땅, 인간이 궁극적으로 하나라는 깨달음을 얻어 진실된 삶의 가치와 인간의 존재이유를 터득하게 된다. 자신이 누구이며 어디서 왔는지, 지금의 자기를 있게 한 기반이 무엇인지 정확히 알 때 올바른 정체성을 확립할 수 있다. 그 정체성을 토대로 자기 삶의 주인이 되어 스스로의 인생을 창조해 나가는 것이 율려사상이다.

물처럼 바람처럼

바람이고 싶었다. 새가슴 파닥이는 미망의 바람이 되어 훨훨 날고 싶었다.

어쩌면 그대는 정월 대보름날 하늘에 띄어보낸 풍연風鳶의 영혼인지 풀어도 풀어도 끝이 없더니 너른 세상 밝은 세상 보지 못하고 종당엔 파지가 되어 피멍울이 지는구나.

사월은 생명의 바람이다. 겨울 동안 푸석푸석하게 건조해진 대지 위에, 촉촉한 생기를 불어넣은 오월의 훈풍은 봄의 전령이다.

나는 유년시절 시골에서 자라서인지 동장군이 기승을 부리면 공연히 초조해진다.

지금은 먼 세월의 잔영처럼 되었지만 보리가 찬바람에 얼어죽지 않을까 걱정해서다.

보리가 얼어죽지 않고 온전히 살기 위해서는 사람들의 무거운 발로 적당히 다져주어야 냉기가 흙속을 파고드는 것을 막아 생명을 유지할수 있기 때문이다.

언젠가 시골길을 가다가 맥파랑 같은 보리이랑을 보고 지금도 보리를 가꾸고 있구나 하는 반가움을 감추지 못했다.

청보리밭에서 파도타기를 하던 봄 내음이 짙은 유채향에 취해 돌담근처에서 넌지시 배내짓을 하는 모습에 유년의 삽화가 어른거리는 것은 어떤 연유일까.

보리밭을 생각하다 문득 6·25 휴전 직후 겨울 방학이 끝나고 등교날을 잡아 전교생이 보리밭 밟기를 했던 기억이 새롭다.

겨울 동안 눈보라를 이겨낸 보리싹들이 하루가 다르게 쑥쑥 자라오르면, 마치 초록생 융단을 깔아 놓은 것 같은 착각에 빠지기도 하고, 하늬바람에 비단결 같은 생머리 휘날리는 모습은 과히 한 폭의 수채화다.

바람은 지구의 영혼이라고도 할 수 있다. 육신은 지배하고 있는 인간의 영혼처럼 실체를 드러내지 않은 바람은, 엄연히 존재하고 있으면서도 그 형상은 보이지 않는다.

다만 허공에서 너울대는 나뭇가지의 춤사위에서, 사람의 가슴을 파고드는 시원함과 찬 냉기에서, 광풍에 부서지는 파도의 하얀 포말 등에서 야뉴스의 얼굴로 보여 줄 뿐이다.

바람이 인다. 바람은 자유의 표상이다. 굴레를 벗어던진 그 기백이 부럽다.

사람의 가슴을 시원하게 뚫어주는 신통력을 지녔다. 공기의 움직임이라는 단순한 과학적 해석은 바람의 이미지와 영 어울리지 않는다.

맹수처럼 포효할 때는 못다 이룬 내 꿈도 쓰린 가슴과 함께 곤두박질 친다.

지천명知天命을 지나 이순耳順의 문턱에 서 있는 내가 바람이라면 내 얼굴은 과연 어떤 모습일까. 하늬바람에 밀려 석양에걸린 한 가닥 애련의 구름일까.

서걱서걱 말라 버린 몸을 비비며 끝없는 바다를 향해 휘적거리는 갈대의 모습은 아닐까. 설사 어떤 모습을 지닌다 하더라도 나는 한 줄기 바람이고 싶을 때가 있다. 구름을 희롱하고 오대양 육대주를 제집 안방처럼 드나들고 높고 낮은곳, 귀한것과 천한 것을 가리지 않은 진정한 자유인이 되고 싶다.도시에서 태어나고 자란아이들에게 토끼바람 휘모리 바람을 알까. 남과 북 동족간 피바람을 휘날이던 직후이니 그리 먼 세월도 아니다.

겨울방학동안 망나니로 뛰놀던 학동들의 마음을 다잡기는 적절한 놀이와 공부를 병행하는 것이 최선의 방법이란걸 선생님들은 알고 계셨다. 그것은 전교생이 동원된 야산의 토끼몰이 행사였다.

수 천평 되는 다복솔이 많은 야산을 골라 선생님들은 언덕바지에 그물을 쳐놓고 지키고, 7~800명의 꼬맹이들은 신이나서 손에 손 잡고 우우 바람소리를 낸다.

잠자고 있던 토기들은 괴상한 소리에 놀라 수 십마리가 우왕좌왕 난리를 치고 학동들은 더욱 신이나서 휘몰이 치몰이를 몇 시간 하다보면 토끼들은 지쳐 짧은 앞다리에 힘을 주면서 정상을 향해 내달리다 그물망에 휘감기고 만다.

꼬맹이들과 다복솔이 함께 어울려 불어대던 춤사위는 바람이 되어 청산에 날고 해거름에 토끼들의 바베큐 연기는 허공에 날아간다.

자연도 아름답고 동심도 아름답다. 그런 꿈과 낭만이 있었기에 장년이 되어도 아름다움을 연상하면서 현대를 살아가는게 인간이 아닐까.

언어에 의하여 표현되지 않는 사물은 둥둥 떠다니는 구름과 같다.

하늘을 유영하는 구름에 언어의 끈을 매달아 존재의 새로운 국면을 제시하고 정물화 하는것이 문학가의 몫이 아닐까.

오래 전부터 심연心淵에서 응집된 갈증의 돌덩어리가 점점 가슴 앓이로 다가왔다.

어느날 문득 감지한 텅 빈 나의 자리. 그 자리에서 글은 내 고뇌의 위안이었고, 내 태만의 채칙이었으며, 내 갈증의 희망이었다.

내 육신의 구속을 벗어나 진정한 내면의 자유를 향유하는 그런 바람이고 싶었다.

비록 지금의 내 형체를 잃을지라도, 마른가지에 새순을 틔우고 그 위에 꽃을 피워, 삶의 생기를 불어넣는 희망의 바람이고 싶다.

아직도 나의 바람은 선잠을 자고 있다. 툭하면 언제 또 고개를 들고 광기를 부릴지 조심스럽다.

그러나 이제 구심점을 맴도는 동그라미가 되어 우듬지에 새잎을 돋우고 꽃을 피워 사랑하는 아내와 남은 여정 동행하면서 낮은 곳을 지향하는 흐르는 물처럼 살고 싶고 형체없는 바람이 되어 뭇 사람들의 가슴을 시원하게 하고 싶다.

8
칼럼 묶음집

인간의 참다운 價値는 무엇인가

인간은 동물일까? 생물학적으로 볼때 어쩔수 없이 동물이다.

하지만 인간은 저 헤아릴수 없는 수백 종種의 동물보다 초월적 지위에 있다는걸 누구나 인정한다. 그렇다면 인간의 형이상학形而上學적인 가치는 무엇인가. 고도의 지능을 가진 인간은 다른 동물들과 달리 톡특한 삶을 살고 있기에 만물의 영장이라고 하는지 모른다.

가령 국가 · 국기 · 국화 등이 대표적 사례라 말할 수 있다. 국가를 만들어 그 안에 국민의 권리와 의무를 부여하고 국가는 국민의 衣食住를 책임지고 생존권을 부여해 서로 어울려 상부상조하면서 살겠금 한다.

사실 국가 · 국기 · 국화 그 자체가 우리 안간사회에 직접적인 도움을 주거나 인간의 삶 자체를 좌지우지하는 것은 아니다.

인간은 위대하다. 인간이 더욱 위대한 것은 물질적 가치 못지 않게 정신적 가치를 더욱 소중히 여기기 때문이다. 사실 우리 인간이 물질적 풍요를 누린다고 해서 모두가 만족할 만큼 행복한 것은 아니다. 오히려 가난한 사람 도와주고 몸이 불편한 장애자를 씻기고 입혀주는 봉사의 의미 노블레스 오블리주가 참다운 인간의 가치가 아닐까. 하지만 우리 사회에는 언제부턴가 잘못된 풍조가 만연하기 시작해서 지금은 아예 도덕불감증에 걸려 있다.

물신주의가 팽배하다보니 온갖 부정과 비리가 사회를 혼탁하게 하고 설선수범해야 할 일부 공직자와 권력을 가진 자들이 앞장서 못된 짓을 찾아서 하는 꼴이니 나라의 장래가 걱정이다.

이럴 때 의적 임꺽정 같은 인물이 나타나 못된 놈들을 응징하고 주리를 틀어 능지처참을 했으면 하는 바람이 불고 있으니 이를 어쩌랴.

동물은 그저 먹고, 자고, 사냥하고 배설하고, 번식하면서 살아간다. 하지만 인간의 경우 그것만으로는 만족하지 않는다. 동물에게 태어날 때부터 본능이 있다면, 인간의 경우 그런 본능은 물론이려니와 더 높은 이상理想이 있다.

인간으로 태어나 인간답게 살다가 인간답게 죽고 싶은 높은 이상, 만약 인간에게 그런 높은 이상이 없었다면 인간 사회의 진화와 발전은 오늘날에 이르지 못했을 것이다.

그렇다면 21세기 지식정보화 사회에서 인간들의 삶의 모습은 어떠해야 할까. 세계의 명품들이 한국에 들오기 무섭게 동이 난다는데 보통 사람들은 그달 그달 생활에 허덕인다니 이런 괴리를 바로잡지 않으면 한국도 폭동이 일어나 그리스 꼴이 되지 않을까 적이 걱정이다.

우리 인간의 보편적 가치價値 더불어 함께 살아간다는 인간 본연의 자세로 하루 빨리 돌아가자. 우월심도 좋고 빈부격차는 어쩔 수 없다 치더라도 나누고 베풀고 홍익민족이라는 정신적 가치 실현을 위해 깊은 자각이 요구되는 시대, 특히 정부와 정치권은 크게 각성해야 한다. 성직자는 물론 의사, 변호사, 그 회 지도층에 있는 분들이 사회 전 분야에 걸쳐 인간중심의 참다운 가치관이 정립될 수 있도록 정신문화를 선도하고 인프라 구축 등 각고의 노력을 기울려야 나라가 바로 설 것이다.

칼은 양날이다. 잘 쓰면 보약이요 잘못 쓰면 힘없는 약자는 상처만 입는 게 아니라 목숨까지 잃을 수 있다. 정부는 분배 정의를 위해 제도적 뒷받침으로 국민들이 골고루 행복한 사랑을 이을 수 있도록 앞장서 이끌어야 하리라.

우리나라의 경제 규모는 가위 세계 10위 권에 육박했다. 그런데도 세계인들은 우리나라를 선진국으로 보지 않고 후진국으로 치부하고 있다. 이는 무엇을 의미하는가. 비록 경제 규모는 제법이라도 정부와 정치권의 치졸한 형태, 국민의 의식 수준, 사회 각 부분이 아직 선진국에 미치지 못했다는 반증이다.

그렇다면 정부와 정치권은 물론 재벌들도 경제 이론을 앞세운 무한 경쟁의 고리를 끊고 서로 돕고 위하는 공생공존의 사회, 즉 인간이 인간답게 살다가 인간으로 죽을 수 있는 위대한 국가 건설의 선봉장이 되어 밝은 사회 아름다운 세상을 만들어야 하리라.

청소년은 나라의 보배다

내 아이들을 두려움앞에 자신을 잃지않는 사람, 정직한 패배에 부끄러워 않는사람, 승리앞에 겸손할줄 아는 그러한 사람이 되게 하소서. 깨끗한 마음 높은 목표로서 스스로를 다스리게 하소서. 그리고 참으로 위대한 것은 소박함에 있다는 것과 참된힘은 너그러움에 있다는 것을 내 아이들로 하여금 마음에 새기도록 하소서. 이 글귀는 세계 2차대전 영웅, 맥아더 원수의 글귀다.

인류가 지구에 터를 잡고 살면서 종족보존과 미래의 번영을 위해서 제일 첫 번째 목표가 청소년 교육이었을 것이다. 동서고금을 막론하고 2세교육의 정서는 지도층이던 보통사람이던 자녀의 장래를 위해서 지극정성으로 키우고 싶은게 부모의 심정일게다.

한 나라의 흥망성쇠는 지도구릅의 정신자세에 있듯이 국가의 장래도 자라나는 청소년들을 어떻게 키워 나라의 백년대계를 맡길것인가에 달려있다.

어느사회든 청소년에 특별한 관심을 갖는 이유는, 이들이 바로 다가올 세대를 책임져야 할 소중한 존재이기 때문이다.

따라서 청소년 집단이 공유하고 있는 가치관이나 생활양식 친구간의 대화나 태도 장래의 비젼이나 인류애등 이른바 청소년 문화에 대해 정부나 학교 가정에서 다방면으로 검토하고 공동의 목표를 실천하기 위한 노력을 기울여야 할 것이다.

흔히들 교육과 인생살이에는 정답이 없다는 말이 있지만 기성세대는 청소년문제를 어른들의 시각에서보다 자신들이 공유하고 있는 저네들의 문화에서 해답을 찾는게 순서일 것이라 여겨진다.

바람직한 청소년상은 어떤 것일까.

첫째는, 올바른 국가관과 인류애를 가지고 내 개인보다 모두를 위한 비젼이 있어야겠다. 청소년들은 순수하고 건강하기에 장차 국가와 민족을 위해 무엇을 어떻게 해야 할것인가를 고민하고 또 고민해야 하리라.

둘째는, 용기와 패기다. 젊음은 샘 솟는 강한 힘과 불의를 보고 참지 못하는 정의와 용기다. 이미 우리는 저 찬란한 4.19의거를 간직하고 있지 않는가.

셋째는, 자기관리이다. 인간은 누구나 욕망을 갖고 있다.

특히 미래를 지향하는 청소년들의 기상이 크기에 불타오르는 욕망을 어떻게 관리하느냐에 따라 한 인간의 성공과 실패가 좌우하기 때문이다.

자기 인생의 목표를 세우고 도전하되 성취후 이웃과 국가에 어떤 영향을 미치는 가도 숙고해야 한다.

젊음은 짧기에 자신의 청소년기를 어떻게 값지게 보내느냐에 따라 장년의 위상이 달라지기에 전력투구 해야 좋은 결과를 얻을 수 있을 것이다.

청소년기에 앞서 유년기때의 부모의 역할은 어떠해야 하는가.

될성부른 나무는 떡잎부터 알아본다는 말이 있고, 과유불급過猶不及이란 말이 있다. 우리의 짧은 역사속에 민족적 불행으로 기성세대들은 암울한 시대를 겪어 왔다. 해방전후는 말할것도 없고 6.25 사변의 참담한 민족적 비극과 뒤따른 국가적 소용돌이로 사회적으로나 가정적으로 청소년들에게 특별한 관심을 가질 겨를이 없었다. 나라가 가난하다보니 가정이 해체되고 그로 인한 아이들의 양육은 뒷전으로 밀려나고 부모의 보호를 받지 못한 비행청소년이 급증했다.

시대는 변하여 나라 경제사정이 좋아지고 살기가 좋아지니 가난의 대물림은 하지 않겠다는 부모의 보상심리인지, 대다수 부모들이 자녀들에게 무한정의 사랑을 쏟는다.

특히 40세 전후 부모들은 자식들의 기氣를 죽이지 않겠다는 희한한 괘변으로 가정에서는 물론 공공장소에서 떠들고 망나니 행동을 해도 통제는 커녕 기성세대들이 주의를 주면 애 기氣 죽인다고 눈을 흘긴다.

유년기때의 자녀교육은 장차 성년이 되었을때 인격형성에 지대한 영향을 미친다.

민주주의 기본정신은 더불어 살면서 남을 배려하고 공중도덕의 중요성을 인지시키고 설령 자기의 주장과 어긋나도 다수의견을 존중하는 마음가짐을 가르켜야 하리라.

그래야만 청소년기를 거쳐 성년이 되었을때 사회의 구성원으로 옳은 대접을 받고 이웃과 친구, 형제동기들과 함께 어울려 살아가는 미덕을 발휘하게 된다.

중국 사기史記에 자모패자慈母敗子란 말이 있다. 이 말은 과보호로 자라난 자녀는 사회생활에 외톨이가 되고 패가망신 한다는 뜻을 담고 있다.

튼실한 묘목이 되기 위해서는 반드시 물이 필요하다. 하지만 물만 과하게 주면 나무는 온전하게 자라지 못한다. 수목의 종류나 생태에 따라 거기에 적절한 양의 수분 공급과 가지치기나 순치기를 해줘야 한다.

사랑을 주성분으로 하는 인간의 관점에서도 마찬가지다.

아이들의 행동에 대한 무한정의 관용은 인격의 존중이 아닌 방관이며 아이들의 장래를 망치고 만다. 배금주의와 물질만능에 젖은 졸부들에게 아이들의 건전한 장래를 기대하기는 어렵다. 문화가 발달되고 물질문명 정신문명의 궤도를 같이하는 선진국들은 부모는 물론 국가와 사회가 혼연일체가 되어 청소년들의 위해환경을 미리 차단하고 있다. 아울러 쾌적한 문화공간의 제공과 유익한 사회환경을 조성하여 자라나는 2세들이 건전한 정신과 건강한 육체를 길러 장차 국가의 기둥으로 키우고 있음을 우리는 직시해야 한다.

사랑의 전령사

얼었던 동토凍土를 다독여 주는 당신의 손은 어떤 손입니까? 당신의 따스한 손길이 닿으면 고아원의 아이들도 깨금발로 뛰어나와 좋아들하고 당신의 부드러운 손길이 닿으면 경로당의 노인들도 골골이 패인 주름살을 펴고 두팔벌려 반겨주시니 얼마나 크고 넓은 손입니까?

당신의 손은 신神의 손인지 달동네 가난한 사람들의 군불걱정 덜어주고, 추워서 돌돌떠는 시냇가 버들강아지 뽀시시 입을 열게 하는 비결은 무엇입니까?

흑갈색 나무껍질이 용의 비늘인양 돋힌 그 아래 촉촉한 속살결엔 옹이 박히고 섬세한 우유빛 수액이 흐르고 있음을 감지하시고 꽃과 화초들을 벙그게 하는 재주는 어떻구요. 1년전 영악한 인간들과 실팍한 강산을 두고 발길을 돌리시더니 그새 못참아 지난달 전령傳令을 보내 3월말쯤 부산에 도착할 것이라는 전갈을 받았습니다. 그때는 목련과 개나리도 함께 보내주리라 믿습니다.

또 삼월 삼짇날 전후로 수려한 맵씨와 유연한 곡예로 인간들의 사랑을 받고 있는 제비도 함께 오실 수 있겠지요.

눈 감으면 고향 시골 신작로 가의 전깃줄에 새까맣게 앉아 재잘거리던 제비들, 그야말로 오선지의 음표처럼 음율을 조절하던 마술사들이 아니었습니까?

비록 몸집은 가냘퍼도 처마밑에 보금자리 만들 때는 입으로 진흙과 지푸라기를 물어다가 도면圖面과 설계設計도 없으면서 그렇게 멋진 집을 짓는지 신기하기만 하드군요…….

그 뿐입니까? 아슬한 벼랑에서 2세를 볼때는 임신, 출산 준비도 완벽하게 갖춰 양육하는 솜씨는 과연 신神의 경지이더군요.

얼마전 입춘立春 때를 맞쳐 강남江南을 건너온 밀사密使는 어느새 탐라국耽羅國을 둘러보고 한려수도를 거쳐 필자가 사는 항도부산에 도착했습니다.

꽃샘추위 때문에 엷은 옷으로 감기드실까봐 며칠 쉬게 하셨드니 잠시도 있지 못하고 고고한 자태의 목련에 기어이 입을 벌리게 하고 서울 입성入城이 바쁘다고 종종 걸음으로 떠나셨읍니다.

화창한 날씨덕에 봄의 사자使者님은 한강을 건너 돈화문과 창경궁을 기웃거려보며 권력의 심장부인 청와대 잠입도 수월하게 하더군요. 총과 제복을 입은 수위들도 개의치 않고 노오란 민들레 두송이 심어주고 고통받는 이북동포들이 보고 싶다고 훌쩍 떠나가는 뒷모습이 보기 좋더군요. 당신은 이데올로기와 사상같은건 안중에도 없는지 통일로를 달려 녹쓴 철조망을 넘을 채비를 하겠지요.

전후戰後에 미소美蘇가 한 민족을 둘로 가르라고 채찍과 당근으로 부추기는 얄팍한 꾀에 한번 버티어 보지도 않고 순순히 갈라섰지요. 38선을 긋고 겹겹이 철조망도 쳤지요.

사람들은 동강난 나라를 세웠지만, 해마다, 봄의 십자군은 하나의 국토위에 하나의 봄을 세우지 않았습니까?

보세요. 두루미와 꿩도 날아다니고, 노루와 멧돼지도 뛰어다니는 국토! 그런데 왜 사람은 금수禽獸만도 못한가요. 이남의 봄, 이북의 봄이 다르지않고 같은 민들레 같은 할미꽃, 노랑나비 범나비도, 자유로이 왔다갔다 하지 않아요. 일제日帝에 의해 민족의 자주권, 나아가 언어와 역사까지 말살당한 위기에 처했던 치욕의 세월…….

광복이 되었다고 태극기 흔들고 만세 부르기도 잠깐 코쟁이와 크레믈린 음흉한놈들의 농간에 나라는 두동강이 되어 머리따로 몸뚱이 따로 잘려진 반병신으로 살아오기 50년이 되었지 않습니까?

세계에서 머리가 제일 똑똑하다는 민족은 불과 40여년만에 국민소득 2만 달러 돌파 국제무역수지 11위 자동차 생산 6위라는 경이적 성장을 했습니다. 그러나 우리는 좁은 땅덩어리에서 안주安住할 것이 아니라 지난 날 광활한 만주벌판과 시베리아 강가에서 말달리던 선구자들의 피맺힌 절규를 들어야 하지 않겠습니까?

조국의 광복을 위해 싸우던 독립군의 후예들이며 그들을 위해 목숨 바쳤던 울밑에 선 봉선화 꽃들을 말입니다.

체제體制가 무엇인지 반세기에 걸쳐 부모형제들이 남과 북으로 갈라져서 총부리를 맞대고 으르렁 대는 단장의 아픔을 어찌할까요. 크고 넓고 따스한 사랑의 전령사傳令使님, 당신의 힘으로도 이 민족의 고통과 아픔을 달래줄 힘은 정녕 없으신지요.

우수, 경칩이 돌아오면 대동강물도 풀린다는데 우리네 가슴에 얼어붙은 빙설氷雪은 언제쯤 풀릴는지요.

共生 共存의 사회

인류의 역사는 평화와 공존의 역사였지만, 지금까지 한번도 진정한 평화를 누려보지 못했다.

지구상에는 여전히 국가, 민족, 종교 간에 분쟁이 계속되고 있고, 인간의 존엄성과 생명의 가치가 보장받지 못하면서 하루하루 생존을 걱정하며 살아가야 하는 많은 사람들이 있다.

과학기술의 발달로 지구를 두 눈으로 볼 수 있게 된 지금, 지구에는 애초에 국경선과 빈부격차가 없었으며 국경은 인간이 만들어 낸 것임을 우리는 명확히 인식해야 한다.

지구 온난화, 기아, 물 부족들이 우리의 삶과 직결되다보니 분쟁이 끊이지 않고 인류의 가치가 망각되어간다. 넓게는 지구 전체의 문제지만 좁게는 국가 간의 문제이고 더 세분하면 기득층과 비기득층의 상충된 이해관계에서 비롯된다.

태초 인간에게 '내것' 네것'이 없었다. 산과 들녘에서 저절로 자란 나무열매나 풀을 뜯어먹고 살던 인간에게 어느 것이 내 것이며 어느 것이 네 것이였겠는가? 시대가 변하여 소유 개념이 생기고 산업화의 거센 물결이 빈부격차를 벌리고 서로 많이 가지겠다고 으르렁대니 인성은 메말라지고 인간의 본성이 금수처럼 변해간다.

멀리 볼 것도 없이 우리나라부터 조명해 보자. 원래 한민족은 홍익인간 이화세계의 통치이념이 보편화되어 콩 한 쪽이라도 나눠먹는 세계에서 유례가 없는 평화민족이었다. 이렇듯 단군성조 이래 면면히 이어져 오던 우리의 정신문화가 산업화가 이루어지고, 국가가 융성하니 거꾸로 인심은 사나워지고, 밥그릇 싸움으로 나라가 하루도 조용할 날이 없다. 분배 정의의 기틀을 만들어야 할 국회의원들은 귀족 행세로 자기들끼리 유치한 권력 싸움으로 말장난이나 하면서 허송세월이고, 법치法治보다 인치人治가 국정을 전횡하다보니 기득권층의 위세에 서민들은 할말을 잊고 산다. 권력과 야합한 재벌들은 중소기업과 하청업체들을 착취하고, 노동현장에도 정규직은 신종 귀족으로 행세하면서 비정규직의 임금을 뺏고 있다.

여기에다 법적보호를 받는 공직 그룹과 언제 몰락할 지 모르는 영세 자영업과의 인위적 갈등은 국가적 뇌관으로 잠재되어 있다. 그렇다면 세계 지도에 점點에 불과한 우리 민족에게 공생공존할 국가적 화두는 어떻게 찾아야 할까.

먼저 조상대대로 내려온 홍익인간의 정신을 받들어 나눔과 베품의 전통을 계승 발전시켜야 한다. 경주 최부자가 수백 년 버텨온 힘은 가뭄에 소작농의 전답을 사지 말며 어려운 시절엔 반경 수 킬로에 밥 굶는 집이 없나 살펴보라 하였다.

현 시대에도 유한양행 유일한 회장님의 선구자적 기부문화와 부산의 송금조 중소기업 사장이 근검절약으로 평생 모은 수백 억의 재산 기부는 우리 시대의 노블레스 오블리주의 산 거울이다.

재물을 쌓아두면 인간들의 사악한 마음으로 악취를 풍기지만 사회에 고루 나누면 향기가 나고 아름다운 열매를 맺는다. 어차피 인간은 혼자서는 살아갈 수 없기에 공생공존할 사회적 합의를 이룰 정신문화운동을 종교 단체가 앞장서 조직적으로 전개할 필요가 있겠다.

아울러 시대에 맞는 한국의 노블레스 오블리주를 언론이 앞장서 발굴하여 시리즈로 계속 발표한다면 정신문화운동으로 승화되어 기부문화가 활성화되고 나눔의 문화가 정착되지 않을까 싶다.

정부도 보조를 맞추어 분배 정의의 제도적 뒷받침을 하고 자식에게 유산을 최대한 물려주지 못하게 엄격히 법적용을 해야 하리라. 국민들이 각자 자신의 위치에서 자부심을 갖고 열심히 일하도록 정부에서 제도적으로 뒷받침해야 한다. 직종에 따른 임금격차 해소, 특권층의 기득권 누리기 등의 사회풍조를 바꾸고 국민이 자신의 직업에 자긍심을 갖게 해야 한다.

미생물에 있어서는 잘나고 강한 생물은 다 죽고 협력 협동 사랑하는 생물들은 지구상에서 영구히 생존해 가는 자연의 섭리를 사람들은 어떻게 생각할까.

물과 불은 상극이다. 물은 차갑고 불은 뜨겁다. 물은 하강하고 불은 거꾸로 상승한다. 그런데 물의 영혼은 김이 되어 하늘로 승천하고 불의 영혼은 재가 되어 거꾸로 땅 속에 묻힌다. 그런데 이렇게 대립하고 갈등하던 물불이 조왕님이 계신 부엌에 들어오면 놀라운 조화의 힘으로 밥을 짓고 국과 찌개를 끓인다. 상극은 상생으로 승화되어 서로 화합과 배려로 공생할 수 있는 인간의 밥상이 차려진다는 사실이 얼마나 놀라운 일인가.

소록도

타인의 아픔을 어디까지 상상할 수 있을까. 내 가슴에 박힌 못이 제일 아프고 내 눈에서 흐르는 물이 가장 짜다고 느끼는 우리들에게는 다른 이의 아픔을 '상상' 하는 자체가 버겁다. 특히 저 멀리 떨어진 어느 섬에서 일어나는 일들이라면 어쩌랴. 손가락이 하나도 없어 안약을 열수도 넣을수도 없고 코가 썩어 문드러져도 아픈줄 모르는 병, 모르고 3년, 알고 3년, 숨어서 3년, 멸시당하며 30년, 살아온 한센병 환자들의 천국 소록도 이야기는 먼 피안의 세계인가.

생명 그것은 보이지 않는 어떤 손이 지구에 내려준 최고의 선물이자 보배다.

파충류로 태어나든 축생畜生으로 태어나든 아니면 만물의 영장이라고 하는 인간으로 태어나든 그것은 경이요 축복이다. 그러나 여기 귀중한 한 생명으로 태어나 천형天刑을 살다간 한 많은 생령들의 이야기와 구도자의 삶이 있다.

나는 / 나는 죽어서 / 파랑새가 되어 / 푸른 하늘 / 푸 른 들
날아 다니며 / 푸른노래 / 푸른울음 / 울어 예으리

– 파랑새

한센병을 앓았던 한하운은 이렇게 읊었다.

한하운(1919~1975)은 함경도 함주 태생으로 한때 경기도청의 공무원으로 재직하다 한센병을 얻어 고향으로 돌아가 요양하다 주위의 따가운 눈총을 견디다 못해 도보로 소록도를 찾아 나섰다.

천안 삼거리를 지나도 / 쑤세미 해는 서산에 남는데
가도가도 붉은 황토길
숨막히는 더위 속으로 절름거리며 가는길…….
버드나무 밑에서 지까 다비를 벗으며 / 발가락이 또 한 개 없다
앞으로 남은 두 개의 발가락이 잘릴 때까지
가도가도 천리 먼 전라도길

– 전라도길

'문둥병' 이라는 천형의 병고를 지고걷는 인생길은 팍팍해서 가도가도 끝이 보이지 않는 숨막힌 길을 이렇게 시작詩作으로 읊었다. 나는 얼마전 고흥 소록도를 탐방했다. 다행이 소록도 병원 개원 90주년을 지난 직후라 관계자들로부터 많은 이야기를 들을 수 있었다.

소록도는 옛날에는 육지와 완전히 격리된 유형의 섬이었다. 일제때는 말할 것도 없고 해방이 되어서는 문둥병은 천형天刑의 병으로 치부되어 인간사회로부터 완전히 고립된 삶을 살았다.

한센병은 어릴때는 모르다가 자아가 발달할 시기에 인체부위로

증세가 나타나기에 형제동기간은 물론 이웃들로 따가운 눈총을 받다가 종당엔 수용소로 들어가 참혹한 삶을 살 수 밖에 없었다.

반세기 동안 유배지나 다름없던 동토의 땅이 세월의 흐름을 거역치 못하는지 지금은 관광지로 변해 역사의 뒤안길에 매몰되어가고 있었다.

고흥반도와 지척에 있는 조그만 섬 소록도. 배를 타니 불과 20여 분만에 도착한다. 납덩이 같은 가슴을 안고 발을 들여 놓으니 의외로 섬안에는 잘 가꾸어놓은 정원이 눈에 들어오고 유형의 땅이라고는 별로 느끼지 못했다.

그러나 꼼꼼히 살펴보니 피멍으로 얼룩진 역사의 흔적은 여기저기 널부러져 있고 박애정신으로 똘똘뭉친 이국의 수녀들과 봉사와 희생으로 일생을 살다간 우리의 의료인도 있다.

43년간 소리 없는 봉사를 하고 떠난 파란눈의 마리안 수퇴거(72) 마가릿 피사렛(72) 성녀聖女들의 자국. '한센병은 낫는다'는 희망을 갖고 환자의 손톱, 발톱까지 깍아주며 20년간 소록도 병원장을 지낸 故 신정식 박사의 영혼은 지금도 숨쉬고 있었다.

원생들을 가두어 강제로 정관수술을 한 감금실, 한동안 전염 공포로 격리된 아이들과 상면한 녹슨 철조망의 경계선……. 그러나 한때 6,000명이 넘든 한센병환자는 이제 600명으로 줄어 있었다.

소록도를 둘러보면서 머릿속을 맴도는 의문부호, 3군 전염병으로 전염력이 매우 약한 한센병, 치료제 '라팜피신'을 한번만 복용해도 99.99%가 살균되고 1~2년 복합치료를 받으면 깨끗이 완치되는 병을 왜 아직까지 방치하는지 모를 일이다.

지금도 전국 88개 정착촌에서 2만여명의 한센인이 외부와 단절

된 채 살고 있다니 우리는 아직도 후진국 수준을 못 벗어났는지 안타깝기 짝이없다.

인간은 두 번 태어난다고 한다. 한번은 존재하기 위해서 태어나고 또 한 번은 생활하기 위해서 태어난단다.

첫 번째의 탄생은 생물학적 탄생이요. 두 번째의 탄생은 정신적인 탄생이다.

우리는 두 번째의 탄생을 통해서 자아를 발견하여 자신과 가족과 사회 및 국가에 대하여 책임감을 가지고 살아가는 것이다.

그래서 파스칼은 '인간은 생각하는 갈대' 라 했고 니이체는 '大地와 生에 충실하라' 하였다. 이 모두가 생명의 탄생과 생명의 존재가 얼마나 소중하고 귀한 것인가를 말하고 있습니다. 원래 우리 인간은 팔, 다리, 눈, 귀는 각각 두 개씩 가지고 태어났으나 생명만은 단 하나 밖에 허락하지 않았다.

우리에게 생명의 외경畏敬을 자신의 희생으로 일깨워준, 20세기의 성聖자 슈바이처를 보자. 그는 여름 밤 램프에 몰려든 많은 벌레들이 날개가 타서 책상으로 떨어져 죽는 것을 보고는 창문을 닫았다고 한다.

차라리 무더운 공기를 호흡하며 참을 일이지, 죽어가는 생명들을 지켜볼 수가 없었다는 것이다. 그가 인류의 봉사자로서, 아프리카 오지에 버려진 생명들을 위해 평생을 희생할 수 있었던 것도 바로 그 생명의 존귀함 때문이었다.

1970년도 산청음성나환자촌 의료봉사를 부산치기회 년중행사로 한지가 까마득한데 아직까지 수용소가 엄연히 존재한다는 사실에 머리에 혼란이 일면서 소록도를 나서는 발길이 천근만근 무거웠다.

꿈은 이루어진다

해일처럼 일어나는 태극물결 초록융단에 투우사처럼 길길이 뛰는 태극 전사들. 보아라! 들어라! 국민들아. 저 붉은 물결 속에 넘실대는 신바람을 어쩌란 말인가.

지구촌을 뜨겁게 달구던 유월의 함성은 이명耳鳴으로 남아 아직도 귓가에 쟁쟁하다. 이것은 축구가 아니다. 악마의 게임이었다. 도대체 한 경기 안에 이토록 많은 격정과 비탄과 안타까움, 그리고 기쁘다 못해 처절하게 서러운 환희가 어찌 있을 수 있단 말인가.

4천 5백만이 함께 외치는 대한민국, 저 위대한 함성, 세계를 울리는 우렁찬 함성, 이 승리의 함성을 들어라. 우리가 언제 한 번 이렇게 함께 목놓아 무엇을 향해 외쳐 본 적이 있었던가.

동강난 반도를 저주하며 민족끼리 총부리를 겨누고, 반쪽의 나라에서조차 군부의 독재로 기죽어 살기를 수십년, 그것도 모자라 경상도 따로 전라도 따라 충청도 따로 국밥으로 살면서 서로 잘났다고 삿대질만 해되기를 몇 해였던가.

문민정부 들어섰다고 기氣 좀 펴고 살려나 했는데 무슨 케이트다 홍삼트리오다 하며 국민의 기를 팍팍 죽여 가슴에 응어리가 맺혀 말문을 닫고 살던 민초들, 나라를 이끌어 가겠다는 위정자등리 토끼똥보다 못한 말로 도배를 하고 허위가 진리를 압도하는 불신주의 속에 침몰하여 허우적거리는 우리의 배를 월드컵 경기가 다시 끌어올렸다.

붉은 티셔츠에 붉은 수건을 휘두르며 승리를 기원하는 그 열광의 몸짓은 어느새(축제의 깃발)이 되어 우주론적 생명체와 인류평화의 동의어로 통하고 있었다.

제단의 오방색 깃발은 처음부터 지역주의와 분파주의를 초월하고 깃발의 제단 앞에서는 남녀노소, 종교의 구분이 없었다.

우상을 죄악시하는 기독교인도 주님의 뜻대로 월드컵이 성공적으로 마무리 되기를 기원했고, 불교를 믿는 아주머니는 '관세음보살' '소원성취 월드컵 성공 개최' 라고 정성껏 적어 깃발에 꽂았고 여학생들은 '김남일 내꺼야!' 라고 마음의 연서까지 보내기도 했다. 중년의 아주머니와 아저씨들까지도 '히딩크 형, 우리가 믿는 거 아시죠?' 하고 애교를 부렸다. 둥근 축구공은 국민의 마음을 하나로 뭉치게 하는 동심원이기에 그 시리도록 착하고 서러운 민초들이 월드컵 축구 매경기미다 울고 웃으면서 이웃의 담장을 허물고 남겨노소, 함께 어울려 한마당 축제를 벌였다.

골이 터질 때마다 지축이 흔들리고 16강이 목표였다가 이탈리아를 꺾고 꿈결의 8강에 턱걸이하고 스페인을 꺾고 4강에 오르니 태산이 무너질듯 전국토가 붉은 물결이 용광로가 되어 거리마다 골목마다 넘쳐흘렀다.

고층아파트에는 인의 꽃들이 피어나 한쪽에서 '대~한민국' 구호가 터지면 맞은편 동에선 '짝짝 짝짝짝' 박수소리로 화답하는 진풍경이 메아리쳤다.

보아라 사람들아! 도시의 하늘에서는 폭죽이 터지고 거리로 나온 사람들은 춤추고 노래하고 훌훌 뛴다. 무쇠덩어리 자동차도 '대~한민국' 구호에 따라 '빵빵 빵빵빵' 거리고 산도 강도 사람들도 좋아서 운다.

춤추거라 한반도여! 말이 달리고 목이 탄다. 우리는 해냈다. 축구경기를 이긴 게 아니라 우린 우릴 이기고 세계를 이긴 것이다.

'오~ 필승 코리아' 의 외침은 신화를 현실로 바꾸게 한 제문이었고 한민족의 뜨겁고, 절실한 염원을 담은 서사시이기도 했다.

광복 이후 대한민국이란 이름 앞에는 언제나 전쟁고아, 데모, 파업이란 수식어가 세계인들의 의식 속에 자리잡고 있었다. 그런 별 볼 일 없는 나라가 88년 올림픽에 이어 이번 2002 한일 월드컵 개막식에 보여준 첨단과학기술과 IT 산업의 눈부신 발전에 세계가 놀라고 또 놀랐다.

그뿐이던가 거리를 가득 메운 붉은 악마와 국민들의 자발적인 응원 열기는 가히 폭발적이였다. 축구 게임이 벌어지는 운동장이 아닌 야구장이나 쉬고 있는 경기장, 공터가 있는 곳이면 사람들이 구름처럼 모여들어 '대~한민국' 을 외치고 경기가 끝나면 쓰레기 한 줌 남기지 않는 질서의식에 세계인들이 놀라고 경악했다.

우리는 보았다. 보석같은 국민들의 영롱한 눈빛과 순수하고 아름다운 함박웃음을.

싱그러운 몸을 가진 이 땅의 젊은이들아. 두려움을 떨친 빛나는 몸짓을 가진 우리의 아들들아! 꿈은 우리어질 수 있다는 진리를 말이다.

생각하면 우리의 인생살이가 한판 경기가 아닌가 싶다.

날마다의 일상이 승리를 위해 내달리는 치열한 생존경쟁. 누군가를 눕혀야만 내가 일어서는 경기의 법칙. 그러나 서둘러서도 안되고 욕심부려서도 안 되는 것을 히딩크가 우리에게 준 교훈은 기본에 충실하고 한걸음 한걸음 최선을 다하자는 평범한 진리를 우리 국민 모두에게 준 큰 선물일 것이다.

젊음은 꿈이요 희망이다

– 국방의 의무를 다하고 있는 아들에게

전방부대에 복무하는 장남에게

국방의 의무를 다하고 있는 아들아. 내 사랑하는 아들아 그동안 몸성히 군생활에 충실하느냐.

네가 군에 간 지도 어언 1년이 되어 가는구나. 네가 입소하던 날, 네 엄마는 기어이 눈물을 터트리고 말았다. 이모도 함께 말이다.

이 아비도 돌아서서 입술을 깨물어야 했단다. 너는 우리집에서 가장 귀한 아들이듯, 국가에서도 아주 소중한 사람일 것이란 생각이 드는구나.

사랑하는 아들아.

젊음은 한 순간에 지나간다. 그 짧은 순간을 어떻게 보람되게 가치 있게 보내느냐 하는 것은 전적으로 자신만이 추구해야 할 지상 목표일 것이다.

일촌광음불가경一寸光陰不可輕이란 말이 있듯이 아무리 어렵고 힘든 군대의 일과라도 너의 명석한 두뇌로 능히 대처하리라 믿으며 마음먹기에 따라 약이 될 수도 있으니 항상 밝고 긍정적인 사고로 복무에 임하기 바란다.

사랑하는 내 아들아, 이 나라의 가장 당당하고 자랑스러운 아들아, 보람찬 군생활을 위해 몇 가지만 당부하고자 한다.

첫째, 국가관과 책임의식이 뚜렷해야 한다. 이 땅에 6·25란 동족상쟁을 방지하고 너가 앞으로 사회생활에 필요한 기본적인 덕목이요, 밑그림이 되기 때문이리라.

둘째, 청백리의 문화를 정착되도록 노력하여라. 군대서 무슨 청백리냐 하겠지만 국가의 녹을 먹는 인간들의 집단이기 때문에 옛날이나 지금이나 부정이 있게 마련인데 너의 동년배 지성인들만이라도 선비문화를 생활화 해보는 것도 무의미하지는 않을 것이다. 아집과 독선에 빠진 일부 목민관들 때문에 역사 이래 미증유의 국난을 맞고 있는 것도 유독 국가지도자들 잘못뿐이겠니 국민 각자도 허영과 사치 불량품 양심으로 국가부도에 일조했는지도 모를 일이다.

셋째, 푸른 제복의 의미를 되새겨야 한다. 분단된 조국의 비극일 수 있지만 젊은이만이 누릴 수 있는 忍耐의 시험장이요, 자아실현의 시금석이 될 것이고 일생을 두고두고 추억의 장이 될 것이니 하루하루 최선을 다하여라.

온실 속의 화초처럼 자란 너의 동년배들에겐 그런 보약은 없을 것이니 씁다고 내뱉지는 말이라.

사랑하는 아혜야. 때는 바야흐로 온 국토가 개나리, 진달래 꽃으로 물들어 가니, 젊은이들의 혈맥이 불끈불끈 일어섬을 보는 것 같구나. 젊음은 힘이요, 미래이다.

인생의 최대 황금기인 동년배들이 국방의 의무가 퇴색되지 않고 무한한 힘을 기르고 사회에서 필요한 특기 하나씩 체득하여 미래의 희망찬 인물이 되어 당당하게 사회에 나올 것을 기대해 본다.

달라진 아들, 씩씩한 아들, 내일의 꿈을 안고 돌아올 내 아들을 이 어미 아비는 기다리고 또 기다리겠다.

사랑하는 아들아.

너의 보금자리였던 항도 부산의 집은 할머니, 어머니 다들 건강하고 아버지도 잘 있으니 방념하고 군복무 무사히 마치는 그날까지 한시도 긴장을 늦추지 말고 맡은 바 책무를 충실히 수행하고 국가의 간성으로 우뚝서기 바란다.

– 항도 부산에서 아버지가

努力하는 삶 낭비하는 삶

일년이 얼마나 소중한지 알고 싶다면 재수생에 물어보라.

한달이 얼마나 소중한지 알고 싶다면 미숙아를 낳은 어머니에게 물어보고, 일주일이 얼마나 소중한지 알고 싶다면 주간지 편집장에게 물어보면 숨막히는 시간과의 싸움을 알수 있을 것이다.

하루가 얼마나 소중한지 알고 싶다면 오늘 일당을 놓친 일용직노동자들의 처진 어깨와 가족들의 사랑에 눈물이 왈칵 나오리라. 한 시간이 얼마나 소중한지 알고 싶다면 연인에게 한 시간째 바람맞고 애꿎은 생수만 벌컥벌컥 들이키고 있는 청춘남녀의 가슴속을 들여다 보고, 1분의 소중함을 알고 싶다면 방금 열차를 놓친 낭패한 승객을 쳐다 보라. 1초의 소중함을 알고 싶다면 간발의차로, 사고를 피한 운 좋은 사람에게 물어보고, 그리고 0.1초의 기적을 알고 싶다면 100미터 달리기에서 은메달을 딴 사나이의 거친 호흡을 맡으면 인생의 진면목을 볼수 있을 것이다.

이렇듯 현대인들은 세월과 시간의 노예가 될 수밖에 없는 숙명앞에 살고 있다.

글로벌시대 지구촌 곳곳에 자의던 타의던 그곳이 일터가 되고 자신의 미래를 꿈꾸고 자기 인생에 도전장을 던지는 이들이 늘어나고, 우리나라에도 세계각국의 젊은이들이 고임금을 쫓아 3D 업종 전반에서 땀을 흘리고 있다.

인간의 삶은 가치기준을 어디에 두느냐에 따라 幸不幸도 다르게 투영될것이기에 많이 가졌다고 무조건 행복할것이라는 공식은 맞지 않다.

척박한 환경에서 열심히 일해 몇 년후 자기나라에서 떳떳히 행복하게 살수 있다면 얼마나 보람된 삶일까. 아무리 금고가 크고 튼튼해도 나이만은 저축할수 없으니 지나간 시간이나 잃어버린 세월을 되찾을 수는 없는게 인생이다.

모든 분야에서 자신이 주체적으로 사는 삶과 어쩔 수 없이 억지로 시간을 축내는 삶은 세월이 흐를수록 인생의 탑은 모양새가 확연히 달라질 것이다.

직장에서 노력의 댓가로 봉급을 받아 부양가족을 위해 쓸수 있다는 것도 중요하지만 자기가 맡은 일에 최선을 다해 상사로부터 인정받고 일의 성취감도 느끼고 꿈을 가지고 사는 생활이 진정한 자기 삶이 아닐까.

나 역시 의기意氣가 충만하던 시절 병원근무를 하면서 보철물에 대한 임상경험의 성취감에 재미를 붙여 밤낮을 즐겼는데 원장님은 봉급을주고 사모님은 금일봉을 주는 미스테리를 아직도 풀지 못하고 있다.

스스로 먹이를 구하지 않으면 죽을 수 밖에 없는게 자본주의 사회의 구조다. 길거리의 노숙자들을 보라. 게으르고 나태하여 목적의식이 없으니 생을 포기하고 스스로 망각의 터널속에 갇혀 세월을 소진하고 있으니 말이다.

영국의 해안지방을 관광하던 여행객이 해변에 갈매기들이 즐비하게 죽어있는 것을보고 퍽 의아하게 생각했겠다.

바다가 청정해 갈매기들이 살기에는 더없이 좋은 환경임에도 불구하고 갈매기들이 왜 그렇게 많이 죽었을까 궁금하여 시체를 치우고 있는 환경미화원에게 물어보니 이외의 답이 나왔다.

"이곳에는 해마다 여름철에 여행객들이 많이 찾아와 갈매기들에게 과자나 사탕, 과일종류를 던져주니 그것을 받아 먹다가 나중에는 자연에서 얻을 먹이를 찾을 생각을 못하고 그만 굶어죽는단다."

바다속의 그 좋은 먹이를 그대로 놔두고 말이다. 짐승이나 사람이나 게으른자는 결국 굶어 죽거나 패인이 될 수밖에 없는게 자연의 이치인가 보다.

삶의 기본 단위는 오늘 하루라고 생각하면 어떨까. 과거는 이미 지나간 길이고 내일이라는 약속어음보다 오늘이라는 준비된 현금을 잘 활용하는게 실속이 있지 않을까. 하루의 길이는 누구에게나 똑 같다. 잘난 사람도 못난 사람도 하루의 시간은 공평하다. 인간사회에서는 수 만가지의 직업이 존재한다. 똑같은 직종에서 똑같은 일을 하면서도 과제의 성과물은 천양지차이가 난다.

운전은 배워서 시작하지만 인생은 출발을 하고 나서야 공부가 시작된다. 인생도 기초를 확실히 닦은 다음에 사회생활을 할 수 있다면 뒤뚱거리고 안달하며 힘겨워하진 않은 텐데, 현 한국사회는 법치法治보다 인치人治가 사회를 재단하다보니 분배정의는 고사하고 부익부富益富 빈익빈貧益貧이 고착화 되어 국가적 큰 우환으로 남아 있다.

살아가면서 중요한 것은 '무엇을 했느냐' 가 아니라 '어떻게 살았느냐' 가 중요하다고 어느 사회학자는 지적했다. 욕심과 집착을 내려놓고 치열하게 살되 나 개인이 아닌 모두를 위한 삶이면 어떨까 하는 생각은 시대착오적인 망상일까.

그대는 삶의 주인입니까? 삶의 노예입니까? 주인은 달력의 검은 글씨를 찾고 직원은 붉은 글씨를 찾을 것이다. 주인은 일거리를 스스로 찾아서 하고 없으면 만들어서 하지만, 직원은 주어진 일만 하면서 일이 너무 많다고 늘 불평을 한다.

주인은 자신이 필요한 곳을 스스로 개척해 찾아가지만, 하인은 그곳에서 자신을 불러 주기만을 기다리는 사람이다.

그렇다면……

그대는 삶의 주인입니까? 삶의 노예입니까?

歷史 속의 牙山 蔣氏

인류사와 배달겨레의 始原

인류의 조상을 나반那般이라 한다.

처음 아만阿曼과 서로 만난곳은 아이사타阿耳斯陀바이칼호 부근 이라고 하는데 꿈에 천신의 가르침을 받아서 스스로 혼례를 이루었으니 구환九桓의 종족은 모두가 그의 후손이다.

고기古記에서는 왕검의 아버지는 단웅檀雄이고 어머니는 웅씨의 왕녀이며 신료(BC 2370)년 5월 2일 인시에 박달나무 밑에서 태어나셨다.

신인神人의 덕이있어 주변의 모든 사람들이 겁내서 복종했다.

14세 되던 갑진년에 웅씨의 왕은 그가 신성함을 듣고 그로써 비왕裨王으로 삼고 대웅의 다스림을 대행하도록 하였다.

무진년 제요도당帝堯陶唐 때에 단국으로부터 이사달의 박달나무터에 이르러니 온 나라 사람들이 받들어 천제天帝의 아들로 모시게 되었다.

이에 구환(九桓: 우리민족의 조상)이 모두 뭉쳐서 하나로 되었고, 신과 같은 교화가 멀리 미치게 되었다. 이를 단군왕검이라 하니 비왕의 자리에 있기를 24년 제왕의 지위를 누리기 93년이었으며 130세까지 사셨다.

우리 민족을 상징하는 '배달' 이란 어원은 밝달(밝땅) 즉 밝은 땅이다.

박달나무 단檀자의 훈訓을 빌어 밝달로 표시했으니 바로 단군으로써 국조의 이름을 삼는 까닭이 이것이다.

우리들의 할아버지 구환의 아버지들이 비로소 문명의 씨를 뿌리고 세상을 열어 두루 밝히었던 땅은 한반도 좁은 땅덩어리가 아니라 시베리아 벌판에서 양쯔강에 이르는 광대한 대륙이었음을 증언하는 역사의 목소리에 옷깃을 여미고 귀를 기울여야한다. 우리의 상고사는 중국대륙+몽고대륙+시베리아대륙+한반도+일본열도에서 전개되는 역사였지 결코 한반도의 역사는 아니며 고조선의 강역도 만주전역 즉 서쪽으로는 북경근처의 난하유역에 이르렀고 북쪽은 어르구니하 동북쪽은 흑룡강유역 남쪽은 한반도 남부의 해안섬에 이르렀다고 한다.

우리민족과 고조선의 건국연대는 서기전 2천3백~4백년으로 청동기시대가 바로 고조선시대이고 당시 동북아시아에는 중국대륙의 황화문명권과 그에 맞먹는 세력으로 고조선문명권이 있었다고 역사학자들은 기술하고 있다.

우리의 조상들은 홍익인간弘益人間의 이념을 실천한 선량한 민족이었음은 당시중화 국가들과 비교해볼 때 농민들에게 부과한 세금은 지배집단들이 수확량의 20분의 1만 받은데 비해 주나라 정부는 수확량의 10분의 8까지 세금으로 거둬들인 점만 보아도 널리 인간세계를 이롭게 하고 산다는 홍익인간의 정신이 아니였다면 불가능했을 것이다. 이렇듯 한민족의 조상들은 참과 선을 실천해 왔기에 후손들도 그 정신을 맥맥히 이어왔지 않나 생각이 든다.

아! 고구려의 1500년전 만주 집안集安의 고분벽화의 웅혼한 고구려인의 기상도도 그렇거니와 청나라와 한국 곧 한청 양국의 국경선은 1712년 5월 15일 백두산에 세워진 정계비대로 압록강 → 토문강 → 송화강 → 흑룡강의 국경선이 아니던가.

牙山蔣氏의 始祖 및 본관의 유래

본관本貫은 문헌에 아산牙山, 청송靑松, 김포金浦 등으로 여러 본本이 기록되어 있으나 모두가 동원同源이므로 현존하는 장씨蔣氏는 아산장씨牙山蔣氏로 단일화單一化하고 있다.

우리나라 장씨蔣氏의 연원淵源은 『조선씨족통보朝鮮氏族統譜』의 기록에 본래 중국 낙안지방樂安地方의 옛 지명으로 지금의 강서성江西省 예장도헌豫章道縣이며, 주공周公의 아들 백령伯齡의 영지領地를 후손들이 성姓으로 삼았다고 전한다.

우리나라 蔣씨의 始祖는 蔣壻 할아버지이시다.

『대동운부군옥大東韻府群玉』의 기록에 의하면 원래 중국 송나라의 신경위 대장군神慶衛 大將軍이었는데 고려 예종(고려 16대 왕, 재위기간 1106~1122)때 금나라의 침입으로 난亂이 일어나자 망국의 한恨을 품고 불사이군不事二君의 충절로 바다를 건너 동東으로 망명하다가 충남 아산 땅에 표착 하였다고 한다.

이 사실을 전해 들은 예종은 서壻에게 식읍食邑을 하사下賜하고 아산군牙山君에 봉했으므로, 후손들이 그속에서 누대累代에 걸쳐 정착

세거定着 世居하며 서壻를 시조始祖로 하고 아산牙山을 본관本貫으로 삼아 세계世系를 이어왔다.

그 당시는 세계적으로 인구도 적을뿐더러 부족국가가 이합집산하던 때이다. 인접국의 대장군이 가솔과 부하들을 대동하고 지금의 망명처럼 이주해 오면 정착촌을 제공하여 살게 하였으며, 삼국시대 백제유민이나 신라 무열왕이 일본국의 아스카에 정착하여 살게 된 것과 유사한 점이 있지 않나 짐작이 된다.

牙山蔣氏의 변천과 이름난 후손

아산에 터를 잡아 살던 시조始祖 할아버지는 맏아들 응시應蒔가 正順大夫: 정3품 무관벼슬, 밀직부사密直副使에 올랐으며, 둘째 응간應幹은 전법전서傳法典書를 지냈다. 아산에 터잡아 살던 우리의 장씨들은 시조始祖 할아버지 증손인 蔣崇이 경북의성으로 이주하면서 후손들이 영남일대에 많이 퍼져 살게 되었다.

崇은 義城 金씨의 시조인 의성군 金龍坐의 셋째 사위로 처가를 따라 의성으로 옮겼다고 한다. 이 부분은 의성김씨 세손보와 문헌록에도 기록되어 있음이 확인되었다.

시조이후 대대로 고려조정에 벼슬을 했으며 崇의 아들 德分은 판서判書 운관사 고려말과 조선 왕조 때의 육조六曹 곧 이조, 호조, 예조, 병조, 형조, 공조 등이며 현재 행정부의 각부 즉, 내무국방 등이다.

손자 均은 판도판서 증존 自芳은 삼사부사등을 역임했다.

또 현손 5형제는 모두 典書를 지내 형제들이 태어난 의성군 점곡면 교동은 五典書 마을로 지금도 전해지고 있다. 맏이인 成吉은 나중에 판도판서 판정서에 이르는등 成發, 成 희, 成美, 成祐등 5형제 모두 고려말의 명신으로 기록되고 그 밖에 蔣 형蔣仕는 유명한 고려 8만 대장경 9.10양권의 글씨를 썼으며 상서우복사를 지낸 蔣劇 등도 고려조에 가문을 빛낸 인물들이다.

牙山本貫의 현재모습

시조공능을 참배하신 종친들은 알고 계시겠지만 현재도 아산군 인주면 문방리 산기슭엔 '蔣陵' '蔣장군묘' 로 구전口傳되어 오던 것을 후손들이 정성을 모아 객관적인 고정을 거쳐 지금은 경주의 오능처럼 꾸며 봄, 가을로 향사를 지내면서 정신적 고향으로 받들고 있다. 인근에는 아스라이 펼쳐지는 아산만 방조제와 넓은 간척지 평야의 장관도 일품이지만 온양북방 10리 남짓 거리의 방화산 기슭에 호국의 성지 현충사를 지척에 두고 있다. 현충사는 충무공 이순신 장군의 높은 얼을 기려 박정희 대통령 재직시 새 단장을 하여 우리 민족의 구국에 대한 충성심을 길러 주는 산 교육장으로 널리 알려져 있다. 이웃에는 피부에 좋다는 알칼리성 온양 온천도 함께 있어 아직도 정신적 고향을 찾지 않은 후손들은 한번쯤 들려 시조공능을 참배하고 현충사와 온양 온천을 함께 즐기면 어떨까 한다.

牙山 蔣氏 蔚山편

아산장씨 시조이신 금좌광록대부 壻할아버지와 직계후손들의 기록은 앞페이지에 수록되어 있기에 여기서는 다루지 않고 울산지역

蔣씨의 뿌리인 성재공 희希자 춘春자 할아버지의 공적에 대해 서술해보고자 한다.

蔣薰 할아버지 希春의 父(서창, 웅촌에 능이 있음)

조선시대 冀子殿 參奉에 제수(이조때 관직의 하나(從 9品)

蔣希春=형조정랑(正 5品)(月容 명촌에 능이 있음)

이조때 관직으로 위로는 좌우찬성從 1品과 3정승 영의정 우의정 좌의정正 1品이 있었고, 아래로는 형조참판從 2品, 형조참의正 3品, 형조정랑正 5品, 형조좌랑正 6品 등이 있었다, 우리나라는 역사이래 숱한 전란을 겪었지만 임진왜란보다 처참한 兵禍는 없었다. 임진왜란의 참상가운데 조선민족이 노예로 팔려간 숫자는 10만명이 넘고 또 외병들이 베어간 조선인의 귀가 12만 8천여개 코가 2만여개를 헤아린다니 너무나 비참하고 치가 떨린다. 임진왜란으로 국운이 풍전등화나 다름없을때 이땅의 민초들은 남녀노소가 궐기하여 의병을 일으키고 의병에 합류하여 내 고장 내가족들을 지킬려고 목숨을 초개같이 내놓았다. 이런 누란의 위기에 希春 할아버지는 이경연과 같이 의거를 주창하며 2백여명의 장정을 규합하여 연장자인 박봉수를 대장으로 추대하고 스스로 우익장이 되어 함월산성에 진을 쳤다.

박봉수 장희춘 이경연 이유춘 문경판관 박의장과 연합하여 금오의 적 400명을 베고, 개운포에서 이응춘과 합세하여 왜적 200명을 베니 세상에서 7의장이라 불렀다 한다.

1593~1595년 3년 동안 경주 문천 울산 양읍을 무대로 의병활동을하여 적 수백명을 도륙했다. 의병활동이 개가를 올리고, 각 고을수장 7명과 연합하여 연전연승을 하자 창녕 화왕산에서 녹두장군 곽재우와 죽음으로써 나라를 지키기로 맹세한다. 어찌나 신출귀몰

하게 왜놈들을 무찔렀던지 왜장 가등청정이 벌벌 떨었다는 기록이 전해지고 있다. 3년동안의 전적을 인정받아 조정으로부터 1598년 훈련원 판관이 되고 1599년 4월에 장예원 사평으로 제수 되었다. 임진왜란이 끝나자 1607년 선조임금으로부터 형조정량으로 제수받고 전쟁포로 송환문제로 대마도에 가는 사신의 종사관으로 파견 되었다. 日本 막부정부와 7개월간 마라톤 협상 끝에 포로로 잡혀갔던 정대남외 천 오백명이나 되는 선량한 대다수 국민들을 데리고 귀국하였다. 이 사실을 보고받은 선조대왕은 크게 기쁘하여 蔣希春을 인견하고 어주삼배를 내리고 크게 찬양하였다.

海東記란 기록물을 만들다.

전쟁포로 협상을 위해 7개월동안 일본에 머무르는 동안 보고 들은 산천지라 인물의복 음식 성곽 궁실 음악 형법제도 등을 기록하여 정부에 바쳤다니 참으로 놀라운 일이었다. 일개 무관으로 출발하였지만 임진왜란중에서 오로지 국가와 민족을 위한 구국일념으로 문관들이 하지 못한 방대한 기록물을 집대성 했기에 선조임금님으로부터 正 3品 공신록을 제수 받았지 않나 싶다. 이런 훌륭한 선조를 둔 울산지역 아산장씨 후손들은 감읍하고 감읍해야 할뿐만 아니라 어디서나 아산장가임을 명심하고 항상 자긍심을 가지고 살아야 하리라.

註 :(壬亂 功巨貴史誌 참조)

조선과학의 선구자 蔣英實

蔣씨의 이름을 우리역사에 가장높이 깊이 드러낸 인물은 어느 누구보다 조선조초의 세계적 과학자 장영실이다. 장영실은 장씨 일문의 명예이기 보다는 국가와 민족의 영원한 자랑이다. 남다른 탐구정신과 발명의 재능을 지녔던 그는 세종대왕을 만나 그 천재성을 꽃피우면서 함께 손잡고 우리 과학사에 빛나는 한세기를 엮어갔다.

1441년 발명한 측우기와 수표手票는 오늘의 기기와 거의 손색이 없는 것이다. 그때 세종대왕은 오늘의 중앙기상대 겪인 서운관 외에 각도의 주요 도시마다 이 측우기와 수표를 설치하고 체계적인 우량관측을 제도화했다.

이외도 고강도 합금법을 개발하여 이천등과 함께 정밀하고 활자모양이 가장 아름다운 갑인자를 만들기도 했다. 비록 서출이지만 백성의 '삶의 질'을 높인 참기술인이기에 세종대왕도 기꺼이 받아들여 총애하면서 대호군從 3品으로 추서하였다.

상투 틀고 짚세기 신던 그때나 우주선이 달나라를 탐색하는 지금이나 부富의의 재표는 인간들의 삶의 질을 높일 수 있는 기기器機들을 어느 누가 먼저 창안하고 발명하느냐에 따라 한 나라의 흥망성쇠는 달라지게 된다.

장영실은 조선시대 과학의 황금기를 꽃피웠던 성현이다.

어려서부터 뛰어난 재주와 지혜는 천체의 운행법칙을 깨달았고 물리의 변화과정을 터득하여 천기天機에 비길만한 경지에 이르렀다. 태종대왕은 장영실을 친히 불러 재주를 시험하고 놀라움을 금치 못하고 장차 국가에 큰 인물이 될 것이라고 칭찬하였다. 체계적으로 공부도 못한 일개 필부가 물리과학에 대한 천재성은 세종대왕때에 더욱 빛을 발하여 천문기기에 대한 제작을 직접 참여하고 감독하면서 8년이란 짧은 기간에 국민들의 실생활에 필요한 온갖 기기들을 발명하였다. 그 시기에 발명한 천문기기, 측우기, 금속활자, 성률제련등은 과히 독보적이였으며 세계의 과학자들도 인정하고 있으니 후손들의 자랑이기도 하다.

다만 아쉬운 점은 간신배들의 모함과 시기로 큰 뜻을 펼치지 못하고 아까운 천재를 한창 나이에 매장한 건 국가의 큰 손실이라 하겠다. 물시계는 이미 1398년 태조 7년에 '경류更溜와 세종 6년에' 청물물시계 '등이 만들어졌지만 사람이 일일리 확인하고 종을쳐서 알려야 하는 불편함 때문에 포기하였다. 그러나 장영실이 만든 자격류는 물의 부력을 이용해 자동으로 시간을 알려주는 자동시계 장치로『세종실록』에는 저절로 운행되고 저절로 시간을 알려주는 등 시계장치가 움직이는 것이 귀신과 같았다고 극찬하고 있다. 후손들은 몇 년전 아산 장영실 묘소 주분은 단장하고 추모기념비를 세운데 이어 일대를 성역화 하고 한 시대가 낳은 훌륭한 과학자의 발자취를 기리기위해 모든 국민의 과학역사교육장으로 만들기 위한 기념사업을 다각적으로 검토중이다. 그는 일세의 거유 허목 등 명유들과 사귀며 문명이 높았다.

이렇듯 소수의 종족임에도 고려 중엽 이래 현재까지 유구한 역사가 계승되어 오면서 권문세도가는 되지 못해도 청렴결백한 선비정신을 시조始祖의 법도로 일관되게지켜 왔기에 역사에 오점을 남기고 국민들로부터 지탄을 받던 타 종족에 비해 오히려 세력에 휩싸이지 않은 양반의 반열에 오르는 씨족으로 추앙받는지 모른다.

이러한 조상의 음덕을 받들어 현재를 살아가는 우리 후손들도 조상의 遺志를 깊이 받들어 부끄럽지 않는 후손이 되기를 다함께 노력해 봅시다.

물처럼
바람처럼

인쇄일 · 2015년 5월 6일
발행일 · 2015년 5월 11일

지은이 · 장한일
펴낸이 · 박철수
펴낸곳 · 도서출판 해암

등록번호 · 제325-2001-000007호
부산광역시 중구 백산길17 삼성빌딩 702호
TEL. 051)254-2260, 2261
FAX. 051)246-1895
E-mail. haeambook@hanmail.net

값 15,000원

ISBN : 978-89-6649-069-1 03810

* 본 도서는 2015년 부산문화재단 지역문화예술육성지원사업의 일부지원으로 제작되었습니다.

* 이 도서의 국립중앙도서관 출판예정도서목록(CIP)은 서지정보유통지원시스템 홈페이지(http://seoji.nl.go.kr)와 국가자료공동목록시스템(http://www.nl.go.kr/kolisnet)에서 이용하실 수 있습니다.(CIP제어번호: CIP2015012754)